Michael Martin

In der Welt zuhause

Zwanzig Geschichten von Neugier,
Eigensinn und Abenteuer

Ausgewählt, mit einem
Vorwort versehen und vorgestellt
von Michael Martin

Unter Mitwirkung von Ute Heek

Mit 47 Farbfotos und
22 Schwarz-Weiß-Abbildungen

MALIK ⬚ NATIONAL GEOGRAPHIC

Mehr Bäume.
Weniger CO₂.
www.cpibooks.de/klimaneutral

Mehr über unsere Autoren und Bücher:
www.malik.de

Bildnachweis:
Jörg Arnold (S. 275), Christoph Bangert (Tafeln 16-17, S. 161), Maria von
Blumencron (Tafel 25), Rainer Falk/Gerhard Göttler (Tafeln 2, 3, S. 37),
Elfriede Fischer (S. 9), Sepp Friedhuber (Tafel 24, S. 291), Holger Fritzsche
(Tafel 11, S. 99), Peter Hinze (Tafeln 4,5, S. 55), Karl Johaentges (Tafeln 6, 7,
S. 73), Karin Lange (S. 115), Jean Malaurie (S. 225), Michael Martin (S.175),
Achim Mende (Tafeln 8,9, S. 25), Stephan Orth (Tafel 27), Familie Orth (S. 263),
Borge Ousland (S. 205), Louis Palmer (Tafel 10, S. 123), Panoramastudio / Veit
(S. 89), Carsten Peter (Tafeln 14, 15, S. 149), Jörg Reuther (Tafeln 28, 29, 30-31,
32), Bernd Römmelt (Tafeln 21, 22-23, S. 191), Norbert Rosing (Tafeln 12, 13,
S. 139), Ted Simon (Tafel 1, S. 13, 307), Thomas Ulrich (Tafeln 18-19, 20),
Doris Wiedemann (Tafel 26, S. 245)

Bibliografische Information der Deutschen Nationalbibliothek
Die Deutsche Nationalbibliothek verzeichnet diese Publikation in der
Deutschen Nationalbibliografie; detaillierte bibliografische Daten
sind im Internet über http://dnb.d-nb.de abrufbar.

MALIK NATIONAL GEOGRAPHIC

Originalausgabe
Mai 2013
© Piper Verlag GmbH, München 2013
2. Auflage Dezember 2013
Umschlaggestaltung: Dorkenwald Grafik-Design, München
Umschlagabbildungen: Katja Kreder (vorne und vordere Klappe),
Jörg Reuther (hinten)
Satz: Kösel, Krugzell
Litho: Lorenz & Zeller, Inning am Ammersee
Papier: Naturoffset ECF
Druck und Bindung: CPI books GmbH, Leck
Printed in Germany   ISBN 978-3-492-40509-6

Das Papier wurde aus chlorfrei gebleichtem Zellstoff hergestellt.

Für Elly

INHALT

VORWORT

Seit über dreißig Jahren bin ich als Fotograf in der Welt unterwegs. Zunächst bin ich nur in Afrika gereist, dann auf allen Kontinenten, inzwischen auch in der Arktis und Antarktis. Mit meinen Abenteuervorträgen habe ich früh einen Weg gefunden, meine Reisen zu finanzieren.

In diesen gut drei Jahrzehnten bin ich sowohl reisend wie auch in meiner oberbayerischen Heimat unendlich vielen Menschen begegnet. Fast alles waren positive Begegnungen, manche sind mit der Zeit verblasst, doch die meisten sind mir in lebendiger Erinnerung geblieben. Immer wieder habe ich Menschen getroffen, die mich inspirierten und die mir halfen, als Reisender und mit meiner Arbeit als Fotograf weiterzukommen. Die Idee, diese Menschen zu versammeln, sie vorzustellen und ihre eigenen spannenden Reiseerlebnisse auszugsweise zu präsentieren, stand am Anfang dieses Buchs.

Jeden der Autoren, darunter auch viele namhafte Fotografen, stelle ich mit persönlichen Worten vor, gefolgt von einer Reiseerzählung, die entweder eigens für dieses Buch entstanden ist oder einem bereits veröffentlichten Buch entstammt.

Die inhaltliche und zeitliche Vielfalt könnte nicht größer sein. Da ist der legendäre Ted Simon, dessen Buch »Jupiters Fahrt« mich als Jugendlicher faszinierte. Da ist Gerhard Göttler, dessen Erzählband »Abenteuer Sahara« mich Mitte der 1980er-Jahre zu eigenen, wilden Peugeot-Touren durch die Sahara animierte. Und da ist Jean Malaurie, der große alte Mann der Arktisfor-

Bei all den weltweiten Reisen habe ich meine Heimat Oberbayern nie vergessen und verbringe bis heute viel Zeit in der heimischen Natur. Mein eigentliches Zuhause waren dabei immer meine beiden Kinder Gina und David und seit Sommer 2012 meine Freundin Elly.

schung, dem ich zwar nur kurz begegnete, der mich aber nachhaltig durch seine Persönlichkeit beeindruckte. Um nur drei der zwanzig Abenteurer zu nennen, deren Geschichten sich in diesem Band zu einer einzigartigen Welt- und Zeitreise verbinden.

Die ausgewählten Autoren, besser Freunde, sind sehr besondere Menschen, die ich einmal gerne alle gemeinsam in meinem Garten am Feuer versammeln würde. Bestimmt würden wir uns bis zur letzten Glut Geschichten erzählen, ohne uns einen Funken zu langweilen. Da sie allesamt viel auf der ganzen Welt unterwegs sind, wird dieses Treffen wohl nie stattfinden können. Umso schöner, dass sie in diesem Buch zusammengefunden haben.

Michael Martin, München im Februar 2013

Es muss Anfang der 1980er-Jahre gewesen sein, als mir das Buch »Jupiters Fahrt« in die Hände fiel. Darin erzählt **TED SIMON** die Geschichte seiner Weltreise mit dem Motorrad, auf der er zwischen 1973 und 1977 einhunderttausend Kilometer zurücklegte. Ich war beeindruckt und ließ mich als Teenager gerne von ihm in die Länder mitnehmen, von denen ich selbst träumte. Ich erinnere mich besonders an jene Szene, als Ted Simon seinen Zweitnamen Jupiter von einem Inder erhielt.

Das Buch entsprach genau dem Lebensgefühl der jungen Generation am Ende der 1970er- und zu Beginn der 1980er-Jahre und wurde zum internationalen Erfolg. Unter jungen Menschen herrschte eine ungeheure Neugier auf die Welt. Der fallende Dollarkurs und bezahlbare Fernflüge ließen Reiseabenteuer auf einmal möglich erscheinen. Und wenn dann einer so lange unterwegs war und so cool darüber berichtete, erreichte er schnell Kultstatus wie Ted Simon.

Ich wurde wieder auf ihn aufmerksam, als ich 2002 den Film »Jupiters letzte Fahrt« sah. Seine Idee, die gleiche Reise 30 Jahre später zu wiederholen, faszinierte mich, und ich besorgte mir sein zweites Buch »Jupiters Träume«. Es ist ähnlich gut ge-

schrieben wie das erste, hat aber einen ganz anderen Grundton. Das liegt sicher am inzwischen gealterten Helden, aber vor allem an den weltweiten Veränderungen. Fuhr Ted Simon in den 1970ern noch staunend durch eine für viele oft unbekannte, wundersame Welt, musste er 30 Jahre später feststellen, wie einstige Traumstrände verschwunden, Kulturen zerstört und ehemalige Wegbegleiter gestorben waren. Auch wenn sich vieles für die Menschen vor Ort verbessert hat, ob Gesundheitsversorgung oder Bildungschancen, konnte ich mich dem melancholischen Grundton des Buches nicht entziehen. Ted Simon und ich sind uns, bis auf ein paar ausgetauschte E-Mails, noch nicht persönlich begegnet, aber ich denke, wir wären uns einig, dass die Globalisierung für die Menschen der sogenannten Dritten Welt nicht nur ein Segen ist.

Michael Martin

Ted Simon

JUPITER

Als auch der Reservetank leer war und der Motor würgte und dann ausging, war ich schätzungsweise zehn oder fünfzehn Meilen von Gaya entfernt. Die Vorstellung war nicht nach meinem Geschmack. Vielleicht mußte ich die Nacht dort verbringen, und irgendwo hatte ich gelesen, Gaya sei die schmutzigste Stadt Indiens.

Ich schob das Motorrad vom Asphalt auf das Gras unter einem schattigen Baum. Sein Stamm war kräftig und gewunden, die Wurzeln ragten aus dem Erdreich hervor, und die Rinde war schuppig und grau. Herunterhängende Büschel kleiner, trockener Blätter boten halbwegs Schatten. Dieser Baum war in Indien weit verbreitet, aber dennoch konnte ich mich nicht an seinen Namen erinnern.

Ich stopfte meine Handschuhe in den Helm und blickte, am Motorrad stehend, die Landstraße hinauf und hinunter. Ich sah hinüber auf ein grünes Weizenfeld und fragte mich, wer mir diesmal helfen würde und wohin das führen mochte. Ich zweifelte nicht daran, daß Hilfe kommen würde und mit ihr höchstwahrscheinlich irgendeine unerwartete Wendung meines Geschicks. Es hatte Jahre gebraucht, dieses Maß von Zuversicht und Ruhe zu gewinnen, und während ich wartete, erlaubte ich mir ein gewisses Vergnügen an diesem Bewußtsein.

Meine Gedanken strichen über die Jahre und Meilen der Reise, spürten den Ängsten nach, wie sie gewachsen und vergangen waren, versuchten, alles zusammenzuhalten und mir selbst zu bestätigen, daß es wirklich einen Anfang gegeben hatte. Manchmal und inzwischen immer häufiger fühlte ich, wie eine gewisse Müdigkeit in meine Knochen kroch, mir die Netzhaut verblich und einen Nebel aufsteigen ließ am Horizont meiner Vorstellungskraft. Bald mußte es ein Ende geben. Viele Männer gingen auf der Straße. Die meisten von ihnen trugen lose Baumwollkleidung, einst weiß, aber durch und durch verfärbt von der rötlichbraunen Erde Bihars. Schwach fing sich darin das Sonnenlicht, und die Menschen gingen unter den Bäumen vorüber wie bleiche Schatten, körperlos.

Nur wenige Motorfahrzeuge waren auf der Straße. Manche Männer fuhren auf Fahrrädern, und einige fuhren auf Ochsenkarren oder in kleinen Kutschen, die von Ponys gezogen wurden. Auch gab es einige knatternde Motor-Rikschas, dreirädrige Roller mit Kabinen für die Insassen. Es war unwahrscheinlich, daß sie Benzin in Reserve mitführten. Im Staat Bihar konnte man für den Preis eines Liters Benzin drei oder vier Mahlzeiten bekommen.

Ein Taxi kam auf mich zu, voller Menschen, die nach vorn zu drängen schienen. Der Fahrer war über das Lenkrad gebeugt, das dunkle Gesicht fast gegen die Windschutzscheibe gepreßt. Jeglicher Ausdruck schien aus ihm entwichen. Die Räder flogen auf und nieder über die Buckel der Straße, und das Taxi schleuderte und vibrierte über die Teerwellen, als versuche es zu entkommen, getrieben zum Ziel seiner Reise nur durch das gemeinschaftliche Gebet seiner Insassen.

Inzwischen waren mehrere Männer stehengeblieben, um mich zu betrachten, und waren dann widerstrebend weitergegangen, aber jetzt kam einer, der ein wenig Englisch sprach. Seine Hautfarbe und seine Gesichtszüge vermittelten den Eindruck, er sei ein Brahmane, obwohl die geknotete Kordel, wenn er eine trug, von seinem Schal und seinem Hemd verdeckt war. Er sagte mir geradeheraus, daß er arm sei. Ich reagierte darauf, indem ich ihm mitteilte, ich habe kein Benzin.

»Dorf ist dort«, sagte er. »Nicht weit.«

Er hielt einen Mann an, der auf einem Fahrrad langsam herankam, mit einer Einkaufstasche am Lenkrad. Er sprach mit ihm auf hindi.

»Er sagt, sie werden Benzin haben. Es sind zwei Meilen. Nicht weit.«

Ich bedankte mich bei ihm und wartete. Ich war mir sicher, daß es im nächsten Dorf kein Benzin gab, aber ich konnte das nicht sagen. Es wurden mehr Worte auf hindi gewechselt.

»Dieser Mann wird auf seinem Fahrrad fahren. Wieviel Benzin Sie wünschen?«

Ich hatte nicht den Eindruck, daß sich der Mann freiwillig erbot, aber er schien die Autorität des Brahmanen zu akzeptieren, ohne Fragen zu stellen.

»Das ist wunderbar«, sagte ich. »Ich brauche einen Liter«, und ich fing an, in meinen Taschen zu kramen.

»Nein, nein, Sir, gut. Danach Sie können bezahlen. Jetzt wird er fahren.«

Die Voraussage des Brahmanen erfüllte sich auf der Stelle. Der Mann wendete sein Fahrrad und fuhr davon. Darauf erwähnte der Brahmane abermals, und zwar als Angelegenheit rein akademischen Interesses, daß er arm sei, und er fügte hinzu, ich sei reich. Ich spürte, daß er auf einen Dialog hinauswollte, welcher, ohne daß er es sich überhaupt wünschte, dazu führen sollte, daß ich ihm meine gesamten irdischen Güter überließ und meine Reise zu Fuß fortsetzte. Derlei mag vielleicht in alten indischen Legenden geschehen, aber ich war nicht der Krieger, für den er mich hielt, und er war für meine Begriffe nicht weise genug, obwohl man ihm eine gewisse Schläue nicht absprechen konnte.

Also entzog ich mich höflich der Unterhaltung und setzte mich an den Fuß des Baumes, um zu schreiben und den Nachmittag zu genießen. Es war Februar. Das Licht war noch kühl und golden, und es war hier auch friedlich, von einer Art Gelöstheit, die ich nur selten an öffentlichen Plätzen in Indien fand. Es schien mir der perfekte Augenblick zu sein, auf Papier festzuhalten, was sich in meinem Kopf seit jenem Tag angesammelt hatte, als ich meinen großen Fehler machte. Das war vor vier Tagen gewesen.

In den drei Jahren meiner Reise hatte ich keinen vergleichbaren Irrtum begangen. Ich hatte geplant, von Kalkutta nach Darjeeling zu fahren, für einen Tag auf indischen Straßen eine weite Reise, aber die Straße ist besser als die meisten anderen. Sie verläuft parallel zur Grenze von Bangladesch, und ein Stück begleitet sie den Ganges. Tatsächlich jedoch hatte ich, als ich auf den Ganges traf, die Straße genommen, die stromaufwärts nach Patna und Benares führt. Aber warum hatte ich es getan? Ich erinnerte mich nicht, die Wahl getroffen zu haben. Ich war dem heiligen Fluß gefolgt, hatte mich sicher gewähnt in der Überzeugung, er fließe auf meiner rechten Seite, und ich hatte nicht bemerkt, daß ich ihn in einem Wirrwarr von Strömen und Brücken überquert hatte und mich auf seiner westlichen Seite befand, nicht auf seiner östlichen. Als ich meines Fehlers gewahr wurde, war ich schon 150 Meilen in die entgegengesetzte Richtung von Kalkutta gefahren, eine hinreichende Entfernung, mein Leben zu verändern.

Warum hatte ich nicht bemerkt, wo sich die Sonne befand? Oder in welche Richtung der Strom floß? Oder daß ich aus Westbengalen nach Bihar hinübergefahren war? Ich war doch stolz darauf gewesen, daß solche Beobachtungen für mich zur zweiten Natur geworden waren. Warum hatten sie mich dort im Stich gelassen?

Diese enorme Abweichung von meinem geplanten Pfad hatte mich direkt in das Herz und die Seele von Indien geführt, zum Geburtsort des Buddhismus und den heiligsten Hinduorten. Bei näherer Betrachtung waren meine Gründe, mich eilig nach Kalkutta zu begeben, trivial und banal erschienen, aber doch, bei meinem müden und verwirrten Zustand, einleuchtend. Aber dann hatte ich sie, anfangs noch traurig, fortgeschoben und statt dessen diese sonderbare Wendung in meinem Schicksal willkommen geheißen. Sie hatte zu bemerkenswerten Erfahrungen geführt, bei deren letzter ich mich in einem Segelflugzeug hoch über Patna wiedergefunden hatte, hinaufgewirbelt von einer Thermalströmung und begleitet von einem Schwarm großer, brauner und wilder Raubvögel.

All dies festzuhalten brauchte eine Weile, und ich erhielt mir weiterhin das angenehme Gefühl, sanft auf irgendein schicksalhaftes Ereignis hingestoßen zu sein. Meinen Brahmanen hatte es fortgetrieben, denn er war es wohl leid geworden, jedem Passanten über mich Erklärungen abzugeben. Der Bote, den er ins Dorf geschickt hatte, war noch nicht zurückgekehrt. Ich stand auf und winkte, nur um etwas zu tun, einem herankommenden Wagen zu. Es handelte sich dabei um eine glanzpolierte Limousine, die von einem Chauffeur gelenkt wurde. Zwei fette Frauen, die sich im Fond räkelten, betrachteten mich amüsiert, während der Chauffeur um so intensiver nach vorn auf die Straße starrte und Gas gab, als er an mir vorüberfuhr. Zur gleichen Zeit kam ihnen ein Lastwagen aus Gaya entgegen. Der Laster bewegte sich weiter zur Straßenmitte und zwang dadurch die Limousine mit einem fürchterlichen Kreischen der Reifen in einen flachen Graben. Der Lastwagenfahrer lächelte mir zu und hob den Daumen, und ich grinste meine Anerkennung.

Ein paar Minuten später hielten zwei Männer auf einem Enfield-Motorrad ein Stückchen von mir entfernt und kamen zurück. Der Fahrer hätte wohl nicht gehalten, aber sein Beifahrer bestand darauf, und wie sich herausstellte, gehörte ihm die Maschine. Er war ein junger Mann, stämmig gebaut und sehr klein trotz seiner modischen hochhackigen Schuhe. Er trug eng geschnittene Pluderhosen, eine bestickte gelbe Weste und einen magentaroten Turban, wie ihn die Mitglieder der Rajput- oder Kshatrya-Kaste tragen. Sein bärtiges Gesicht hatte einen Ausdruck fast unerträglicher Ernsthaftigkeit, wie ein Junge, der versucht, bei einer Beerdigung Respekt zu zeigen. Anfangs dachte ich, ihn habe nur ein Anfall extremer Traurigkeit überkommen, aber sein Ausdruck blieb ständig gleich, und tatsächlich war er auf dem Weg zur Hochzeit seines Bruders und damit doch zu einem Anlaß großer Freude.

Schließlich gelang es uns allen gemeinsam, mein Problem zu lösen. Viele Leute hatten daran Anteil, einschließlich ein sich im Ruhestand befindlicher Vizekanzler der Universität von Magadh, aus dessen Vergaser wir den benötigten Liter herauspumpten. Alle Betroffenen waren höchst befriedigt. Der schüchterne Radfahrer kam ebenfalls aus dem Dorf zurück, ohne Benzin, und lächelte sehr beglückt, als er uns alle bei der Arbeit sah. Der Vizekanzler fuhr nach Gaya weiter und lud mich ein, auf einen Tee vorbeizukommen. Und dann fuhr auch ich, mit Begleitung, zu einer Rajput-Hochzeit weiter.

Und es traten die Tänzerinnen auf.

Es waren zwei Mädchen, aber jeweils nur eine tanzte, während die andere sich zwischen den Tabla-Spieler und den Geiger setzte.

Wir waren mehrere hundert Männer und saßen auf dicken weißen Baumwolltüchern, die man auf einer Fläche von ungefähr sechs mal zwölf Metern ausgebreitet hatte. Der Tag war vergangen, und den Himmel hatte man durch eine große vielfarbige Zeltplane ersetzt, die von schillernden Röhren erleuchtet war. Die meisten Männer trugen Anzüge, wenn auch nur die ältesten ihre Jacketts anbehalten hatten. Natürlich hatten wir alle unsere Schuhe ausgezogen, und sie waren um den Zeltrand aufgebaut. Mein Freund, dessen Name Raj war, mahnte mich bekümmert, auf meine Sachen achtzugeben. Es seien schon, so sagte er, vier Paar Schuhe und zwei Koffer verschwunden.

Die Luft hatte jene perfekte Temperatur, in der die Haut aufblüht, und es roch nach den Räucherstäbchen, die vor dem Bräutigam glommen. Er lag auf einem Thron von Polstern und gesteppten Decken, sein Großvater väterlicherseits auf der einen Seite, der Pandit auf der anderen, beide munter und aufrecht und mit hellgelben Turbanen auf dem Kopf. Der Bräutigam erschien ziemlich geistesabwesend, die Augen kaum geöffnet.

»Er hat seit Tagen gefastet«, flüsterte Raj. »Bis morgen nach der Hochzeit wird er nicht essen.«

Zwei Gewehre lagen auf Kissen vor dem Bräutigam, und ihre Läufe wiesen über unsere Köpfe. Bei gegebenem Anlaß würde man sie abfeuern, um feindliche Stämme zu verschrecken, denn die Rajput sind eine Kriegerkaste.

Die Haupttänzerin war meistens auf der Tanzfläche. Auch ich bevorzugte sie, obwohl ihre Formen weit davon entfernt waren, meinen Idealvorstellungen zu entsprechen. Ihre Arme und Schultern waren makellos und bewegten sich mit schlangenhafter Anmut. Ihr Gesicht war voll und hübsch. Fest in Mieder und Sari gehüllt, bot sie doch stolz einen enormen und geschmeidigen Bauch dar, der den Eindruck machte, viel älter zu sein als sie.

Ich erwischte mich dabei, daß ich ihn sehr oft betrachtete, verblüfft über die Freiheiten, die er sich nahm, aber wie sehr ich auch von ihrem Bauch abgelenkt war, ich konnte doch ihr Gesicht nicht übersehen. Mit wahrer Kunstfertigkeit hatte sie sich einen Ausdruck derart überheblicher Verachtung für Männer geschaffen, daß ich zweifellos unter ihrem Hohn vergangen wäre, hätte ich mich allein mit ihr in einem Raum befunden. Und ebenso sicher wäre ich in einen Zustand höchster Verzückung geraten, hätte sie auch nur das geringste Anzeichen gegeben, weich zu werden.

Grund dafür muß bittere persönliche Erfahrung gewesen sein.

»Sie sind Prostituierte, weißt du«, flüsterte Raj, und sein Tonfall war von düsterer Bedeutungsschwere. Ich erkannte, daß dies das Wichtigste an ihr sein mußte.

Der Tanz selbst war sonderbar und bruchstückhaft, und anfangs hielt ich ihn für ziemlich wirkungslos und kaum die Zehn-Rupien-Scheine wert, die sie ihrem Publikum abknöpfte und an den Tabla-Spieler weiterreichte. Sie stand da, klopfte mit einem hennaroten Fuß, schüttelte die Glöckchen an ihren Knöcheln, wog sich im Rhythmus und nahm mit ihrem Körper die verschiedensten Positionen ein, zum Beispiel Hüfte und Schulter nach vorn, die Beine leicht eingeknickt, den Kopf zu einer Seite geneigt. Und dann, wenn sie eine bestimmte Phrase von den Musikern aufnahm, ging sie mit schleifendem Schritt auf dem Tuch vorwärts und bewegte, was zu bewegen war (wobei sich ihr Bauch in perfekter Harmonie mitbewegte), nur sechs Schritte, bevor sie sich aufrichtete, beide Arme seitlich fallenließ und uns mit einem atemberaubenden Schmollen abtat, das ganz einfach zu sagen schien: »Da, ihr Hundesöhne.«

Mit jenen sechs Schritten sagte sie alles, was es über Männer und Frauen zu sagen gibt. Die meiste Zeit wiegte sie sich nur im

Rhythmus und sang, gestikulierte mechanisch mit ihren wunderschönen, geschmeidigen Armen und gab sich nicht die geringste Mühe, Bedeutung oder Gefühl in ein Lied zu legen. Männer riefen ihr Beleidigungen zu, Ältere tadelten sie, raffgierig zu sein, oder befahlen ihr, sich zu mäßigen. Immer tat sie wie geheißen, aber immer triumphierte auch ihre Verachtung. Und ich merkte, daß ich mich danach sehnte, nur noch einmal jene sechs spöttischen Schritte zu sehen.

Wenn sie innehielt, um sich auszuruhen, und von ihrer Partnerin vertreten wurde und wenn ich nicht von den anderen Gästen ins Kreuzverhör genommen wurde, die auch noch die intimste Einzelheit aus meinem Leben zu erfahren trachteten, suchte mein Blick immer wieder den Vater des Bräutigams. Auch er trug einen leuchtendgelben Turban, aber saß inmitten der Menge. Glattrasiert und weniger gemessen als Raj, legte er doch ein strenges und unerschütterliches Verhalten an den Tag, und sein Lächeln war kontrolliert und distanziert. Ich betrachtete ihn, weil ich mich zu fragen begann, ob er vielleicht der Grund sei, weshalb ich in den vorangegangenen Tagen solch unerwarteten Pfaden gefolgt war. Als wir auf dem Weg zur Hochzeit anhielten, um ein Bier zu trinken, hatte mir Raj als eines der ersten Dinge über seine Familie berichtet, daß sein Vater über große Kräfte verfüge. Er war ein Hellseher, ein Seher, er konnte in eines Menschen Seele lesen und dessen Bestimmung voraussagen.

»Er nimmt nur deine Hand und sagt dir dann Dinge über dich. Er hat das bei vielen Menschen getan. Es ist zu wichtig. Er wird es auch für dich tun.« Raj war auf seine verdrießliche Weise begeistert von der Vorstellung.

»Handlesen«, sagte ich.

»Nein. Nein. Nicht Handlesen. Du wirst schon sehen.«

Nachdem er mich seinem Vater vorgestellt hatte, fragte er mich mehrere Male:

»Hat mein Vater es dir schon gesagt?«

Aber nein, er hatte auf den richtigen Zeitpunkt warten wollen, auf einen ruhigen Augenblick, und da ich in ihren Augen ein wichtiger Gast geworden war, ihnen sozusagen vom Schicksal als Geschenk dargeboten war und er den Ruf genoß, Geduld zu üben, malte ich mir aus, daß auch er mich wahrscheinlich von Zeit zu Zeit ansah, wenn ich ihn nicht betrachtete.

Lange nach Mitternacht, als die Zehn-Rupien-Scheine nicht mehr reichlich ausgeteilt wurden und die Tänzerinnen schlaff geworden waren, streckten wir uns alle auf dem Boden aus und schliefen, unsere Brieftaschen unter den Kopf geschoben. Im Haus der Braut, einem Farmgebäude, ungefähr dreihundert Meter entfernt, wo andere Festlichkeiten abgehalten wurden, schaltete man die Lautsprecher ab, und der letzte Hindi-Popsong verhallte über den weiten Ebenen Nordindiens, die im Mondlicht schimmerten. Die Lichter im Zelt gingen aus, aber der Vorhang vielfarbiger Lichter, der eine ganze Seite des Brauthauses vom Dach bis zum Boden überzog, leuchtete weiter, zumindest bis ich einschlief.

Am folgenden Morgen, nachdem wir uns alle auf das zu jenem Zweck bestimmte Feld begeben, uns danach an der Pumpe gewaschen und schließlich gefrühstückt hatten, kamen Bräutigam und Braut endlich zusammen. Man führte sie in einen kleinen gedeckten Innenhof, das Herz des Hauses der Brautfamilie. Dort nahmen sie auf Kissen Platz, der Pandit der Braut zwischen ihnen und der des Bräutigams auf ihrer anderen Seite. In den übrigen Raum drängten sich so viele von uns, wie nur möglich war. Zu meinem Erstaunen und meiner Erleuchtung war auch die Haupttänzerin mit ihren Musikern anwesend. Die Braut war von Schleiern, Blumen und einem leuchtenden Hochzeitssari verhüllt. Der Bräutigam trug einen Papierhut, von dem eine ganz außergewöhnliche Ansammlung Flitterkram aufragte und hinunterhing. Meinem westlichen Auge erschien er wie eine Mischung aus Weihnachtsbaum und Marsbewohner, und auch sein Gesicht war von den Sachen verborgen, die von seinem Hut herunterhingen.

Der Pandit der Braut hatte einige Seiten Papier, die aus einem Übungsbuch herausgerissen und mit heiligen Texten beschrieben waren. Mit einem harschen Schnattern las er sie vor, wobei er häufig innehielt, um ein unleserliches Wort zu entziffern oder sich mit dem anderen Pandit zu beraten. Gleichzeitig sangen und spielten die Tänzerin und die Musiker dieselben sexy klingenden Lieder wie am Abend zuvor, und die Leute schwatzten laut miteinander, um sich Gehör zu verschaffen. Zu gewissen Zeitpunkten der Zeremonie mußte der Bräutigam verschiedene Bewegungen vollziehen und zum Beispiel mit einem gefalteten Blatt Milch aus einem irdenen Krug auf einen Fladen dampfenden Kuhmists löffeln. Einmal mußte er das mit einem Stück Stoff vor dem Gesicht machen, obwohl es sowieso unwahrscheinlich genug war, daß er etwas sehen konnte. Ich hielt die Prüfung, der er sich unterziehen mußte, für ziemlich schrecklich. Halb verhungert, halb blind, eingeengt von viel zuviel Kleidungsstücken, umtost von einem nervenerschütternden Lärm und gezwungen, all diese komplizierten symbolischen Handlungen zu verrichten – ich fragte mich, ob ein Teil von ihm noch entspannt genug war, die Bedeutung all dessen zu durchschauen. Mir erschien es wie eine Zeremonie, erdacht von den Frauen als Vergeltung für all die tyrannische Autorität und Großspurigkeit, zu der der indische Ehemann fähig ist.

Nach ungefähr einer halben Stunde war noch immer kein Ende

in Sicht, und ich ging für eine Weile nach draußen. Alles und alle waren in friedlichem Einklang. Mir wurde sehr deutlich bewußt, wie alle von Menschenhand geschaffenen Bauwerke, die Häuser und Kuhställe mit ihren Lehmmauern, die Getreidebehälter, die Wassertröge, die Bewässerungsgräben und die Heuschober mit der Erde und den Bäumen eine Einheit bildeten. Eine armselige und veraltete Harmonie, würden manche sagen, am besten aus der Ferne einzuschätzen, aber ganz sicherlich muß es irgendeinen Mittelweg geben ...

Meine Verabredung mit dem Schicksal rückte näher. Rajs Vater machte sich bereit, in sein Büro nach Patna zu fahren.

»Komm«, sagte er. »Wir setzen uns ins Auto.«

Wir saßen einander zugewandt, und er sagte:

»Gib mir deine Hand.«

Ich streckte sie aus, und er ergriff sie wie zu einem Händedruck, doch hielt er sie einige Augenblicke ganz fest. Dann ließ er sie los, gab meinem Daumen einen kurzen Schlag nach hinten und murmelte: »Achcha! Du hast eine in ihrem Lauf sehr bestimmte Seele. Und das spiegelt sich auch in deinem Geist wider. Du bist Jupiter ...«

Warum nicht?, dachte ich. Es klingt gut.

ACHIM MENDE und ich begegneten uns zum ersten Mal als zwölfjährige Schüler zwischen den Regalen der Stadtbibliothek Gersthofen. Wir schlichen beide um die Astronomiebücher – und hatten jeder eine Rasierklinge in der Hosentasche. Wir waren begeisterte Sterngucker und tapezierten die Wände unserer Kinderzimmer mit Bildern von Galaxien und Planeten – derartige Bilder gab es 1978 nur in Buchform. So entfernten wir schon länger und ohne voneinander zu wissen, mit einem schnellen Schnitt besonders schöne Aufnahmen aus einschlägigen Werken der Stadtbibliothek und stellten die Bücher wieder ordentlich ins Regal zurück. Der Wunsch, diese Bilder jeden Tag betrachten zu können, war einfach stärker als unser Schuldbewusstsein.

Wenige Monate später bauten Achim und ich unsere eigenen Sternwarten, deren Wände wir ebenfalls mit Sternenbildern tapezierten. Die Sichtverhältnisse auf unseren Sternwarten litten aber unter dem Lichtschein der nahen Großstadt Augsburg. So begannen wir, an Wochenenden mit klaren Nächten in die Tiroler Alpen zu radeln, um dort Sterne zu beobachten. Am 19. 10. 1978 hielten wir unseren ersten öffentlichen Vortrag darüber, Achim stand links von der Leinwand, ich rechts, davor saßen acht zah-

lende Zuschauer. Mit 17 fassten wir dann den toll-
kühnen Plan, in den Sommerferien nach Marokko zu
radeln, um dort zum ersten Mal die Himmelsobjekte
des Südsternhimmels zu sehen. Aus der geplanten
Fahrradtour wurde eine Mofatour. Und aus der geplanten Sternbeobachtung unsere erste Begegnung
mit der Wüste. Unendliche Neugier erfasste uns daraufhin, wir wollten wissen, wie es denn hinter den
ersten Dünen des Erg Chebbi im Süden Marokkos
weitergeht. Und so folgte Saharareise um Saharareise, Vortrag um Vortrag.

Achim lebt heute mit seiner Frau und seinen Kindern am Bodensee. Dem Reisen und Fotografieren
ist er treu geblieben. Er hat sich auf die Luftbildfotografie spezialisiert, fotografiert mit einem fern-
gesteuerten Kameraballon die Fresken von Klös-
tern oder Wolkenkratzer in Dubai. Seine Bilder zeigen
eine Welt, wie wir sie aus dieser Perspektive noch nie
gesehen haben.

Michael Martin

Achim Mende

DIE WELT MIT ANDEREN AUGEN SEHEN

Schon als kleiner Junge beschäftigten mich drei Fragen: Wie sieht die Erde von oben aus? Was versteckt sich hinter dem Horizont? Und wie fühlt es sich wohl an, wenn man die Welt aus der Vogelperspektive betrachtet? An diesem Interesse hat sich bis heute nichts geändert, mit einem Unterschied: Was früher nur ein Traum war, ist heute zu meinem Beruf geworden.

Es war reiner Zufall, als ich eines Tages im zarten Alter von zwölf Jahren einem jungen Typen in der Stadtbibliothek begegnete, der genau wie ich Atlanten wälzte und Bücher nach spannenden Weltraumbildern durchforstete. Schnell war klar, dass Michael Martin und ich für das Thema Sterne und Weltraum brannten – das war der Beginn unserer bis heute andauernden, intensiven Freundschaft.

Am Anfang unserer Entdeckungsreisen stand die Astronomie – der Blick durch unsere selbst gebauten Teleskope war im Nachhinein betrachtet nichts weiter als der Beginn unserer Suche nach dem Unbekannten. Noch waren wir zu jung, um alleine verreisen zu dürfen, aber auf diese Art und Weise konnten wir in die Ferne schweifen, von Galaxien träumen, um beim Blick ins Universum eine ganz andere Sicht auf die Welt zu bekommen. Mit zunehmendem Alter erweiterte sich unser Aktionsradius stetig. Wir setzten alles daran, bei jeder sich bietenden Möglichkeit aus dem Alltag auszubrechen. An Sommerwochenenden fuhren wir mit dem Fahrrad in die Alpen, radelten noch am Freitag nach Schulschluss über 80 Kilometer bis in die Berge, stiegen manchmal bis auf über 3000 Höhenmeter auf, um dort bei klarem Nachthimmel Sterne beobachten zu können. Am Sonntag ging es dann wieder 80 Kilometer heimwärts.

Unzählige Male sind wir gemeinsam aufgebrochen und haben dabei die unglaublichsten Dinge erlebt. Am stärksten haben sich zwei Reisen in mein Gedächtnis eingebrannt. Die eine führte uns zum ersten Mal nach Afrika. Wir waren mit zwei klapprigen Mofas in den Sommerferien auf dem Landweg nach Marokko aufgebrochen. Tief im Süden des Landes standen wir dann als 16-Jährige zum ersten Mal in unserem Leben auf einer 100 Meter hohen Sanddüne am Rande der Sahara. Was für ein Moment – ein lang gehegter Traum ging in Erfüllung. Die andere Reise führte uns, kaum dass wir den Führerschein in der Tasche hatten, mit einem altersschwachen VW-Bus bis in den Kongo. Eigentlich war es anfänglich unser Ziel gewesen, ganz Afrika von Tunis bis Kapstadt zu durchqueren, dieser Plan scheiterte aber an der länger andauernden Regenzeit und der damit verbundenen Unpassierbarkeit der schlammigen Urwaldpisten. Häufig waren wir von betrunkenen Soldaten aufgehalten worden, die mit ihren Gewehren unser Auto nach Brauchbarem durchwühlten. Wir erlebten aber auch herzliche Gastfreundschaft trotz bitterer Armut. Schließlich standen wir in Bangui, der Hauptstadt der Zentralafrikanischen Republik, vor dem Palast des wegen seiner Schreckensherrschaft berühmt-berüchtigten Kaisers Bokassa, dem auch Kannibalismus nachgesagt wurde. Wir konnten es nicht fassen, nun selbst hier zu stehen, nachdem wir vorher nur im *Stern* oder *Spiegel* davon gelesen hatten. Mit dieser Höllentour verbinde ich unvergessliche, aber auch verstörende Eindrücke. Die karge Schönheit der Sahara, die politisch aufgeheizte Stimmung in Nigeria, gefolgt von der malerischen Landschaft Kameruns, unsere erste Begegnung mit Pygmäen auf ihren Pirogen, als wir den zentralafrikanischen Dschungel durchquerten. Irgendwann auf dieser Reise muss der Grundstein für unsere spätere fotojournalistische Tätigkeit gelegt worden sein.

Unser Schicksal wollte es, dass sich da zwei gefunden hatten, die sich gegenseitig bis an die Grenze des Machbaren motivierten und vorantrieben, im festen Glauben, dass man alles schaffen kann, wenn man es nur wirklich will. Für ein gutes Bild stiegen wir auf jeden Berg, erklommen jede Düne, durchlitten unzählige Strapazen. Ständig putschten wir uns mit Sprüchen auf – »Zeit ist Geld und Geld ist knapp« oder »Wir fangen da an, wo der Fachmann aufgibt« – völliger Blödsinn, aber wir hatten auch unglaublichen Spaß dabei.

Wir hatten beide ein enormes Mitteilungsbedürfnis, das von Anfang an über den Kreis der Freunde und Familie hinausging. Ich erinnere mich noch gut an die ersten Diavorträge von Michael und mir, in denen etwa fünf bis zehn zahlende Zuhörer saßen. Die ersten Titel lauteten: »Um frei zu sein bedarf es wenig« oder »Auf der Straße nach Süden«. Die ersten Gehversuche auf diesem Terrain waren eher zaghaft. Schüchtern standen wir da vor unserem kleinen Publikum und gaben unser Bestes, um uns nicht total zu blamieren. Ständig fielen wir uns gegenseitig ins Wort oder brachen in Lachen aus, weil wir uns über uns selbst amüsierten. Rhetorisch war das sicherlich keine Meisterleistung, aber wir waren über unseren eigenen Schatten gesprungen, sammelten Erfahrungen, verdienten damit Geld. Der Funke der Begeisterung teilte sich dem stetig wachsenden Publikum mit, wir berichteten direkt und unverfälscht über unsere persönlichen Erlebnisse. Spätestens nach der ersten langen Afrikareise, bei unserem Vortrag »Sahara, Sahel, Regenwald«, als im

Münchner Stadtmuseum erstmals an die 800 Besucher saßen, stand für uns fest, wie es weitergehen sollte: Anfang der 1980er-Jahre gab es nur eine Handvoll namhafter Vortragsreferenten und ein Publikum, das nach abenteuerlichen Geschichten verlangte.

Ganz selbstverständlich kam dann auch die Zeit, wo wir unserer eigenen Wege gingen – Michael studierte in München Geografie, ich machte eine Ausbildung als Fotograf. Er begann nach den Wüsten Afrikas alle Wüsten der Erde zu bereisen. Ich war fasziniert von den tropischen Inseln im Indischen Ozean und der Südsee. Insbesondere das südliche Licht, die intensiven Farben, die andere Farbtemperatur begeisterten mich.

Etwas später prägte ein unglaubliches Naturerlebnis meinen weiteren Werdegang nachhaltig: 1983 war ich allein auf den Seychellen unterwegs und fotografierte am Strand gerade eine Kokosnuss. Als ich den Blick hob, sah ich plötzlich ein paar Kilometer draußen, etwa 900 Meter über dem türkisfarbenen Meer, den dunkelgrauen Rüssel eines Tornados aufragen und schoss geistesgegenwärtig eine atemberaubende Bildsequenz dieses ebenso grandiosen wie Furcht einflößenden Naturschauspiels. Ich erinnere mich gut, wie eigenartig das war. Ich traute kaum meinen Augen, denn um mich herum war es völlig friedlich und windstill, während da draußen die Windhose tobte, weiterzog, eine kleine Insel verwüstete und sich dann in nichts auflöste. In Deutschland konnte ich diese damals noch seltenen Naturaufnahmen einer Bildagentur für gutes Geld verkaufen. Das war der Moment, in dem mir klar wurde, dass man mit außergewöhnlichen Bildern Geld verdienen und vielleicht sogar davon leben könnte.

Daraus lernte ich, dass das Einzige, was zählt, das besondere

Motiv zum richtigen Zeitpunkt am richtigen Ort ist. Fortan war das für mich die treibende Kraft, zu immer neuen Zielen aufzubrechen und diese Reisen durch die Bilder zu finanzieren. Zwar hatte ich in Stuttgart eine Berufsfotografenausbildung absolviert, jedoch war mir schnell klar, dass mich die klassischen Aufgaben eines Fotografen nie befriedigen würden.

Das Ziel, die Welt aus einem besonderen Blickwinkel von oben sehen und zeigen zu können, behielt ich fest im Blick, und so bildete ich mich fortan autodidaktisch weiter, nutzte aktuelle Mittel und Techniken und betrat immer wieder fotografisches Neuland.

Als die ersten Gleitschirme aufkamen, mit denen sich nach landläufiger Meinung offensichtlich Lebensmüde von Berghängen in die Tiefe stürzten, sah ich eine Chance für diesen Perspektivenwechsel gekommen. Ich war von Anfang an mit dabei und konnte Mitte der 1980er-Jahre damit in den Dünen der Namib im Aufwind segeln und Bilder aus der Luft schießen. Wenig später kam ein verrückter Tüftler auf die Idee, sich dabei auch noch einen Motor mit Propeller auf den Rücken zu schnallen, um damit einfach nach ein paar Schritten Anlauf abheben zu können und in den Himmel zu steigen. Was für eine faszinierende Option, dachte ich mir und machte mich daran, diese Technik weiterzuentwickeln und für mich einsatztauglich zu machen. Um das unter Beweis zu stellen, überquerte ich 1988 als erster Mensch den Ärmelkanal mit einem Motorgleitschirm, was mir den Eintrag ins Guinnessbuch der Rekorde einbrachte.

Diese »fliegende Kiste« versetzte mich in die Lage, an die entlegensten Orte der Welt zu reisen und auch dort, wo es keine Flugzeuge oder Hubschrauber gab, in die Luft zu steigen, um in atemberaubenden Perspektiven Bilder einzufangen. Bei einer

Flugzeit von bis zu vier Stunden konnte dabei eine maximale Flughöhe von 4000 Metern erreicht werden. Gas geben bedeutete, dass man auf eine Holzklammer im Mund biss, da man ja mit beiden Händen die Bremsleinen zur Steuerung des Schirmes benötigte. Der uralte Traum vom Fliegen ging für mich auf diese höchst abenteuerliche Art und Weise in Erfüllung.

Australien, die Arktis, Amerika und Französisch-Polynesien hießen nun meine Ziele. Es war traumhaft, knapp über die Spitzen von riesigen Eisbergen hinwegzugleiten oder von oben Eisbären ausfindig machen und beobachten zu können. Ein anderes Mal ging es um die Umrundung des größten Ringatolls der Südsee – Rangiroa in den Tuamotus. Das bedeutete im wahrsten Sinne des Wortes Islandhopping mit grandioser Aussicht. Auch nach Namibia zog es mich immer wieder, um dort mit Filmkameras hautnah den Konturen der Dünen der Namib zu folgen. Irgendwann klopfte dann auch das ZDF an, mit dem Auftrag, für Terra-X exklusive Luftbildaufnahmen einer zerklüfteten Vulkanlandschaft zu drehen.

Trotzdem war ich noch nicht zufrieden – ich wusste, es geht noch besser, ich wollte noch näher ran an die bisher unerreichbaren Motive. Seit meiner Kindheit beobachtete ich immer wieder fasziniert Vögel im Flug und fragte mich, welcher Blick sich wohl für eine Taube auftut, wenn sie um einen Kirchturm segelt. Dabei dachte ich an die Entwicklung einer Art virtuellen Kamera im Kopf, die es mir gestatten würde, diese Perspektive einzunehmen – die Frage war nur, wie sich das realisieren ließe.

Über zwei Jahre kostete mich die Entwicklung dieser völlig neuen Aufnahmetechnik, die es mir ermöglicht, Aufnahmen zu erstellen, die so zuvor noch keiner gemacht hatte. Das Ergebnis war ein transparenter, heliumgefüllter Hightechballon, an dem ich eine Profikamera befestigen und den ich auf Höhen zwischen 0 und 300 Meter aufsteigen lassen kann. Die Kamera lässt sich durch eine stabilisierte Plattform per Fernsteuerung drehen, neigen und zoomen. Das Livebild der Kamera sehe ich dabei über eine Funkstrecke auf meiner Cyberbrille. So wird die Kameralinse zu meinem Auge, nehme ich virtuell den Aufnahmestandort der Kamera unter dem Ballon ein. Nun gleicht mein Blick dem der Taube, bin ich es, der durch das Auge der Kamera blickt und fast die Kirchturmuhr berührt.

Die Ausrüstung gestattet es mir, bei Tag und bei Nacht gestochen scharfe Luftbild-, Film- und Panoramaaufnahmen aus nächster Nähe zu den Objekten zu realisieren. So spaziere ich mit meinem Ballon durch Stuttgart, Berlin, St. Moritz oder Dubai und kann die unglaublichsten Bilder liefern: lautlos über den Bregenzer Festspielen schweben, hautnah an der Aussichtsplattform des Stuttgarter Fernsehturms vorbeifliegen oder nachts zwischen den Wolkenkratzern von Dubai wandeln.

Interessant ist auch immer wieder die Reaktion der Leute, die den Ballon schon von Weitem erspähen und dann zu mir kommen, um der Sache auf den Grund zu gehen. Wenn ich ihnen dann noch einen Blick durch die Cyberbrille gestatte, ist das Staunen groß. Total verdutzt schauten auch die Besucher auf der in 156 Meter Höhe gelegenen Aussichtsplattform des Stuttgarter Fernsehturms, als im Luftraum nur wenige Meter vor ihnen ein kleiner Ballon mit einer Kamera auftauchte, die sie ständig fotografierte.

Ich kann mich noch genau erinnern, als ich mir das erste Mal die malerisch am Ufer des Bodensees gelegene Barockkirche Birnau als Bildobjekt ausgewählt hatte. Kaum ließ ich den Ballon zur Kirchturmuhr aufsteigen, stand ganz unvermittelt Bruder

Michael, ein Zisterziensermönch, neben mir und wollte auch durch die Cyberbrille schauen. Man stelle sich die Szene vor: ein Mönch in seiner traditionellen Kutte mit einer Cyberbrille auf der Nase. Es dauerte nur Augenblicke, und er sagte: »Dies ist der Blick aus der Vogelperspektive auf ein Stück Himmel auf Erden!« Die umstehenden Schaulustigen und ich waren sprachlos, besser konnte man es nicht ausdrücken.

Ich bin überzeugt, dass es mir nirgendwo anders als hier am Bodensee gelingen konnte, diese Technik zu entwickeln. Wo sonst zieht einem der Zeppelin NT inspirierend über den Kopf hinweg, gibt es so unglaublich schöne Landschaften, Schlösser und Burgen, aber auch Hightechfirmen und Tourismus – also genug Potenzial, um als Fotograf spektakuläre Aufnahmen machen und Auftraggeber finden zu können.

2002 hat es meine Familie und mich beinahe zufällig an den Bodensee verschlagen. Schon Jahre zuvor war ich beruflich häufig von Augsburg nach Zürich unterwegs gewesen, und jedes Mal hatte mich der Bodensee bei der Überfahrt mit der Fähre in seinen Bann geschlagen. Schon damals hatte ich mich insgeheim gefragt, warum ich mit meiner Familie nicht auch an so einem herrlichen Ort lebte. In der Zwischenzeit hatte ich in Namibia meine aus Transsylvanien stammende Frau Denisa geheiratet, und zwei unserer heute drei Kinder waren schon geboren. Uns stellte sich in letzter Zeit immer wieder die Frage, wo denn nun unser Zuhause sein sollte, denn bis dahin war ich ständig nur in der Weltgeschichte unterwegs gewesen. Bis ich mich eines Tages mit einer am Bodensee ansässigen Firma zusammentat, um ein Einmann-Luftschiff zu entwickeln. Wir zogen um, und auch wenn sich diese Zusammenarbeit schnell zerschlug, hatte sie absolut ihr Gutes – den Umzug haben wir nie bereut. Vorher war es mir immer schwergefallen, längere Zeit an einem Ort zu bleiben. Hier fiel es mir und meiner Familie plötzlich leicht. Wenn ich heute meinen Blick über den glitzernden See und das grandiose Alpenpanorama schweifen lasse, weiß ich, dass ich meinen Platz gefunden habe. Mit ungebrochener Begeisterung entdecke ich seit nunmehr zehn Jahren täglich neue Facetten an dieser Region und komme aus dem Staunen nicht heraus. Kein Tag vergeht, ohne dass mich der See überrascht hätte, jede Jahreszeit hält etwas Neues bereit.

Es klingt vielleicht verrückt für jemanden, der so viel in der Welt unterwegs war wie ich, aber ich habe es mir zur Aufgabe gemacht, die Schönheit nicht länger nur in der Ferne, sondern direkt vor meiner eigenen Haustüre zu entdecken. Denn genau darin liegt für mich das Geheimnis. Es spielt nämlich letztendlich kaum eine Rolle, wo man fotografiert – wichtig ist, ob man es schafft, ein Bild zu machen, das die Menschen berührt.

Dabei kann man hier die spannendsten Momente erleben, wenn man sich vor Ort perfekt auskennt, mit den richtigen Leuten zu tun hat und auf gewachsene Beziehungen bauen kann. Mal steuere ich in zehn Kilometer Entfernung, per GPS und Funk, einen eleganten Schaufelraddampfer in den rot glühenden Sonnenuntergang, was bei 1000 mm Brennweite sensationell aussieht. Ein anderes Mal bin ich mit meinem Piloten und seinem Ultraflugzeug unterwegs, um in enger Abstimmung mit der Firma Airbus den Vorbeiflug eines A 380 aus nächster Nähe zu fotografieren. Oder es gelingt mir wie 2012, so faszinierende Himmelsphänomene wie den Venustransit vor der Sonne – den letzten für die nächsten 105 Jahre – festzuhalten.

So konnte ich inzwischen insbesondere mit der Kameraballontechnik eine ganz eigene, unverkennbare Bildsprache etablieren. Die außergewöhnlichen Perspektiven vom Bodensee haben sich längst international herumgesprochen – für namhafte Firmen, Hotels in Dubai, aber auch den britischen Stararchitekten Sir Norman Foster bin ich im Einsatz.

Der Schriftsteller Martin Walser, der nur ein paar Häuser von uns entfernt wohnt, hat einmal ganz treffend formuliert, »der Bodensee, gelegen im Süden des Nordens«. Wenn ich schon in Deutschland meine Zelte aufgeschlagen habe, dann nirgendwo sonst als hier! Für mich jedenfalls liegt der See ganz tief im Süden meines Herzens. Ich empfinde es als großes Glück, vom Bodensee aus immer wieder Ausflüge in die weite Welt zu unternehmen, um dann an diesen Ort zurückkehren zu können, den wir unser Zuhause nennen; zusammen mit meiner Familie hier zu leben und zu arbeiten und meine Kinder hier aufwachsen zu sehen. Sie haben eine Kindheit, an die sie sich sicher ihr Leben lang erinnern werden. Schon oft haben wir ein Lagerfeuer am Seeufer gemacht, oder wir waren die ganze Nacht mit einem kleinen Boot draußen auf dem See, und ich habe meiner Frau und meinen Kindern unter dem Sternenzelt von der wilden Zeit mit meinem Freund Michael erzählt. Manchmal bin ich mir nicht sicher, ob sie mir Glauben schenken oder denken, dass »der« wieder Märchen aus tausendundeiner Nacht erzählt.

Nicht einen Moment dieser Zeit möchte ich missen, so chaotisch sie auch manchmal gewesen sein mag – kaum jemand hat die Chance, eine derartige Freundschaft in seiner Jugend erleben zu dürfen, die so unglaublich reich an außergewöhnlichen Erfahrungen und großartigen Momenten war!

3

Der Einband des Buches sagte alles: Über einem im Sand festgefahrenen Peugeot 504 stand in dicken Lettern »Abenteuer Sahara«. Ich hatte das Buch als 20-Jähriger mehrfach gelesen, kannte all die Geschichten von korrupten Zöllnern, vom kurzsichtigen Taxifahrer Kurt, von malischen Gefängniszellen und verzweifelten Reparaturen an altersschwachen Karosserien auswendig. Aufgeschrieben hatte sie ein gewisser **RAINER FALK**, den ich auf den Bildern im Buch bald als den sympathischen Mann mit Schnurrbart ausmachte. Ich war fasziniert von seinem Humor, wenn er von algerischen Hotels berichtete, deren Standard in keinem erkennbaren Zusammenhang zum geforderten Preis stand. Seinem Mut angesichts der Gefahren der Wüste. Der Dreistigkeit, mit der er afrikanische Bürokraten austrickste. Kurzum, Rainer Falk war mein Vorbild als junger Autoschieber. »Autoschieben« war kein Beruf, bot aber die wunderbare Möglichkeit, Transsahararreisen erschwinglich zu machen. Peugeots 504, die man in Deutschland für wenige Hundert DM bekam, brachten nach erfolgreicher Saharadurchquerung in Westafrika mehrere Tausend DM ein. Rainer Falk war mit damals zwei Dutzend Saharadurchquerungen ohne Frage der König der Autoschieber.

Es war also nur eine Frage der Zeit, bis ich ihm in der Wüste begegnen würde. Eines Tages war es so weit: Vor einem Restaurant in Tamanrasset, in dem ich gerade mit Freunden aß, hielten drei Peugeots 504, schwer beladen und top ausgerüstet. Mein Vorbild entstieg einem davon – ordentliche Kleidung, dunkle Sonnenbrille, Schnurrbart. Doch Rainer Falk stellte sich als Gerhard Göttler aus Freiburg vor. Ich war mir aber sicher, den Autor meines Lieblingsbuches vor mir zu haben! Gerhard hatte für das Buch ein Pseudonym angenommen. Später hat er sich als Tuaregexperte und Autor vieler Beiträge und Bücher europaweit einen Ruf erworben und wollte beruflich nicht mit seinen »Jugendsünden« in Verbindung gebracht werden. Bis heute sind wir Freunde und erzählen uns gerne von den wilden Peugeot-504-Zeiten.

Michael Martin

Rainer Falk

ABENTEUER AUF DER TANEZROUFT-PISTE

Auf früheren Saharareisen, die uns jeweils eine schöne Stange Geld gekostet hatten, haben wir immer wieder Leute kennengelernt, die Lkw und Pkw nach Schwarzafrika überführten und so mit ihren Saharareisen noch Geld verdienten. Das wollten wir auch einmal versuchen. Wir (Schwager Til und ich) erstanden günstig einen 9-Tonnen-Pritschen-Lkw, den wir mit alten Betten und einem Tisch sogar noch wohnlich machten. Über Tunesien und Nordalgerien fuhren wir auf gutem Asphalt problemlos nach Süden. In Adrar begann die Piste. Als Lkw-Neulinge und verwöhnt vom sanften Verhalten unserer bisherigen Wüstenfahrzeuge, hatten wir nicht mit den brutalen Schlägen gerechnet, die der hartgefederte Lkw bei Löchern, Steinen oder anderen Unebenheiten austeilte: Auf der Pritsche ging so ziemlich alles zu Bruch, was nicht mit Seilen einzeln festgezurrt war. Das Schlimmste: Die Kanister mit Diesel platzten bei den harten Stößen auf. Der ganze Wagen war immer wieder von oben bis unten, von vorn bis hinten von Diesel überschwemmt. So benötigten wir für 180 Kilometer Piste von Adrar nach Reggane volle drei Tage. Ziemlich entnervt erreichten wir Reggane, wo die Polizei für die Durchquerung der Tanezrouft-Wüste, annähernd 1400 Kilometer öde Wüste, Fahrzeuge zu Begleitkonvois zusammenstellt. Unserem Lkw wurden zwei Pkw mit deutschen Autoverkäufern, Wolf und Karl-Heinz, und zwei Kleinlieferwagen mit je einem Franzosen, Henri und Dominique, zugewiesen. Die Aufstellung dieses Zwangskonvois nahm fast zwei Tage in Anspruch. Am Abend des ersten Fahrtages auf der Piste nach Reggane verlieren wir unseren Konvoi in der Dunkelheit.

14. MAI, SAMSTAG

Wir räumen den Wagen neu ein, werfen alles weg, was dieselgetränkt ist. Zwei Stunden später sind wir wieder auf der Piste. Bereits im nächsten Loch mit entsprechendem Schlag läuft erneut Diesel von der Pritsche! Das 50-Liter-Faß ist geplatzt! Verdammte Sauerei. Aber so kurz vor Bordj Mokhtar, der algerischen Grenzstation, wollen wir nicht schon wieder räumen müssen – also weiter.

Solange wir vor dem Grenzfort auf unsere Pässe warten, verzurren wir wenigstens die 20-Liter-Kanister. Wir sind noch nicht damit fertig, da kommt der Grenzer mit unseren Pässen zurück. Er schaut auf die Uhr: Genau 60 Sekunden hätten wir Zeit, hier abzuhauen! Wenn es länger dauert, wird er uns die Pässe für drei Tage abnehmen. Ist der Kerl verrückt? Wir werfen alles auf die Pritsche und machen, daß wir wegkommen. Nur langsam klingt die Wut in uns ab.

Es ist wieder verflucht heiß, echte 45 Grad. Die Sonne ist völlig in einer gleichförmigen, den ganzen Himmel bedeckenden Wolkenschicht verschwunden. Aber so quält uns wenigstens nicht diese dauernde penetrante Helligkeit. Immer wieder schütteln heftige Staubböen den 9-Tonner. Aber da ist noch ein anderes Schütteln. »Hör mal, haben wir einen Plattfuß?« Til beugt sich weit aus dem Fenster. »Mensch, halt an, der ist platt.« Verfluchter Mist, gerade jetzt, in größter Hitze, Staubwirbel ringsum. Til bastelt sich aus irgendwelchen Lappen erst mal einen Kopfschutz, obwohl die Sonne nicht scheint. Ich krame inzwischen den Wagenheber vor, Unterlegbretter, Radkreuz und ein Verlängerungsrohr. Gemeinsam wuchten wir die Radschrauben los. Eine, noch eine, Pause. Weiter, noch eine, Pause. Wir hängen an der Wasserflasche. Ob wir den Radwechsel bei der Hitze schaffen? Das Reserverad wird unter der Pritsche gelöst, es wiegt mehr als zwei Zentner. Laß es auf dich runterfallen, es wird dich erschlagen! Und der Spindelwagenheber! Du drehst und drehst – Millimeter nur hebt sich die Achse. Til hat schließlich die Idee, ein Loch um den platten Reifen zu graben. Eine Schaufel, noch eine Schaufel, Pause. Weiter, noch eine Schaufel, Pause. Das Wasser läuft literweise in uns rein. Wenn die Räder doch nicht so schwer wären! Wir schaffen es zu zweit gerade noch: Unter Aufbietung aller mobilisierbaren Kräfte bringen wir das intakte Reserverad an, verstauen das defekte Rad unter der Pritsche. Klar, wenn es nicht so teuflisch heiß wäre, ginge es leichter. Aber es ist heiß, es ist sogar verflucht heiß!

Alles ist wieder verstaut, wir haben erheblich Substanz abgebaut. Unter dem Lkw gibt es so etwas wie Strahlungsschatten. Hier ruhen wir uns erst einmal aus.

Tessalit! Es ist später Nachmittag, als wir unter schweren Schlägen auf der steinigen Piste bergab in das kleine Dorf rollen. Da stehen die Wagen von Wolf, Karl-Heinz und den Franzosen – unser Konvoi ist schon da. Wir sind jetzt in Mali, Schwarzafrika! Das ist ein Unterschied. Da sitzen schwarzhäutige, saubergekleidete Männer in liegestuhlähnlichen Sesseln vor ihren Lehmhütten. Es ist Samstag, Ruhetag. Und jetzt kommen wir – und wollen weiter. Das heißt Arbeit. Klar, kann man machen. Aber ihr habt doch so einen schönen Tisch auf eurem Lkw, und wenn wir den bekommen, arbeiten wir für euch auch am Samstagnachmittag. »Wofür bist du, sollen wir denen den Tisch lassen?« »Bevor wir den Sonntag und den halben Montag hier verbringen …« Der

Tisch wird abgeladen. Eine Menschenmenge versammelt sich begutachtend um ihn, es sei der beste Tisch in Tessalit. Wir werden abgefertigt. Immerhin, die ›Securité interieur‹ haben wir damit hinter uns. Da ist noch der Zoll. Und wir haben doch so ein schönes Bett. »Einer von uns wird wohl auf den Reservereifen pennen müssen, die lassen uns sonst nicht durch ...« Til zieht die Reifen einem längeren Aufenthalt hier vor. Und wir haben den Zoll geschafft. Aber da ist noch die Polizei, eine burgähnliche Station hoch oben auf dem Hügel. Und der Polizeichef ist bereits ins Wochenende gegangen – und müßte doch unsere Pässe unterschreiben! Aber bis wir das kapiert haben, hat uns der eine Polizeigehilfe dieses und der andere jenes abgenommen. »Ver...! Und wir dachten ...!«

Auch Henri und Dominique sind hängengeblieben, die beiden Deutschen genauso. Wir bauen eine Art Wagenburg, unten im Wadi, genau zwischen Polizei, Zoll und Securité. Henri, mit sieben Autoverkaufsreisen durch die Sahara Profi unter uns, erzählt noch lange von den Maschen der ›descendeurs‹.

15. MAI, SONNTAG

Das Dorf hält scheinbar geschlossen Sonntagvormittagschlaf. Als gegen elf Uhr die ersten ›Passanten‹ unterwegs sind, hat es schon über 40 Grad. Wir hängen rum, sind aggressiv. Drüben fährt ein Landrover vor. Einer der Einheimischen, die uns belagern, meint, das sei der Chef de Police. Ich rase hin, kann aber noch nicht den Mund auftun, da winkt der schon ab: »Demain, demain.« Morgen, Morgen. Und fährt wieder weg. Verfluchter Mist! Damit ist alles gelaufen. Vor Montag kommen wir hier nicht weg. Kurz vor Mittag versuchen Dominique und Henri noch mal ihr Glück oben am Berg. Vergebens. Wir hören nur, wie Dominique aus der Rolle fällt und lauthals mit den Polizisten rumschreit.

Gegen 14 Uhr fallen plötzlich dicke Regentropfen, ein eigenartiger knarrender Donner ist zu hören. Ein heftiger Wind wirbelt immer wieder Staubhosen auf. Dann spitzt sich die Situation dramatisch zu. Til hat mich eben darauf aufmerksam gemacht, daß Matratzen in die Arrestzellen der Polizei gebracht werden. Ein Ziviler kommt zu uns (das Tragen einer Uniform kennzeichnet häufig niedere Chargen) und kommandiert Henri und Dominique in barschem Ton zur Polizei. Was geht hier vor? Auf dem Polizeiberg entwickelt sich zwischen den Franzosen und den Mali-Polizisten ein heftiges Streitgespräch, dessen Wortfetzen bis zu uns herunterdringen. Nach einer guten Stunde, in der wir immer wieder damit rechnen, daß unsere beiden Konvoibegleiter in den Knast wandern, kommen sie zurück. Sie sind weiß wie die Wand, antworten aber auf unser Befragen nur mit ›c'est rien‹, es ist nichts. Das soll uns einer mal erzählen! Eine Viertelstunde später werden sie nochmals auf den Berg kommandiert. Was tut sich hier? Wieder geht das Spiel von vorn los, doch dann kehren sie sichtlich erleichtert zurück, aber wir bekommen auch diesmal keine Aufklärung.

Irgendein schmächtiger Tuareg kommt und offeriert für den Abend Ziege vom Spieß, Mechoui. Henri, noch ganz aufgedreht vom erfolgreichen zweiten Abgang bei der Polizei, überredet uns zu dem »Festessen«.

Am Nachmittag mache ich unter Ausnutzung der Siesta offizieller Augen einen (verbotenen) Spaziergang Richtung Dorf. Dabei werde ich unfreiwillig Zeuge der Vorbereitungsarbeiten für unser gemeinsames Abendessen: Ein kleiner magerer Bub hält einen Hammel am Strick, der schmächtige Tuareg haut dem

Tier (zum wievielten Male?) einen mächtigen Knüppel über den Schädel: Rumms. Der Hammel fällt. Aber hier in Tessalit sind Hammel zäher als schwere Knüppel. Der Hammel steht wieder auf. Rumms. Erneut haut der Tuareg dem Hammel den Knüppel über den Schädel, erneut geht das Tier zu Boden, steht wieder auf. Rumms. Der Knüppel ist dem Schmächtigen zu groß! Der Hammel steht, der Tuareg steht und schöpft Atem. Rumms. Mensch, diese Schweinerei haben wir angerichtet! Mir dreht sich der Magen um, ich habe schwarze Flecken vor den Augen. Da haut der Kerl unter Aufbietung aller Kräfte wieder und wieder zu, und wieder und wieder steht der Hammel. Ich kann nicht mehr, wanke zurück zu den Autos. Courage, Mensch, Courage! Angst davor, auf verbotenen Wegen ertappt zu werden! Aber hat der Hammel nicht schon beim ersten Schlag was abgekriegt? Und ist es für den schmächtigen Tuareg nicht lebenswichtig, den Hammel totgeschunden als Mechoui an uns verkaufen zu können? Oh du verflucht grausame, widersprüchliche Welt.

Der dreimal und öfter zu Tode gebrachte Hammel schmeckt nicht schlecht. Das halbe Dorf beteiligt sich an unserem Abendessen. Da ist kein Knochen, weitergereicht von Hand zu Hand, den nicht ein Ärmerer noch mal auf verwertbare Teile abnagt.

16. MAI, MONTAG

Es geht mir schlecht. Kaum auf den Beinen, muß ich mich mehrmals heftig übergeben. Die anderen erledigen die Formalitäten, ich stehe dabei wie ein Statist, immer den nächstbesten Kotzplatz im Auge. Wir verkaufen den Lkw auf Pump an Wolf und Karl-Heinz. Sie erhoffen sich davon die Rettung des Peugeot 404, der mit einer Reihe von Defekten kaum noch fahrbar ist. Das halbe Dorf läuft zusammen, als sie den 404 auf den 9-Tonner laden. Von diesem Augenblick an fahren wir nur noch als Gäste. Ich habe – immer noch angeschlagen – den Vorzug, im Pkw mitfahren zu dürfen. Til muß weiterhin im Lkw bleiben und sich durchschütteln lassen.

Wolf fährt – mit einem Arm. Und erzählt dabei Geschichten. Wie er als Sechzehnjähriger bei einem Motorradunfall seinen Arm verlor. Wie er seinen Fiat, der wegen der Hitze nur bei Nacht lief, in zwei Nächten durch die Tanezrouft geknüppelt hat, alleine. Von einem Prototyp-Omnibus im Wert von DM 140 000, den er an der Elfenbeinküste zu Geld (und das Geld dann zu Gold) machen will. Immer noch geplagt von Übelkeit und Darmbeschwerden, lasse ich mich durchs Gelände schaukeln. Zu schwach, um selbst viel reden zu können, höre ich wie im Traum den faszinierenden Erzählungen zu, den Geschichten eines einarmigen Zwanzigjährigen mit den Erfahrungen eines Großvaters.

50 Kilometer vor Anefis beginnt die Markouba, eine sandige, mit Grasbüscheln bewachsene Ebene, tief von Lkw-Spuren zerfurcht. Wolf kennt die Ecke nur zu gut. Mit viel Gas treibt er seinen Wagen durch. Am Ende der schweren Strecke ist der Tank leer und Wolf ermattet. Ich bekomme die Aufgabe, den Wagen aus dem 200-Liter-Faß auf dem Rücksitz per Schlauch nachzutanken. Aber verdammt – das Faß ist beinahe leer. Ich sauge und sauge, aus dem Faß kommt mehr Luft als Benzin, immer wieder reißt die Flüssigkeitssäule. Nach einer halben Stunde ist der Tank voll, und ich habe zusätzlich zu meinen sonstigen Beschwerden einen Benzinrausch. Im engen Schatten des Pkw versuchen wir uns zu erholen. Aber warum kommt der Lkw nicht? Schon mehrfach hat Wolf besorgt auf die Uhr gesehen. Irgendwann fällt die Entscheidung zurückzufahren. Wieder das Sandstück. Wolf

kurbelt mit seinem einen Arm, so gut er kann, wieder kommen wir durch. Dort steht der Lkw, ganz am Anfang der schwierigen Zone. Til und Karl-Heinz hatten einfach keine Lust, den dicken Diesel durch das schwere Stück zu blechen. Sie sind einmal eingesandet, und das genügte ihnen. Jetzt erhoffen sie sich Hilfe von einem Einarmigen und einem Schwächling, der im wahrsten Sinne des Wortes die Hosen vollhat. Wut steigt in mir hoch. Warum sind die zwei Typen nicht Manns genug, den Lkw allein dort durchzubringen? Voll Zorn hänge ich mich hinter das Lkw-Lenkrad. Anlasser, erster Gang, Gas, zweiter. Der Wagen kommt auf Tempo. Weiche Stellen, Vollgas, schneller Gangwechsel, der Lkw orgelt mit hohen Drehzahlen, in der Hauptfahrspur geht es am besten. Eine Viertelstunde später ist die Karre durch. Ich falle aus der Kabine. Wieder lasse ich mich von Wolf durchs Gelände schaukeln.

Es ist schon dunkel, als wir in Anefis ankommen. Hier müssen wir wieder einmal die Pässe abgeben. Die Uniformierten weisen uns einen Platz außerhalb des Militärgeländes an: Wir sollen hier übernachten. Da es tatsächlich schon recht spät ist, bleibt uns wohl nichts anderes übrig. Wir richten uns ein. Die Kocher werden ausgepackt, die nachlassende Hitze bringt den Appetit zurück. Büchsenfraß. Aber was soll's unter solchen Verhältnissen?

Ein großer Dicker in Uniform gesellt sich zu uns. Auch ihn scheint der Büchsenfraß nicht zu beeindrucken. Er hält tüchtig mit, bekommt von allem seinen Teil. Die eine oder andere Büchse, für die er besonderes Interesse zeigt, schenken wir ihm: Er ist der Chef der Station und muß unsere Pässe unterschreiben. Wir offerieren sogar Dessert: Apfelmus im Glas mit vorgeweichten Sultaninen. Köstlich! Der dicke Chef ist ein angenehmer Gast. Er lacht und plaudert drauflos, ist an allem interessiert, weiß zu allem und jedem etwas zu sagen. Schließlich schickt er einen seiner Adjudanten unsere Pässe holen, unterschreibt sie mit einem Kugelschreiber, den er sich zunächst von uns leiht und dann schenken läßt. Für unsere Bewirtung bedankt er sich dann mit dem großzügigen Angebot, wir könnten heute abend noch weiterfahren. Eigentlich haben wir gar keine Lust mehr dazu, das vergnügliche Abendessen hat den Streß weggewischt. Jetzt wieder alles einpacken und sich noch einmal auf die Piste werfen? Aber während des Abendessens war mehrfach dumpfer Donner zu hören, noch immer zucken Blitze am Horizont. Wie lange werden wir hierbleiben müssen, wenn uns ein Gewitterregen in dieser Schlammebene überrascht? Noch ist alles trocken und hart! Wir müssen uns zu einem Entschluß geradezu zwingen.

Die Piste ist voller Wasserlöcher. Immer wieder wühlt sich der 9-Tonner auf der Hauptspur gerade noch auf den letzten Metern aus dem Schlamm. Der Pkw hat es einfacher, er kurvt quer durchs Gelände, um Pfützen und Schlammlöcher herum, soweit das Licht der Scheinwerfer reicht. Die Zwangspause in Anefis hat uns gutgetan, wir kommen zügig voran. Noch einmal Fahrerwechsel, dann ist der erste Tank leer. Schluß für heute. Feierabend!

17. MAI, DIENSTAG

Die restlichen 80 Kilometer bis Gao ziehen sich hin, auch wenn sie nicht schlecht zu fahren sind. In Gao kündigt sich extreme Hitze an: Die Luft steht, jeder hat sich an einen schattigen Platz zurückgezogen. Wir geben die Pässe bei der Polizei ab und verdrücken uns dann ins Hotel Atlantide. Hier gibt's kühle Getränke, vorausgesetzt, die Stromversorgung von Gao funktioniert zufällig einmal. Wolf und Karl-Heinz wollen sich einige Tage in Gao aufhalten, um hier einen Pkw oder den Lkw zu verkaufen. Die beiden Franzosen bieten uns an, mit ihnen bis Niamey zu fahren.

Wolf hat inzwischen den aufgeladenen 404 direkt an die Polizei verkauft. Der Wagen ist schwer ramponiert: Die Benzinkanister auf der Ladefläche haben dem Pkw die Außenhaut aufgerissen, kein Glasteil ist noch heil, Stoßstangen und Auspuff wurden nach oben gedrückt. Aber derlei Dinge spielen hier eine untergeordnete Rolle, Hauptsache, die Mechanik funktioniert.

Die Hitze lähmt. Beim Umladen unserer Siebensachen auf die Wagen der Franzosen zeigt das Thermometer im Schatten eines großen Baumes und einer Hauswand 53 Grad. Und dazu diese Schwüle! Selbst der Markt kommt zum Erliegen. Wir sind ganz rammdösig. Aber Henri hat es eilig, er drängt zum Aufbruch. Dann fahren die beiden wie die leibhaftigen Teufel, ohne Rücksicht werden die Wagen über Steine und Rinnen geprügelt. Mehrere Reifenpannen rauben uns viel Zeit. So erreichen wir den Grenzübergang bei Labbezanga erst in der Dunkelheit, die Grenze ist schon geschlossen.

Wir fahren einige Kilometer zurück an einen steinigen und dornigen Platz abseits der Piste auf einem Hügel. Hier warten wir auf die Kühle abendlicher Luftbewegungen. Um 20 Uhr zeigt das Thermometer immer noch 39 Grad. Die Stimmung ist gereizt.

Im Licht der Standbeleuchtung ihrer beiden Fahrzeuge machen sich Henri und Dominique ans Kochen. Til liegt irgendwo ziemlich k. o. im Gelände. Plötzlich sehe ich am Vorderreifen des einen Wagens die schemenhaften Bewegungen eines Tieres. Was ist das? Ich hole eine Taschenlampe, das Herz fällt mir fast in die Hose vor Schreck: Es ist eine Spinne, der Leib so groß wie eine kleine Kinderfaust. Sofort huscht sie aus dem Bereich des Lichtkegels. Hier sollen wir auf dem Boden schlafen? Unmöglich! Das Vieh muß weg!

Mit der Taschenlampe nehme ich die Jagd auf, aber die Groß-spinne ist ungeheuer schnell, sie macht Sprünge von einem Meter Weite und mehr, immer wieder entkommt sie dem engen Bereich des Taschenlampenlichtes, indem sie Haken schlägt wie ein Hase. Irgendwann ist sie mir entkommen. Fünf Minuten später stößt Dominique einen Entsetzensschrei aus. Vor Schreck wirft er seinen Topf vom Kocher. Wieder ist die Spinne hinter dem Vorderrad aufgetaucht, keinen Meter von ihm entfernt. Kaum hat Henri das Vieh einmal im Taschenlampenlicht erblickt, beteiligt auch er sich an der Jagd. Til, bislang groggy am Boden, ist nach dem ersten Anblick auch sofort munter. Zu viert geht eine Jagd an, bei der oft nicht klar ist, wer hier wen jagt! In die Enge getrieben, greift die Spinne an! Bis in Kniehöhe springt sie gegen die Beine, mit Riesensätzen bringen wir uns jedesmal in Sicherheit. Mehrmals ist sie uns entschwunden, taucht unvermittelt hinter einem Reifen wieder auf. Die Szene ist grotesk. Dort ist sie! Einer stiebt wutentbrannt auf das Vieh los, schlägt mit abgebrochenen Ästen, tritt mit den Stiefeln. Wieder kann die Taschenlampe der tarngefärbten Spinne nicht folgen. Irgendwann geben wir auf. Dominiques Essen verschüttet, das von Henri angebrannt. Verdammt. Gibt es eben Knäckebrot und Büchsenwurst, hinterher Pastis, pur. Das dämpft etwas die erregten Gemüter aller Helden. Aber die Spinne? Sollen wir einen anderen Platz suchen, dort womöglich wieder auf eine Spinne stoßen? »Schläfst du heute nacht hier auf dem Boden?« »Du bist wohl nicht ganz …! Ich penn auf dem Wagen!« So schlafen Dominique und Henri eingeschlossen in ihren Fahrzeugen, Til und ich dagegen auf den Dächern. Schnaken hindern am Schlaf, und so haben Überlegungen hinsichtlich der Kletterfähigkeit und der Neugierde dieses unangenehmen Riesenviehs freien Lauf.

18. MAI, MITTWOCH

Der Erholungseffekt der heißen Nacht war minimal. Aber wenigstens ist jetzt bei Tag die Spinne verschwunden. Nach aufwendigen Räumaktionen (Henri und Dominique rechnen damit, eines ihrer Fahrzeuge in einem der kleinen Dörfer entlang unserer Strecke verkaufen zu können) geht es wieder auf die Piste. Die Grenzkontrollen verlaufen für uns ziemlich problemlos. Nur bei der Einreise in den Niger wird einer der Zöllner auf die Werkzeugtasche von Henri aufmerksam, die dieser immer wieder sorgfältig von den Kontrolleuren weg von einer Seite auf die andere stellt. Die Tasche hat einen doppelten Boden! Und darin befinden sich eine ganze Menge kleiner Plastiktütchen mit einem weißen Pulver! Henri erklärt das Zeug dem Zöllner gegenüber als Desinfektionsmittel fürs Wasser, und der gibt sich damit zufrieden. Aber wir werden nur noch mißtrauischer. Wir kennen Henri und sehen genau, wie nervös er bei diesem Fund wurde. Rauschgift? Wir finden keine Erklärung, und die beiden direkt zu fragen reicht unsere Courage nicht.

Während der Kontrollen an den weit auseinanderliegenden Grenzstationen ist es wieder brutal heiß geworden. 46 Grad zeigt mein Thermometer auf der Schattenseite eines Baumes! Und während der Fahrt im Wagen steigt es gar auf 70 Grad! Und dann das Hotel Amenokal in Ayourou! Klimatisiert, sauber, gutes Essen, Ruhe. Da fällt man geradezu von der heißstaubigen Piste ins zivilisierte Paradies, beides durch nichts anderes als eine schmale Hofeinfahrt voneinander getrennt. Das Hotel wurde an einer landschaftlich sehr schönen Stelle erbaut, der Niger zwängt sich hier durch einige Felsbrocken (etwas großspurig nennt sich das dann ›Stromschnellen‹), es gibt Inseln mit einer sehr interessanten Fischerbevölkerung, in weiten Flußausbuchtungen mit Schilfwäldern finden sich Schwärme von Vögeln, auch Flußpferde soll es geben.

Was aber wohl den Ausschlag für den Bau dieses Hotels gerade in Ayourou gegeben hat, ist der weithin bekannte Sonntagsmarkt, ein Markt, dem zu Recht der Ruf anhängt, einer der schönsten und interessantesten in ganz Westafrika zu sein. Auf Pirogen kommen die Bewohner der Inseln, Songhrais, Sorkos, Wogos, Kourteys, mit ihren Waren: geräucherten Fischen, Flechtmatten, Feldfrüchten. Verschiedene Tuareggruppen, vor allem Aoulimiden und Kel Ataram, bieten Vieh an, Kühe und Kamele, außerdem Lederarbeiten vom kleinen Cri-Cri bis zur kompletten Zelthaut. Die ehemaligen Sklaven der Tuareg, die Bouzous, bieten Holzartikel und Ocker (zum Färben der Zelthäute) feil. Webartikel und Tonwaren sind die Erzeugnisse der Djerma. Daneben finden sich Haussa-Handwerker, Schmiede, Sandalenmacher. Händler aller Abstammungen preisen das übrige Warenangebot an, wie man es auf allen Märkten des Niger und in Mali findet: Kolbenhirse und Getreide aller Art, Metallwaren, Töpfe, Messer, Zangen, Kleider und sonstige moderne Textilien.

Die Hitze zwingt uns mehrfach zu Erholungspausen zwischen den Marktgängen. Die Terrasse des Amenokal, schattig leicht erhöht über dem Niger, ist ein idealer Ruheplatz. Pirogen werden an langen Stangen über den Niger geschoben, Reiher und Milane kreisen über dem Fluß, überall huschen rotkopfige Echsen umher.

Es ist schwer, ein Paradies zu verlassen. Bis Niamey sind es noch 200 Kilometer, mehr als die Hälfte davon sind asphaltiert. Das sollte doch ein Ansporn sein!

Die Backofenglut im Auto ist kaum vorstellbar. Nur schnell fahren, für Luftzug sorgen! Der Schweiß läuft in Strömen. In Tillabery erreichen wir endlich den Asphalt. Für die an dieser Stelle obligatorischen Aufnahmen legen wir eine kurze Pause ein, Dominique und Henri sind dabei schon wieder am Räumen. Plötzlich wutentbranntes Geschrei von Dominique: Die Ersatzwindschutzscheibe ist ihm zerbrochen! Da schleppt er das sperrige empfindliche Ding von Frankreich aus auf der Tanezrouft-Piste quer durch die Sahara und zerbricht es beim Erreichen des Asphalts. Wer sollte da nicht wütend werden! Zornig schleudert er die Glaskrümel in die Umgebung, zur Freude einiger Kinder, für die Dominiques Wutanfall Anlaß zu ausgelassenem Gelächter ist.

In der Dunkelheit erreichen wir Niamey und bekommen wider Erwarten noch Hotelzimmer. Das ist uns Grund genug, ein aufwendiges Abendessen auf der Terrasse des Restaurants Damsi einzunehmen. Es gibt Kapitänsfisch, einen fettarmen, sehr großen Fisch, der nur im Niger vorkommt, eine Spezialität also, die man sich nicht entgehen lassen sollte.

19. MAI, DONNERSTAG

Das war wieder eine Nacht! Die Klimaanlage stellte gegen zwei Uhr morgens ihren Dienst ein, Schnaken fanden genug Lücken, in Scharen ins Zimmer zu schlüpfen. Ergebnis: 30 Grad im Zimmer um sechs Uhr morgens und Stich an Stich am ganzen Körper! Aber was soll es! Wir sind frei und ledig. Auf uns wartet nur noch der Heimflug. Wir bekommen noch am Abend des heutigen Tages Plätze für den Nachtflug zurück ins regnerisch frische, angenehm kühle Europa!

20. MAI, FREITAG

Am Nachmittag durchbricht das Flugzeug die Wolkendecke beim Anflug auf Genf. Alles ist regnerisch-trübe, eine graukühle abweisende Atmosphäre. Es ist so dunkel, daß in den Flughafengebäuden Licht brennt. Wo blieb sie, die afrikanische Helligkeit? Die Hitze? Ich habe nur ein Hemd an, und Schauer laufen mir über den Rücken. In dieser Kälte ausharren, bis im kommenden Winter wieder die Afrikasaison anbricht?

Am liebsten würde ich ins nächste Flugzeug steigen, dieser trüb-kalten Welt adieu sagen, zurück zu Hitze und Licht.

4

Die beiden Vortragssäle des Deutschen Museums in München waren Mitte der 1980er-Jahre längst zum Mekka der neu entstandenen Vortragsszene geworden. Dort fanden pro Jahr über 400 Reisevorträge statt. Die Themen reichten von Amerikas Südwesten bis Zyperns Küsten. Es gab für jeden Sehnsuchtsort den passenden Vortrag. **PETER HINZE** und ich waren eher Exoten, denn wir berichteten von Reisen, die als abenteuerlich galten und nicht von jedem Vortragsbesucher nachgemacht werden konnten. Mein Thema war damals die Sahara, Peter Hinze erzählte von seiner Rucksackreise durch Tibet. Unsere beiden Vorträge waren im Deutschen Museum die mit Abstand erfolgreichsten. Mehr als 15 ausverkaufte Vorstellungen trotz schlecht beheizter Vortragssäle und harter Holzbänke. Meist trafen wir uns beim Plakatieren im Univiertel oder in der Fußgängerzone. Sein DIN-A3-Plakat war schlicht, aber wirkungsvoll. Der Titel »Mit dem Rucksack durch Tibet« klang wie eine Verheißung, denn jahrzehntelang waren Reisen nach Tibet unmöglich gewesen. Peter hatte mir etwas voraus. Er hatte ein Buch zum Vortrag im Eigenverlag herausgebracht und liebevoll mit einer original tibetischen Gebetsfahne ausgestattet. Das Buch stand die letzten 25 Jahre in meinem Regal mit den für

mich wichtigsten Büchern, und ich nehme es immer wieder gerne in die Hand.

Im Jahr 2009 begegnete ich Peter wieder. Er hatte sich kaum verändert, immer noch die gleiche feine, leicht ironische Art. Er war damals bereits seit vielen Jahren Redakteur beim Magazin *Focus*, doch ihm stand der Sinn nach Veränderung. Heute unterhält er den Blog »The Reception Insider« zu Tourismus- und Outdoorthemen und ist begeisterter Ultramarathonläufer – 2007 hat er am Mount-Everest-Marathon teilgenommen. Zudem betreibt er gemeinsam mit seiner thailändischen Frau das SAI-SPA in München. Seit jenen ersten Reisen in die Himalajaregion ist er Asien in all den Jahren immer eng verbunden geblieben.

Michael Martin

Peter Hinze

»THRON DER GÖTTER«:
VON QINGHAI NACH TIBET

Die Morgensonne verwandelt mit langen Schattenspielen die ausgewaschene Hügellandschaft um Xining in eine bizarre Kulisse. Die Luft ist klar. Der Himmel seidig-blau. Vergessen sind die Abgase und der alles überziehende Staub, die die letzten Tage in Peking haben zur Qual werden lassen.

Fünf Jahre sind seit meiner Ankunft in Chengdu vergangen. China habe ich in der Zwischenzeit mehrmals besucht. Nun bin ich zum ersten Mal wieder auf dem Weg nach Tibet: auf dem Qinghai-Tibet-Highway von Xining nach Lhasa.

Die Zeiten haben sich geändert. Mittlerweile ist aus dem einstigen Abenteuer Tibet ein touristischer Massenartikel geworden. Allein in den letzten drei Jahren hat sich die Zahl der Touristen von 1500 auf 30 000 erhöht. Nur die wenigsten von ihnen haben Xining als Ausgangspunkt gewählt.

Viele Jahrzehnte gehörte das Gebiet zur tibetischen Provinz Amdo. Die Bedeutung Amdos für die tibetische Geschichte reicht weit zurück. Mitte des 14. Jahrhunderts wurde in der Nähe des Kumbum-Klosters Tsongkapa geboren, der später unter dem Motto »Zurück zu den Wurzeln« den tibetischen Glauben mit seiner Gelugpa-Sekte reformierte. Tugendhaftigkeit war sein oberstes Gebot. Die gelbe Mütze sein Erkennungszeichen, bei dem die Anhänger der lange Zeit bestimmenden »Rotmützensekte« bald Rot sahen. Tsongkapa manifestierte seinen Einfluß auch durch die Gründung der Klöster Drepung, Sera und Ganden, wo er nach seinem Tode begraben wurde.

500 Jahre später gab es in der Provinz Amdo wieder eine wichtige Geburt: Unweit der Ufer des Qinghai-Sees (tibetisch: Kuku Nor) erblickte am 6. Juli 1935 Tenzin Gyasto, der »Ozean der Weisheit«, das Licht der Welt. 1940 wurde er als 14. Dalai-Lama, der den ehrenvollen Beinamen Yishi Norbu, der »Wunscherfüllende Edelstein«, trägt, in Lhasa inthronisiert. Auch heute noch sind sich die rund 500 Mönche des Kumbum-Klosters, 26 Kilometer südöstlich von Xining, ihrer geschichtsträchtigen Vergangenheit bewußt. Sie sind stolz, gerade hier Mönche zu sein.

Mittags im Kloster. Es ist die Zeit der Meditation. Gebetsfetzen hängen in der Luft. Es riecht nach Yakbutter. Scheue Blicke auf den Fremden. Immer wieder kommen leise Fragen nach einem Bild vom Dalai-Lama und nach dem Wohin. Erst die Antwort »Lhasa« bricht die Stille. Die »Stadt der Sonne« läßt die Gesichter der Mönche vor Freude erstrahlen.

Sechs Tage dauert die Fahrt von Xining nach Lhasa. Zwischen dem Gelben Fluß und dem »Dach der Welt« türmen sich auf 2000 Kilometern schneebedeckte Gebirgszüge mit vier- und fünftausend Meter hohen Pässen, wechseln weite Hochtäler unaufhörlich mit engen Schluchten, kann sich die Natur zwischen dürren Steppen und winddurchtriebenen Weiten nicht entscheiden.

Bei Kilometer null säumen Wohnsilos die Straße. Grau gibt den Ton an. Doch schon wenige Kilometer weiter ruft die Erntearbeit. Auf den Dorfplätzen verfallener Siedlungen fliegen die Dreschflegel im Rhythmus des Gesangs. Auch wenn aus dem tibetischen Amdo das chinesische Qinghai geworden ist, die tibetischen Hirten sind geblieben. Sie wissen, warum. Hinter dem 3520 Meter hohen Sonne-Mond-Paß liegt ihr Land: saftige Weiden, auf deren Grün unzählige Yaks Auslauf bis zum Horizont hätten, wenn nicht der Qinghai-See für eine natürliche

Grenze sorgen würde. So geordnet und ruhig das Bild auch von weitem aussieht, beim Näherkommen spielt die Natur an den Ufern des Qinghai-Sees, Chinas größtem Inlandwasserreservat, verrückt: Zwischen See und Sanddünen blühen Edelweiß und Enzian.

Wenn sich Tibeter am Qinghai-See treffen, dann treffen sie sich in Heimahe. Vor dem Kaufhaus ist Markt, neben der Polizeistation hat der mobile Zahnarzt seine Tagespraxis aufgeschlagen. Tibeter ziehen mit Frau und Kindern langsam die Hauptstraße hinunter.

Auf und in den Köpfen der Frauen hat sich ein Stück tibetischer Kultur bewahrt: Frisuren mit 108 Zöpfen sind wieder in. Die Lehre Buddhas umfaßt in der tibetischen Übersetzung 108 Bände, viele berühmte Klöster haben 108 Räume. Dies sind nur zwei Gründe, warum die Zahl den Tibetern heilig ist.

Mit dem Anstieg zum 3815 Meter hohen Xiangpishan-Paß ändert sich das Landschaftsbild: Mit den saftigen Weiden verschwinden auch die Tibeter. Hinter dem Paß leuchtet, am Ende einer öden Steppe, bereits von weitem das Ufer des Chaka-Salzsees. Noch sind es aber rund 40 Kilometer bis in die Stadt, die mit ihrer Kulisse in jedem Western eine typische »High-Noon-Stimmung« erzeugen würde.

Das »weiße Gold« ist für Chaka in der Tat das »Salz des Lebens«, denn ansonsten umgibt die Stadt nur ein flaches Nichts.

Chinesische Marschmusik holt mich am nächsten Morgen aus dem Bett und die Arbeiter auf den Salzsee. Herden wilder Kamele ziehen Richtung Osten – die Straße führt weiter nach Süden. Das Ziel heißt Golmud. Doch vor dem Ende einer 484 Kilometer langen Tagesetappe erinnert mich die Natur an meine Position: Sandstürme aus den Wüsten Taklamakan und Gobi peitschen gelbgrau über die schwarze, schmale Piste. Machen das Vorankommen schwierig. Bei solchen Verhältnissen muß Sven Hedin, der berühmte Asienforscher, um die Jahrhundertwende mit seinem Vorhaben, Tibet zu erreichen, hier zum Stillstand gekommen sein. Inzwischen haben sich die Zeiten geändert. Die Strecke zwischen Xining und Golmud ist seit 1976 durchgehend asphaltiert.

Golmud ist mit 120 000 Einwohnern die größte Ansiedlung auf dem Weg nach Tibet. Die Stadt ist aber mehr als trostlos, und der eine oder andere Chinese ist mit Sicherheit nicht ganz freiwillig hier. Golmud ist auch ein riesiges Straflager. Das heruntergekommene »Golmud-Gästehaus« paßt sich diesen trostlosen Umständen an. Nur ein warmes Bett und einige Tsingtao-Biere helfen mir über eine lange Nacht hinweg.

Hinter den Außenbezirken der Stadt erhebt sich das schneebedeckte Kunlun-Gebirge. Weiße Bergriesen spiegeln sich in kleinen Seen, lassen das Grau der Nacht vergessen. Nun wird die Straße endgültig zur Piste. Auch im Sommer fordert das rauhe Winterklima Tribut. Immer wieder erschweren Umleitungen das Weiterkommen. Bautrupps arbeiten unter Zeitdruck, denn schon bald kommt der Winter mit Temperaturen von unter minus 40 Grad Celsius und mehr. Temperaturen, die sich jetzt bei strahlendem Sonnenschein nur erahnen lassen. Doch der Sommer ist im Kunlun-Gebirge nur fünf Meter tief, darunter regiert Permafrost.

Am späten Nachmittag erreiche ich das Militärlager von Wudaoling in 4700 Meter Höhe. Kopfschmerzen, Müdigkeit und Appetitlosigkeit sind die Folgen. Höhenkrankheit macht sich zum ersten Mal während der Reise bemerkbar.

200 Kilometer weiter südlich, wo die Straße immer noch in gleicher Höhe nach Tuotuo Heyan führt, habe ich noch immer die gleichen Probleme. Die Stadt mit dem ausgefallenen Namen

ist Chinesen ein Begriff, denn gleich hinter den letzten Militär-
baracken spannt sich »Die erste Brücke über den Yangtse«. Der
mit über 6000 Kilometern längste Fluß Asiens sucht sich von
hier aus seinen Weg nach Osten, wo er bei Schanghai ins Chinesische Meer mündet. Am und mit dem Yangtse leben 300 Millionen Menschen – und für noch mehr hat er eine ganz besondere
Bedeutung. »Es gibt zwei Dinge im Leben, die ein Chinese gesehen haben muß: Peking mit der Chinesischen Mauer und die
Drei Großen Schluchten des Yangtse zwischen Chongqing und
Wuhan in der Provinz Sichuan.« So lautet die Meinung vieler
Chinesen. Jetzt, wenige Kilometer von seinem Ursprung entfernt, sieht man nicht, was aus dem Yangtse wird. Ruhig fließt er
an Tuotuo Heyan vorbei.

Über Nacht hat es geschneit. Seit dem Morgengrauen geht
es auf der schneebedeckten Straße bergauf. Bis Kilometer 1384
steigt der Höhenmesser, dann steht er still: Der Tanggulashan-
Paß ist erreicht. Mit 5321 Metern der höchste Punkt der Reise. In
der glasklaren Luft verschwindet der Horizont. Himmel oder
Erde, Wolken oder Berge – die Antwort verschließt sich dem
Betrachter, bleibt der Phantasie überlassen. Alles scheint in der
klirrenden Kälte zum Greifen nahe.

Direkt hinter dem Tanggulashan-Paß liegt die von den Chinesen bestimmte Grenze zwischen der Provinz Qinghai und der
autonomen Region Tibet. Bis Lhasa sind es noch 547 Kilometer,
und die immer häufiger sichtbaren Maniwälle sind ein deutlicher
Beweis für einen Gebietswechsel, den auch das Mittagessen in
dem rauchgeschwängerten Restaurant in Amdo unterstreicht:
Nudeln statt Reis stehen auf der Speisekarte.

138 Kilometer später ist die beschauliche Ruhe dahin. In der
Präfektur-Hauptstadt Nagqu ist Markt – und der Teufel los.
Hautnah ist der tibetische Alltag zu spüren. Hirten, deren Gesich-

ter an die rauhen, tiefeingeschnittenen Täler der letzten Tage erinnern, junge Frauen, die vom harten Leben der Hirten so gezeichnet sind, daß man glaubt, sie hätten den letzten Dalai-Lama noch selbst gesehen, Kinder, deren Augen beim Anblick der bunten Auslagen der Bonbonverkäufer vor Freude wie die klaren Gebirgsbäche in der Abendsonne glänzen. Alle versammeln sich auf dem von Pfützen übersäten Marktplatz. Nur die Jungen gehen einer ganz und gar nicht typisch tibetischen Leidenschaft nach: Billard. Die Spielregeln sind übernommen, nur das Spielgerät weist eine eigene Note auf: Auf den Tischen liegen dicke Teppiche, von denen Löwen und Landschaften die Spieler anstarren, und die Kugeln selbst werden mit dicken, speckig-abgegriffenen Holzstangen gestoßen. Kein Wunder, daß die eine oder andere Kugel statt ins Loch den Weg über die Tischkante einschlägt und auf einem zum Verkauf zerlegten Yak landet. Niemanden stört es.

Am nächsten Tag, Damxung und Nam Co, der auf 4678 Metern höchstgelegene See der Erde, liegen bereits hinter mir, zwingt die Erinnerung an ein Stück tibetischer Geschichte zum Stop.

Bei Kilometer 1899 thront über dem engen Tal das in den Fels gehauene Bildnis von Padmasanbhava. Im 8. Jahrhundert gab der »aus dem Lotus geborene Lehrer«, ein Tantriker, der aus Indien nach Tibet gekommen war, eine Prophezeiung: »Wenn der Eisenvogel fliegt und die Pferde auf Wagen rollen, dann wird das tibetische Volk in alle Richtungen verstreut.« Das Rad galt den Tibetern immer schon als religiöses Symbol der Vollkommenheit, war heilig, und niemand wäre auf die Idee gekommen, das Rad zu profanen Dingen zu mißbrauchen. Der Mißbrauch mußte also bestraft werden und die »Zerstreuung des Volkes« nach sich ziehen. So wie es später auch geschehen ist, als das Rad mit den Chinesen in Tibet Einzug hielt.

Knapp zwei Stunden später leuchten am Horizont, unterhalb einer dunklen Bergkette, die goldenen Dächer des Potala. Nach sechs Tagen und 1931 Kilometern erreiche ich Lhasa – und denke zurück an die Mönche im Kumbum-Kloster. Wenn sie jetzt hier wären, sie würden vor Freude ... – Nein, sie würden nichts tun, denn auf dem »Thron der Götter« residiert inzwischen ein anderer »Gott«: das Geld der Touristen. Der »Eisenvogel« fliegt häufiger als je zuvor, die »Pferde rollen auf Wagen« und stauen sich auf den Straßen – und »das tibetische Volk ist noch immer in alle Richtungen verstreut«. 1200 Sommer später hat sich die Prophezeiung von Padmasanbhava endgültig in Tibet erfüllt.

Lhasa hat sich mit finanzkräftiger Unterstützung der Chinesen in ein komfortables, »sauberes« Touristenziel verwandelt. Vor dem Jokhang-Tempel, dem höchsten Heiligtum der Tibeter, sind die alten Häuser verschwunden und die schmalen Gassen einem großen Platz nach chinesischem Muster gewichen. Früher befanden sich hier Tschang-Stände, an denen das Gerstenbier gleich faßweise ausgeschenkt wurde, und so mancher Tibeter mußte die Nacht im Schatten des Jokhang verbringen, weil er den Weg nach Hause nicht mehr wiederfand. Anstatt zur gefüllten Schale mit Tsampa greift man jetzt im neueröffneten »Barkhor Cafe« zum »Yakburger« – nicht nur ein Tribut an die amerikanischen Touristengruppen. Und anstatt für umgerechnet drei Mark im heruntergekommenen »Gästehaus Nummer zwei« wohnt man jetzt für 80 Mark im komfortablen Holiday Inn.

Seit meinem letzten Aufenthalt in Lhasa sind nur fünf Jahre vergangen. Doch in dieser Zeit sind die Chinesen durch die Öffnung Tibets für den Tourismus weit auf dem Weg vorangekommen, den sie in 28 Jahren mit militärischen Mitteln nicht erreichen konnten: Tibetische Kultur und Religion sind gebrochen.

AN DIE FREIE WELT:
»RETTET UNS. RETTET TIBET!«

Im Halbdunkel des Meditationsraums mischen sich leise Gebete mit dumpfem Trommelklang. Mönche hocken auf dem harten Lehmboden, rezitieren aus heiligen Büchern. Auf dem Dach des Jokhang-Tempels steht die Zeit still. Für einen Moment lebt das alte Tibet in neuem Glanz auf. Ich habe das Gefühl, daß doch noch etwas von der alten Atmosphäre aus dem Jahr 1982 vorhanden ist – ein Hauch Tradition weiterbesteht.

Seitdem ich das Morgengebet der acht Mönche verlassen habe, ist mir einer von ihnen gefolgt. Seine vorgetäuschte Unauffälligkeit ist in den noch menschenleeren Innenhöfen des Klosters auffällig. Im Schutz jahrhundertealter Buddhagemälde steht er plötzlich hinter mir.

»My name is Kalsang Donyoe. Can I trust you?« Die Frage wird von einem ängstlich-suchenden Blick nach möglichen chinesischen Mithörern begleitet. Langsam schiebe ich Kalsang ein Foto des Dalai-Lamas in seine schweißfeuchte Hand. Geradezu behutsam umschließen seine feinen Hände mit ihrer zarten Haut das Stück Papier. Kaum hat er den Dalai-Lama erkannt, drückt er das Bild an seine Stirn, setzt es auf seinen Kopf, will so den Segen des Dalai-Lamas bekommen und seine Verehrung zeigen. Spätestens jetzt wissen wir, daß wir einander vertrauen können. Kalsangs Stimme wird ruhiger. Ob Mönch oder Pilger, für alle Tibeter ist der Dalai-Lama noch immer Hoffnungsschimmer im grauen Alltag und Symbol vergangener Zeiten. In jedem tibetischen Haus hängt sein Porträt an einem besonderen, an einem heiligen Platz. Die Chinesen wissen, warum sie das Verteilen der Bilder vor einiger Zeit verboten haben.

Kalsangs Geste ist unmißverständlich. Durch die engen Gänge

des Jokhang-Tempels folge ich ihm in seine Mönchszelle. In einem kleinen Vorraum lasse ich meine Jacke liegen. Eine alte Frau kocht hier an einer offenen Feuerstelle Yakbuttertee. Es ist Kalsangs 61-jährige Mutter. Dahinter, nur durch einen tibetischen Leinenvorhang getrennt, liegt sein Zimmer, zehn Quadratmeter groß. Durch die matten Scheiben fällt wenig Licht. Es riecht nach Yakbutter, Rauchschleier liegen in der Luft.

Auf einem buntbemalten tibetischen Schrank, der ganz offensichtlich auch als Altar benutzt wird, stehen zwei neue Yakbutterlampen, ein Leinensack mit Tsampa und eine Gebetsmühle, daneben das Bett aus drei übereinandergelegten Matratzen, davor ein kleiner, niedriger Tisch, auf dem unsere Teetassen stehen. Die Einrichtung ist auf ein Minimum beschränkt. Einziger »Luxus« ist ein altes Transistorradio.

Die Wände sind blau und weiß gestrichen, in der Mitte von einem dünnen roten Farbstreifen getrennt. Davor sitzt Kalsang. Seine rotbraune Kutte ist an vielen Stellen abgewetzt, genau wie sein gelbes, kragenloses Hemd. Er trägt keinen Schmuck, keine Uhr, nur ein rotes Band um den Hals, an dem ein Fadenamulett mit schützenden Gebetsformeln hängt. Seine feinen Gesichtszüge kommen nun klar zum Vorschein. Er hat sich entspannt.

Immer wieder werden wir durch Lotsen unterbrochen. Den Fünfjährigen hat Kalsang als Klosterschüler unter seine Aufsicht genommen. Lotsen, der Dalai-Lama gab ihm im vergangenen Jahr den Namen Tenzin Rijko, kennt seine Aufgabe, die weniger mit dem Glauben zu tun hat: Kaum habe ich einen Schluck getrunken, füllt er meine Tasse schon wieder mit heißem Yakbuttertee bis an den äußersten Rand nach. Für Tibeter wäre es ein Zeichen schlechter Gastfreundschaft, würde der Fremde vor einer nur halbgefüllten Tasse sitzen.

Doch dann beginnt Kalsang zu erzählen. 1954 wurde er in Chuchul Dzong geboren, 52 Kilometer südwestlich von Lhasa. Mit sechs Jahren war seine Kindheit – ohnehin in Tibet eine harte Zeit in Armut und mit hoher Kindersterblichkeit – zu Ende. Ein Jahr nach der Flucht des Dalai-Lamas wurden auch die Gläubigen in Chuchul Dzong von den Chinesen verfolgt. Deshalb beschloß seine Familie, das Dorf zu verlassen und in den unwirtlichen Bergen des Kyichu-Tals Schutz zu suchen. Während unten die Chinesen jede Hoffnung auf eine bessere Zukunft zunichte machten, hatten sie oben wenigstens die Chance zu überleben. Dafür nahmen sie die tägliche Angst in Kauf, daß ihr Versteck, eine primitive Felshöhle, plötzlich ausgehoben werden könnte. Bei der Erinnerung an diese harte Zeit steigen Kalsang Tränen in die Augen. Vor mir hockt ein Mensch ohne Kindheit, der mit sechs Jahren zum Mann wurde und heute nur eines will: Frieden und religiöse Freiheit. Materieller Besitz ist für ihn nach diesen Erlebnissen bedeutungslos geworden.

Nachdem seine Eltern ihr Versteck in den Bergen aufgaben und in das Dorf zurückkehrten, entschloß sich Kalsang, Mönch zu werden. 1981 kam er in den Jokhang-Tempel und übernahm die Aufgaben eines Klosterverwalters. Zum ersten Mal war Kalsang Donyoe in seinem Leben glücklich.

Die anderen Jokhang-Mönche hatten damals bereits die härteste Zeit überstanden. Früher lebten hier mehrere hundert von ihnen. 1973 mußten alle einer Handvoll Chinesen weichen. Ende der siebziger Jahre hatten sich gerade acht Mönche wieder im Jokhang-Tempel versammelt, der von jeher das höchste Heiligtum der Tibeter ist, denn hier befindet sich der Jobo Rinpoche. Diese Buddhastatue soll die chinesische Prinzessin Wen Cheng Mitte des 5. Jahrhunderts als Hochzeitsgabe für ihren Gemahl, den tibetischen König Songtsen Gampo, mit nach Tibet gebracht haben. Der Statue werden magische Kräfte nachgesagt.

Mittlerweile sind wieder 73 Mönche im Jokhang-Tempel, die meisten von ihnen zwischen 18 und 25 Jahren alt. Und auch sie spürten den »politisch warmen« Wind aus Peking, der seit 1980 über das »Dach der Welt« wehte. So erlaubten die Chinesen Kalsang eine zehnmonatige Pilgerreise nach Nepal und Indien. Lumbini, die Geburtsstätte Buddhas in Nepal, Kathmandu und Dharamsala, wo der Dalai-Lama lebt, besuchte Kalsang.

Am 17. Juli 1987 schöpfte er ein zweites Mal Hoffnung auf eine bessere Zukunft. Der deutsche Bundeskanzler Helmut Kohl kam als erster westlicher Regierungschef zu einem offiziellen Staatsbesuch nach Tibet – und in den Jokhang-Tempel. An jenem Freitag geschah für Kalsang etwas Wunderbares. »Dort, wo ich dich vor zwei Stunden kennengelernt habe, dort hat mich euer *chancellor* um ein Foto gebeten. Ich bin mir sicher, er wird sich für Tibet und für uns einsetzen.«

Während Kalsang erzählt hat, habe ich jedes Zeitgefühl verloren. Als ich auf meine Uhr schaue, weiß ich, daß es Zeit ist, mich von dem Mönch zu verabschieden. Besuche und Gespräche dieser Art werden von den Chinesen noch immer nicht gern gesehen. Und keiner von uns weiß, ob wir nicht doch aus irgendeinem Winkel heraus beobachtet worden sind.

Ruhig schiebe ich den schmutzig-abgegriffenen Vorhang beiseite, während Kalsang zur Sicherheit in seiner Zelle zurückbleibt. Es ist still und die Küche menschenleer. Doch als ich zu meiner Jacke greife, stockt mir der Atem. Aus dem Ärmel schaut ein Stück Papier hervor. Langsam ziehe ich einen auf Pergament geschriebenen Brief heraus, an dem ein Zettel hängt: »Bitte bring diesen Brief zu den Vereinten Nationen. Bitte hilf uns! Die Mönche des Jokhang-Tempels in Lhasa«.

»Seht die Gefahr der Verwandlung Tibets in ein chinesisches Land

Hochverehrte Führer der Vereinten Nationen ... und die breite Weltöffentlichkeit ... Hinterhältig und heuchlerisch reden die Chinesen von einer speziellen Liberalisierungspolitik. Das Gegenteil ist der Fall. Tibeter dürfen ihre Meinung nicht frei äußern ... Die Chinesen geben das meiste Geld in Tibet für ihre eigenen Zwecke aus: Kriegsvorbereitungen und Abtransport enormer Bodenschätze ... Sie sind wie das Fleisch, das die Sauce aufsaugt ... Wir Tibeter sind für sie nicht mehr als Tiere, die gerade etwas sprechen können ... Für die moderne medizinische Forschung werden kranke Tibeter als Versuchsobjekte mißbraucht ... Knapp zehntausend junge Tibeter werden gewaltsam zum Studium nach Peking geschickt, wo ihnen schlechter Samen tief ins Gehirn eingepflanzt wird ... Darüber hinaus werden viele junge Chinesen nach Tibet geschickt, um viele tibetische Jugendliche beiderlei Geschlechts zu verführen und so eine Rassenmischung herbeizuführen ... Selbst wenn Tibeter das Amt des Stellvertretenden Vorsitzenden der Autonomen Region Tibet und das Amt des Präsidenten der Vereinigung der chinesischen Buddhisten bekleiden, wird uns Tibetern statt Trost nur kaltes Wasser ins Herz gegossen. Jedesmal, wenn der Panchen-Lama (Anmerkung: Er ist der zweithöchste Würdenträger Tibets und lebt in Peking, wo er sich mit den Chinesen arrangiert hat) nach Tibet kommt, lobt er die chinesische Politik und macht Propaganda für etwas, was es gar nicht gibt ... Der einzige, der uns Tibetern treu ist ... ist Seine Heiligkeit der Dalai-Lama. Für uns Tibeter gibt es keine andere Führung als jene Exilregierung unter der Führung Seiner Heiligkeit ... Unterzeichnet im Namen aller Tibeter ... am 25. Tag des Feuer-Hasen-Jahres (Anmerkung: 19. August 1987) in der tibetischen Hauptstadt Lhasa«.

LHASA 11. SEPTEMBER 1987

Abschied und Versprechen: Ich komme wieder.

Stimmengewirr dringt auf das Vordach des Jokhang-Tempels. Im Innenhof des Klosters haben sich etwa vierzig Mönche zur allabendlichen Debattierstunde versammelt.

Immer wieder wirft einer von ihnen seine braungelbe Tengwa, die 108-perlige Gebetskette, über das linke Handgelenk, klatscht in die Hände und hält dem Rest der Gruppe seinen ausgestreckten rechten Arm entgegen. Jetzt kann er nur noch hoffen, das schlagende Argument gefunden zu haben. Doch schon im nächsten Augenblick antwortet einer aus der Gruppe. Mit der gleichen Geste, mit dem gleichen, energischen Gesichtsausdruck. Dabei geht es allen weniger darum, dem »Gegner« Angst einzuflößen, vielmehr um das Üben, auf alle Glaubensfragen schlagartig eine passende Antwort parat zu haben.

Kalsang ist nicht dabei. Wir stehen gemeinsam auf dem Klosterdach. Hier haben wir uns vor sechs Tagen kennengelernt und uns danach oft heimlich getroffen. Stundenlang haben wir über Tibet gesprochen, hat mir Kalsang seine Liebe zu seiner Heimat beschrieben und mir Geschichten über den Alltag auf dem »Dach der Welt« erzählt. Wir sind Freunde geworden, die jetzt Abschied voneinander nehmen müssen.

Still schauen wir zum Barkhor hinunter, wo immer mehr Tibeter ihre Gebetsrunden drehen. In der einen Hand halten sie die Gebetsmühle, in der anderen die Tengwa, und auf den Lippen wiederholt sich »Om mani padme hum«. Langsam ziehen sie an den Pilgern vorbei, die sich schon seit den frühen Morgenstunden vor dem Jokhang ehrfurchtsvoll zu Boden werfen. Sie beten zu den Göttern und für den Dalai-Lama. Bevor es Nacht wird in Lhasa, ist noch einmal die Zeit des Glaubens in der »Stadt der Götter«. Abends bersten die Straßen vor Gläubigen.

Obwohl es bereits 21.00 Uhr ist, steht die Sonne noch immer strahlend über den Bergen. Nicht nur politisch, sondern auch zeitlich hat die chinesische Hauptstadt in Tibet das Sagen. Und so gilt Peking-Zeit.

Eigentlich müßte Lhasa der chinesischen Hauptstadt zwei Stunden hinterherhinken. Der geographische Abstand von fast 25 Längengraden und mehreren tausend Kilometern wäre Rechtfertigung genug. Doch die chinesische Führung nimmt den aus dem Zeitunterschied resultierenden wirtschaftlichen Verlust hin. Dafür bleibt aber die »Einheit des Landes« gewahrt, auch wenn es nur um die Zeit geht. Die Tibeter haben längst ihre eigenen Lehren daraus gezogen: Einen überzeugten Tibeter erkennt man auch an der Uhrzeit – sie weicht um eine Stunde von der offiziellen, chinesischen Zeit ab ...

»Ich habe eine wunderbare Nachricht!« Plötzlich unterbricht Kalsang das Schweigen. »Der Dalai-Lama reist in den nächsten Tagen nach Deutschland und in die USA. Ich habe es vor zwei Stunden in den Nachrichten des Indischen Radios gehört!«

Während er mir diese Neuigkeit erzählt, verändern sich Kalsangs Gesichtszüge. Das erste Mal sehe ich ihn lachen. Und ich weiß, daß er mich beneidet. Ich habe die Chance, Seine Heiligkeit den Dalai-Lama zu sehen. Er muß vielleicht noch Jahre auf die nächste Gelegenheit warten.

Unter seiner rotbraunen Kutte zieht Kalsang eine weiße Khata hervor und legt sie mir um den Hals. Dann drücken wir unsere Stirn aneinander. Ein letzter »Kopfkuß« als Zeichen zum Abschied von einem guten Freund.

Ich verspreche, eines Tages wiederzukommen. Dann steige ich die Treppe zum Seitenausgang hinunter, das Hauptportal ist wie immer seit dem frühen Nachmittag verschlossen, und werfe einen letzten Blick in den mittlerweile stillen Klosterhof, den ich in den vergangenen Tagen so oft durchquert habe. Es ist der 11. September. Auf dem Barkhor ist es still geworden.

Am 25. Oktober 1987 wird der Brief aus dem Jokhang-Tempel vor dem Gebäude der Vereinten Nationen in New York übergeben. Frau Barbara Boynton, Mitarbeiterin in der UN-Menschenrechtskommission, nimmt den Brief entgegen. Sie versichert, daß der Brief an das Hauptquartier in Genf weitergeleitet wird.

5

Das Buch »Bilder einer Weltreise« war anders als alle Reisefotobücher, die ich bisher gesehen hatte. Die Aufnahmen erzählten von der großen Nähe des Fotografen zu den Porträtierten, die Headlines und Bildunterschriften waren handschriftlich, die Texte kompetent und einfühlsam geschrieben. Der Fotograf und Autor **KARL JOHAENTGES**, von dem das Buch am Schluss ein sehr sympathisches Bild zeigte, hatte den Bildband 1985 im eigenen KAJO Verlag verlegt. Dieser war bei Lesern, Buchhändlern und Presseleuten sehr beliebt und verlegte bald auch die Bücher anderer Fotografen, darunter so große Namen wie Eric Valli. So wandte ich mich 1993 wegen eines Buchprojektes schriftlich an den Verlag und bekam einen Termin mit dem Verleger. Das Treffen sollte vormittags um 10.00 Uhr in einem Eiscafé in München stattfinden. Ich war pünktlich, aber Karl Johaentges scheinbar nicht. Ich wartete und wartete, und nach einer Stunde wurde ich unruhig. »Sind alle Verleger so unpünktlich?«, dachte ich mir. Bis ich mir den Herrn am Nachbartisch einmal etwas näher ansah. Das war Karl Johaentges! Nur hatte er keine langen Haare mehr und sah auch nicht mehr so ausgemergelt aus wie auf dem Autorenbild. Auch er hatte sich schon über meine Unpünktlichkeit gewundert. Unser

erstes Gespräch war getragen von beiderseitigem Enthusiasmus, schöne Bücher zu machen.

Ein halbes Jahr später begann die Arbeit an meinem dritten Buch »Bilder aus Afrika«, das ein typisches KAJO-Buch wurde. Karl lieh mir seine schöne Handschrift, auch bei meinem Texten musste er kräftig eingreifen. Wenn wir uns heute sehen – wir sind längst gute Freunde –, erzählt Karl immer gerne die Anekdote von meiner Tochter. Die damals vierjährige Gina hatte mich oft nach Hannover begleitet. Um wenigstens 40 Minuten in Ruhe arbeiten zu können, hatte ich ihr zahllose Bibi-Blocksberg-Kassetten gekauft. Während Karl und ich uns über die Dias auf dem Leuchtpult beugten, saß Gina mit ihrem Kassettenrekorder darunter und lauschte den neuesten Hexengeschichten.

Michael Martin

Karl Johaentges

WO BETON SCHNELLER WÄCHST
ALS BAMBUS

Sommer 1982. Noch gilt das Sprichwort, daß hier in Hongkong
»Beton schneller wächst als Bambus«. Noch schießen bizarre
Hochhäuser scheinbar unkontrollierbar aus dem Boden, und der
Bambus kann die Geschwindigkeit von einem Geschoß pro
Woche nur in Form der Baugerüste mithalten. Aber das einst
glühende Wirtschaftsgebilde Hongkong kühlt deutlich ab, die
Unsicherheit wegen des 1997 auslaufenden Pachtvertrages zerrt
heute schon am Lebensnerv der Stadt. Im Herbst 1982 breitet
sich Torschlußpanik aus. Schon wenige Tage nach dem ersten
verbalen Zusammenstoß zwischen Thatcher und Deng Hsiao
Ping kam es zu ersten Massenentlassungen in Architekturbüros,
dem sensibelsten Wirtschaftsbarometer.

Während der schnellwachsende Bambus wegen seiner Grazi-
lität und Eleganz geschätzt wird, sind Hongkongs Baustrünke
unansehnlich, und ihr Design ist schon vorauszusehen, bevor
die grünen Baunetze fallen. Eine Bauwelt, die Umgebung und
Umwelt völlig ignoriert, städtischer Raum beschränkt sich auf
die vertikalen Straßen gen Himmel. Seit Jahren werden schwarz-
verspiegelte Streichholzschachteln hochgezogen, nun abgelöst
vom neuesten Modeschrei: der Goldverspiegelung. In ihr spiegeln sich die häßlichen Nachbarn im Wettkampf ums Prestige,
und nur in der Verzerrung gewinnt das sich spiegelnde Gebäude.
Für den Architekturkollegen ist das Argument für die Goldverspiegelung der energiesparende Effekt, für den Bauherrn das
magische Gold, das im Verkaufsfeldzug geschickt als Köder aus-

gelegt wird. Die Fassade hilft jedoch nur ihrem Besitzer sparen, den häßlichen, gläsernen Nachbarn verwandeln die reflektierten Sonnenstrahlen in einen Brutkasten, bringen dessen Klimaanlage zum vorzeitigen Kollaps.

Um keine Mißverständnisse aufkommen zu lassen: Hongkong ist keine häßliche Stadt, vielmehr eine faszinierende, ja atemberaubend schöne Stadt. Hongkongs Stil liegt in der Addition seiner Türme und Betonscheiben, die die steilen Hänge der Insel und der New Territories überwuchern. Beton- und Glasstalagmiten mit tropischer Patina in verschiedenen Stadien des Verfalls, eine Ästhetik der Fallrohre und Neonleuchten. Nachts, wenn die Architektur verschwindet und nur das Lichtermeer von Fenstern und Neonreklame sich im belebten Hafen spiegelt und wie eine Woge wieder die Hänge hochzuschwappen scheint – dieser Anblick raubt mir auch nach Monaten noch den Atem. Eine unbeschreibliche Anarchie der Architektur, ein totales Chaos, das trotzdem funktioniert, und es bleibt mir rätselhaft, wie solch häßliche Gebäude in ihrer Addition so ästhetisch sein können.

Hier lebe ich also, arbeite und fühle mich wohl. Zugegeben, ich hatte einen harten Start. Drei Tage ohne Geld in dieser Stadt, Indien im Hinterkopf, unrasiert, mit Rucksack und verschlissenem Hemd. Und mit einer grünen rot-chinesischen Armeehose (unverwüstlich und für 4,50 DM in Hangzhou erstanden) kann man sich unmöglich in einem kapitalistisch-chinesischen Architekturbüro Hongkongs vorstellen. Erst ein Scheck macht mich wieder zum vollwertigen Menschen. Kaum habe ich Bares in der Hand, verschwinde ich in einem europäischen Delikatessenladen, den ich erst wieder mit einer Freßtüte »vom Feinsten«, frischem Roggenbrot, Butter und Schweizer Käse, verlasse. Ich kann sie kaum erwarten, meine andächtige Vesper in einem dunklen, schmierigen Zimmer eines heruntergekommenen Stockwerkhotels im Chungking Mansion. Block D, 15. Stock, auf gleicher Etage ein Pelzhändler, eine Schneiderei und ein »geheimes« Bordell. Aussicht in einen tiefen Lichtschacht, der schon seit Jahren als Müllschacht zu dienen scheint. Zittere ich etwa beim Anblick des Käsebrots? Sind das die Entzugserscheinungen nach sieben Monaten Curryreis, Chapatis und Dal Bhat? In der zweiten Kaufrauschrunde erstehe ich ein frisches T-Shirt, eine Jeans, Rasierzeug und Halbbitterschokolade. Wie wär's mit einer neuen japanischen Armbanduhr? Soll ich oder soll ich nicht?

Aber auch die neue Jeans und die frische Rasur nützen mir wenig, denn der chinesische Architekt, der mir Arbeit in Aussicht gestellt hatte, bietet mir ein abschreckend niedriges Gehalt. Nun helfen nur noch die »Yellow Pages« im Telefonbuch und Empfehlungen. Bewerbungen, Anrufe, eine Zeit des bangen Wartens. Die Arbeitssuche hat mir innerhalb weniger Tage die Haut des Touristen heruntergerissen. Ich kann nicht mehr beliebig Blickpunkt und Standort wechseln, mein Podest des Beobachters, mal ein wenig Elend, mal Exotik im Sucher, ist weggeschmolzen. Ich bin mittendrin im Hexenkessel einer asiatischen Großstadt – wenn auch noch unvergleichlich privilegiert.

Ich wohne bei chinesischen Freunden im Stadtzentrum, in Wanchai, dem ehemaligen »St. Pauli« Hongkongs. Obwohl kaum mehr als 40 Jahre alt, gilt Wanchai mit seinen sechsgeschossigen, verwitterten Wohnhäusern als die Altstadt der britischen Kronkolonie. Aber in den letzten Jahren sind die Bürohausriesen vom »Central« auch hierhergesprungen, fressen sich unaufhaltsam in das Labyrinth der kleinen Gassen.

Meine Freunde wohnen in der Tai-Yuen-Gasse, fast im Schatten des bislang höchsten Gebäudes, des »Hopewell-Center«. Es ist eine häßliche, runde Büromaschine, ein vertikales Labyrinth, an dessen Außenhaut eine kaum beachtete, dazu noch kostenlose Attraktion entlanggleitet: ein außenliegender, gläserner Fahrstuhl, der einen ohne Halt über fast 50 Geschosse in schwindelnde Höhe katapultiert, genau genommen in ein »Revolving Restaurant« mit schwindelerregenden Preisen, die man aber vergessen kann, wenn man wieder den Knopf »17th Floor – down« drückt. Up and down – vor allem bei Sonnenuntergang ein unvergeßliches Erlebnis.

Damit ihr nicht glaubt, es ginge mir dreckig in der Ferne, folgt nun ein idealisierter Alltag voll tropischer Schwüle. Mein Tag beginnt wochentags mit dem hastigen Ruf »Kall, Kall, Kaalllooo! Wake up!« meiner Freunde und Gastgeber Chen und Charn, die gerade das Haus auf dem Weg zur Arbeit verlassen. Es ist 7.13 a. m., vormittags. Von draußen dringt das friedliche Gezwitscher zierlicher Singvögel herein. Ich wohne zwar weder im Wald noch in den Villenbezirken des »Peak«, aber die Vögel sind echt (das ist nicht selbstverständlich hier in Hongkong), sie hängen in unzähligen Vogelkäfigen von den Balkons der kleinen Tai-Yuen-Gasse, in der sich der Lieferverkehr nur schrittweise hineinzwängt. Auch ich wohne (als »Wandervogel«) auf dem Balkon, besser gesagt, in einer Art »Wintergarten«, im obersten, dem 5. Geschoss der Nr. 40.

Obwohl nur zehn Minuten vom »Central« entfernt, herrscht hier Kleinstadtleben. In der kaum mehr als 200 Meter langen Tai-Yuen-Gasse leben tatsächlich auch so viele Menschen wie in einer Kleinstadt, versorgt durch eine verwirrende Vielfalt von Läden, Marktständen, Handwerkern und Restaurants. In unserer Dreizimmerwohnung leben »nur« fünf Personen: Charn (25) und seine Frau Chen (22), deren Bruder ich in Indien kennengelernt hatte. Dann Odette (22) und Yun (45), ein Untermieter, der in seiner Freizeit permanent fernsieht und seinen Fernseher mit dem Schalter für die Deckenlampe seines fensterlosen Fünf-Quadratmeter-Raums gekoppelt hat. Er ist ein typischer Hong-konger, sein Blick wendet sich selbst beim Essen nicht vom Fern-seher ab, mechanisch führen seine Hände die Eßstäbchen zum Mund.

Chen und Charn wohnen in einem Sechs-Quadratmeter-Zim-mer, Odette hat zehn Quadratmeter, und ich rolle allnächtlich meine Isomatte im »Wintergarten«, dem Wohnzimmer dieser »WG«, aus. Auch Küche und Bad sind winzig, gegessen wird in der Diele. Zu fünft in diesem Wohnschlauch zu leben ist ein Pri-vileg, denn wenn ich aus meinem Fenster durch die (frische) Wäsche fremder Leute in deren gegenüberliegende Wohnung blicke, kann ich zuweilen auf engstem Raum zehn Menschen zählen. Und die doppelstöckigen Drahtverschläge, die ich durch das offene Wohnungsgitter ausmache, sind keine Lagerregale eines Gemischtwarenhändlers, sondern vermietete Schlafzellen.

Um 8.30 a. m. schließe ich die zweifache, eisenbewehrte Haus-tür auf und werde – wie üblich – wieder nicht pünktlich zur Arbeit erscheinen, aber daran hat sich mein Büromanager schon ge-wöhnt. Unten im Treppenhaus muß ich mich am Bett des alten Rentners Lu vorbeidrängeln, der nur dieses Zuhause hat, denn eine Altersversorgung gibt es nicht in Hongkong. Dafür paßt Lu höllisch auf, daß kein Unbefugter das Haus betritt. Das sollen auch die vielen Räucherstäbchen, die, gehalten von rostigen Konservendosen, neben der Eingangstür vor bunten Bildern von Schutzheiligen verbrannt werden. Sie sorgen für angenehmen Duft im ansonsten schmuddeligen Treppenhaus und sollen die bösen Geister abhalten. Mich haben sie jedoch nicht vertreiben können, obwohl ich ein »Gweiloo« bin, ein »fremder Teufel«, die übliche Bezeichnung für »Fremder«. Wenn ein Kind nicht

»artig« ist, droht die Mutter mit dem »gweiloo« so wie bei uns Mütter mit dem Beelzebub. Selbst ein chinesischer Arbeiter auf der untersten Stufe der Hierarchie wird einen englischen Ingenieur oder deutschen Architekten als »Gweiloo« und somit als unvorstellbar »unzivilisiert« betrachten.

In der Tai-Yuen-Straße sind die Stände schon aufgebaut. Händler preisen »1000jährige« Eier an, von denen ich dann abends eines auf meinem Teller vorfinde. Gleich daneben werden weite chinesische Unterhosen, Jadeschmuck oder rotgekochte Hühnerfüße verkauft. Letztere vernaschen die Chinesen, als handele es sich um Eis am Stiel. Im Erdgeschoß schweißt der Schlosser schon neue Marktstände zusammen, im Hintergrund der Werkstatt hängen rußüberzogen die Porträts von Mao Tse-tung und dem alten Kriegsgott Kwan Tai friedlich nebeneinander. Aus der Nudelfabrik in Nr. 28 werden zentnerweise frische Nudeln geschleppt, vor der Poliklinik in Nr. 53 warten schon die ersten Patienten. Aus den Stockwerken des Bambusdampftopfs eines mobilen Imbißwagens quillt verführerisch appetitlicher Dampf: Dim Sum.

Aber ich habe mein deutsches Frühstück schon hinter mir: Brot, Käse, Butter, Ei, Kaffee – alles nicht selbstverständlich am Ort, aber für einen Frühstücksfanatiker wie mich zuweilen unabdinglich. Im sanften Gedränge kann ich mich treiben lassen, muß mich zuweilen an einem steckengebliebenen Lieferwagen vorbeidrücken, grüße den Goldfischverkäufer an der Ecke. Goldfische, Singvögel und Zikaden sind in der Enge Hongkongs die einzig möglichen Haustiere für den durchschnittlichen Chinesen.

Autoverkehr und Hektik gibt es erst auf der Johnston Road. Hier hetzen schon Scharen von Angestellten, drängen in die alte, doppelstöckige Tram. Ganz Eilige versuchen mit aufgeregt schwingenden Armbewegungen ein Taxi zu erwischen. Auch ich gehe jetzt schneller, schalte meine Adrenalinreserve ein, suche mir meinen Weg durch die Menschenmassen. Von der hübschen Tochter des Visitenkartendruckers kaufe ich die »South China Morning Post«, überfliege im Gehen die neuesten wahnwitzigen Ergebnisse im englisch-argentinischen »Schiffeversenken« auf den Falklands. Hongkong ist ja eine Kronkolonie des »United Kingdom«. »Wir« befinden uns nun eigentlich im Kriegszustand, aber davon und von Kriegsbegeisterung ist hier glücklicherweise nichts zu spüren. Ich hätte mich auch gewundert, wenn ein Chinese für Maggie Thatchers Kriegsspiel Begeisterung zeigen würde.

Oder ich lese, daß gestern kurz nach Feierabend wieder ein Juwelenladen ausgeraubt wurde, der vierte in dieser Woche. Aus China Nachrichten von katastrophalen Überschwemmungen, ganze Landstriche melden »Land unter«, Eisenbahnstrecken sind weggespült. Das betrifft Hongkong direkt. Die Stadt hängt wie mit einer Nabelschnur am »Mutterland«. Elektrizität, Gemüse, Fleisch, Wasser, Öl kommen aus der Volksrepublik. Ohne die Versorgung aus dem »Mutterland« wäre Hongkong lebensunfähig. Über Nacht wird das Schweinefleisch um 30% teurer.

Im Durchschnitt gehe ich sieben Minuten zur Arbeit, oft werden jedoch 20 Minuten daraus, weil ich irgendeinen neuen Laden mit chinesischen Papierwaren oder Ginseng entdecke. Meine Büroheimat befindet sich zur Zeit nicht im Hauptbüro in Causeway Bay, sondern in der 13. und 14. Etage eines 28geschossigen, brandneuen Bürohochhauses an der Hennessy Road. Ich bin sozusagen an ein »Joint-venture«-Projekt ausgeliehen worden, die Planung des neuen Flughafens Chek Lap Kok. Meine Aufgabe ist das Reinzeichnen von Lageplänen, die zeichnerische Konstruktion von Sichtschatten des Kontrollturms oder das farbige

Markieren der Sicherheitszone des Flughafens, keine atemberaubende Tätigkeit.

Der alte Flughafen Kai Tak muß zwar als kriminell für die Anwohner bezeichnet werden, der geplante Airport hätte jedoch Hongkongs größtes Naherholungsgebiet zerstört, die Insel Lantau. Eine kleinere, ihr vorgelagerte Insel sollte komplett gesprengt werden, die Felsmassen sollten eine Bucht für die Landebahnen auffüllen, und im Gefolge war eine Halbmillionenstadt geplant. Ein gigantisches Projekt, das nach ersten Kostenschätzungen 1,5 Milliarden US$ kosten und 1995 der »Öffentlichkeit« übergeben werden sollte. Sollte und hätte, denn »1997« sei Dank ist das Projekt mittlerweile gestorben. Hongkongs gestreßte, adrenalinübersättigte Bevölkerung wird auch in Zukunft noch Picknickplätze im Grünen unter tropischer Sonne finden.

Diese Inseln vor Hongkong sind mir ein Phänomen. Nur wenige Kilometer Luftlinie liegen Lantau oder Cheng Chau vom Zentrum Hongkongs entfernt, und doch existiert dort ein anderes Hongkong, eine andere Welt. Ich traf dort alte Menschen, die ihre Insel seit Jahrzehnten nicht verlassen hatten, die wie seit Generationen ihren Wasserbüffel über kleine Reisfelder treiben, täglich im Tempel opfern und selbstzufrieden in einer längst vergangenen Zeit, der Ching-Dynastie, leben. Nur der rote Schimmer am nächtlichen Himmel erinnert an jene andere Welt, die sie nur aus dem Fernseher, dem Botschafter der neuen Zeit, kennen. Es leben nur noch alte Leute hier, die Jugend ist schon längst in die Neonhöhlen und Betonsilos der Neuen Welt geflüchtet, auf der Suche nach neuem Glück. Ahnen sie schon, was sie verloren haben? Bislang scheint es, daß nur ein Flughafen sie wieder zurückbringen könnte.

Die Fassade meines Office Tower ist schon wieder »out«, nicht ein golden, sondern »nur« schwarz verspiegelter Glasvorhang schützt die sterile Büroatmosphäre vor Klima, Gerüchen und Geräuschen Asiens. Eine kalte Architektur. Schon die Fahrstühle in ihrem matten, »dezenten« Schwarz verlangen beim Betreten höchste Konzentration, denn es ist anstrengend festzustellen, welche der Fahrstuhltüren offen ist. Als ich zum ersten Mal aus der grellen Mittagssonne hier hereinstolpere, laufe ich gegen die Rückwand und bemerke erst jetzt, daß sich noch mehr Menschen in dieser »Black box« befinden, die alle mitfühlend grinsen – sie haben dieses Erlebnis schon hinter sich.

In der 13. Etage bin ich am Ziel. Jack, ein Amerikaner aus Detroit, hat schon die Kaffeemaschine angeworfen, und John, unser amerikanischer Projektmanager, räkelt sich schon in seinem Sessel mit Hafenblick, seinen Lieblingsspruch auf den Lippen: »Sweet roaring Jesus.« Pünktlicher als ich sind William, Bernard und Chris, die chinesischen Zeichner, die von den Amerikanern einfach »christlich« getauft wurden, da ihnen die chinesischen Namen zu schwierig schienen.

Auch ich lehne mich genüßlich in meinem Drehstuhl zurück, lasse den Blick über die Frachter, Dschunken, Schnellboote, Fähren, Luxusliner und die Skyline der Luxushotels auf der anderen Seite des Hafens gleiten. »Sheraton«, »Peninsula« und wie sie alle heißen, vor denen sich wie selbstverständlich eine Hausflotte von Rolls-Royce-Taxis in der »Hausfarbe« tummelt. Im Hintergrund die Wohnsilos der New Territories und im Dunst die vor dem Hafen vor Anker liegenden Öltanker. Ein ständig wechselndes Panorama – nicht umsonst streitet sich Hongkong mit San Francisco, Sydney und Rio um die ersten Plätze bei der Mister-Hafen-Wahl. Die alte chinesische Segeldschunke beachte ich jedoch kaum noch, seit ich weiß, daß sie vom staatlichen Touristenbüro für die Kameras der Touristen gechartert ist.

Kaum zwei Monate hier, zähle ich mich schon zu den »Werktätigen«, den Einheimischen, die für die Dreitagestouristen nur ein »mitleidiges«, arrogantes Lächeln übrighaben. Was können »die« eigentlich von Hongkong verstehen? Hehh?

Vor einem solchen Panorama läßt sich nur schwer arbeiten, mißmutig zieht mein Zirkel leise Kreise, leiste ich mein »Tagwerk«, träume schon von meiner beantragten Versetzung oder von der kommenden Mittagspause. Zwischen den neuen Bürohausriesen von Wanchai hat sich, kaum sind die ersten Büros bezogen, eine mobile Eßkultur angesiedelt. Von fahrbaren Garküchen werden gebratenes Hühnerfleisch auf Reis, Krabben mit Nudeln und Gemüse und Nudelsuppe angeboten. Gegessen wird an winzigen Bambustischen und auf Hockern, das Essen ist schmackhaft und vor allem preiswert.

Zuweilen eile ich in meiner Lunch-break auch zum nahen Goethe-Institut (im Art-Center), verschlinge statt Nudelsuppe mit Hühnerfleisch geistige Nahrung, Nachrichten aus der Heimat, aus *Stern*, *Spiegel*, *FAZ* und *ZEIT*. Mir fällt auf, daß ich weniger nach Neuem, sondern vielmehr nach Altgewohntem, Vertrautem suche.

Zurück zur Arbeit. Chris hat schon die Kopfhörer seines Walkmans übergestülpt, William macht mir von Mann zu Mann vielleicht wieder einen Heiratsantrag. Nicht für sich, sondern für eine junge Chinesin aus seiner Verwandtschaft, mit Ausbildung, hervorragenden Kochkünsten und exzellentem Aussehen, was für Chinesen heißt: leicht mollig und Tendenz zum Mondgesicht. Während bei uns Abnehmen als allein seligmachendes Rezept gilt, versucht eine junge Chinesin, die sich zu »skinny« empfindet, ein paar Pfunde zuzulegen, um pausbäckig dem Schönheitsideal chinesischer Männerwelt zu entsprechen. Die junge Frau ist, wie sich später herausstellt, seine Cousine aus der

Provinz Guangdong, die irgendwie den Weg über die von Hongkong scharf bewachte Grenze gefunden hat. Sie ist, so die Amtssprache, eine »II«, d. h. eine »Illegal Immigrant«.

Der Feierabend rückt näher, aber diese Woche kann ich gutbezahlte Überstunden arbeiten. Ab 20 Uhr wird das Arbeiten jedoch zur Qual, denn um 18 Uhr schaltet sich die Klimaanlage für alle 25 Geschosse automatisch ab. Draußen herrscht eine mörderische Hitze, 34 Grad Celsius bei einer Luftfeuchtigkeit von 90 Prozent. Schon nach einer Stunde wird das Raumklima unerträglich, das Transparentpapier wellt sich, wenn es nicht ausreichend abgedeckt ist, zornig auf den Zeichenplatten. Zuweilen fürchte ich mich vor dem Verlassen meiner klimatisierten Arbeitswelt. Fast wie ein Tiefschlag lähmt es für Minuten jegliche Aktivitäten, raubt mir die Sicht, denn meine Brille beschlägt, als würde ich an einem Winterabend aus der Kälte in meine verrauchte Stammkneipe in Hannover-Linden treten.

Im IV. Stock der Tai-Yuen-Gasse Nr. 40 steht das Essen schon auf dem Tisch, Reis, Fisch in Ingwersauce und Lauchgemüse. Zuweilen koche ich auch mal »europäisch«, Gulasch, Zwiebelsuppe oder einfach »Käsebrote«. Käse, Butter und Schwarzbrot. Kein Traumgericht für einen Chinesen, wie sich herausstellt. Das Brot ist zu hart, und wenn wir beim Anblick »1000jähriger« Eier an faule Eier denken, fällt einem Chinesen bei Käse nur gammlige Milch ein. Aber langsam gleichen sich unsere Geschmacksnerven an, wobei ich die geringeren Schwierigkeiten habe, denn mit Chens alltäglicher Kochkunst kann ein deutsches Chinarestaurant kaum konkurrieren: Fisch, Krebse, undefinierbare Meeresfrüchte gedämpft und süßsauer, in Sojasauce rotgekocht oder mariniert gebraten.

Die beiden hatten bis vor kurzem ein kleines Spielwarengeschäft in der Nathan Road, das sie jedoch aufgegeben haben, weil ihnen keine Zeit mehr zum Leben blieb. Jetzt arbeitet Charn als Elektrotechniker und Chen in einer Spielzeugfabrik, und trotz Überstunden bleiben ihnen nun der Samstag und Sonntag, um ihren zweijährigen Sohn zu besuchen, den sie bei den Eltern auf der Insel Chueng Chau untergebracht haben. Die beiden sind keine typischen Hongkonger, sehen nur selten fern, spielen weder Mahjong, noch wetten sie auf Pferde, Charn spielt lieber mal auf einem rostigen Schlagzeug, oder sie üben gemeinsam Techniken der klassischen chinesischen Malerei.

Nach dem Abendessen wechsele ich mich mit Charn beim Abwasch ab, dann verschwindet die ganze »WG« nacheinander im Bad, denn in dieser mit Luxus überhäuften Stadt ist Wasser rationiert, Mangelware. Nach 22 Uhr tröpfelt es nur noch aus der Leitung. Frisch geduscht, schreibe ich ein paar Briefe und lerne mit einer Kassette Mandarin-Chinesisch: Vorbereitung meiner geplanten Chinareise. Mit Mandarin haben jedoch auch meine Freunde Probleme, denn hier wird Kantonesisch gesprochen, eine noch schwierigere Sprache mit sieben Tonlagen, während ich kaum die vier des Mandarin auseinanderhalten kann. Ich möchte stolz meine Kenntnisse demonstrieren, und auf eine Teetasse zeigend, frage ich in »fließendem« Mandarin: »Zhei shi shenme?«, auf deutsch: Was ist das? Anstatt der erwarteten Antwort erhalte ich nur ein erstauntes »What's that?«. Das deprimiert, macht müde, und nach den Spätnachrichten, den Horrormeldungen über die Kriegsbegeisterung der britischen Gentlemen, rolle ich meine Isomatte im Wintergarten aus. Eigentlich ist es das Wohnzimmer der »WG« – mit Hifi, TV, Blumen und einem kleinen Regalschrank. Keine Klimaanlage kühlt hier, ein Ventilator jedoch ist »lebensnotwendig«, allein schon wegen der Moskitos.

Um mich herum der gedämpfte Geräuschpegel von Hunderten

von Menschen, die sich auf die Nacht vorbereiten, überall, gegenüber, über mir. Gardinen gibt es keine, ich kann ungehindert die Familie auf der anderen Straßenseite beobachten, nur sieben Meter entfernt: Großmütter, Enkelkinder, Jugendliche, sie alle schlafen in einem Raum. Aufstehen und Schlafengehen muß gemeinsam geschehen, Individualität hat keine Chance in einer Wohnung, in der ein Tagesrhythmus nur mit Klappmöbeln zu bewältigen ist.

Am Wochenende sehe ich die Erwachsenen bis nach Mitternacht wie versessen um Mahjongbretter geschart. Das klappernde, auf- und abschwellende, aufgeregte Geräusch der aneinanderstoßenden Mahjongsteine wiegt mich in den Schlaf. Mahjong, ein Glücksspiel, das von den Chinesen mit schier grenzenloser Leidenschaft gespielt wird – überall. Die Mehrheit der Hongkong-Chinesen stellt den Reichtum und die Machtfülle ihrer »Taipans« nicht in Frage, träumt eher mit einem bewundernden Auge davon, auch einmal dort oben zu landen. Das ist der treibende Motor dieser brodelnden Stadt, immer auf der Jagd nach neuen Märkten: der Glaube seiner arbeitenden Massen, daß sie durch harte Arbeit, kombiniert mit ein wenig Glück, »joss«, über Nacht aus den Bretterverschlägen in die Villen des »Peaks« katapultiert werden können. Sie erzählen sich die Erfolgsgeschichten der Sieger, die es geschafft haben, der kleine Schneider aus Wanchai, heute Boss eines Schneidereiimperiums, der Fischer aus Aberdeen, der als Schmuggler reich wurde und heute von einem Luxushausboot aus regiert.

Das hält die Hongkonger wach bis in die späten Nachtstunden: an ihrem mobilen, oft »illegalen« Verkaufsstand, immer auf der Flucht vor einer Razzia, in ihrer Werkstatt, ihrem Laden, der ohnehin täglich, auch sonntags, geöffnet ist, oder am Mahjongspieltisch. Das treibt sie auch nach durcharbeiteter Nacht in die

Wettbüros des Jockeyclubs oder in die Spielbanken von Macau. Aber dort gewinnt nur einer, und am Montag geht wieder die Arbeit los, vielleicht auf einem der vielen Baugerüste aus Bambus. Wer weiß, vielleicht wächst bald wieder Bambus schneller als Beton.

Im September geht's wieder los, das Reisefieber, versteht ihr? Zuerst zwei Monate auf eigene Faust durch das »Reich der Mitte«, einige Wochen sogar mit meiner Mutter, die sich hoffentlich schon eine bequeme Reisetasche zugelegt hat. Überwintern werde ich hoffentlich in einem japanischen Architekturbüro, arbeitend natürlich. Jetzt werde ich wieder in die schwüle Hitze Hongkongs eintauchen, auf dem Nachhauseweg schnell noch ein paar rotgekochte Tintenfischarme knabbern und vielleicht später mit Freunden ausgehen. Dazu müssen wir unsere Pullover mitnehmen, denn in vielen Restaurants fühlt man sich eher wie in einem Kühlhaus. Anstatt einen Thermostaten einzubauen, bieten einige Restaurantbesitzer ihren Gästen Schals zum Umlegen an. Energiesparen? Warum, denkt sich so mancher chinesische Geschäftsmann, wenn 1997 sowieso der Ofen aus ist. That's HONG KONG!

6

Zum ersten Mal begegneten wir uns 1992 im Büro unserer gemeinsamen Freunde Christoph Hofbauer und Klaus Hledik in München, bei denen ich seit jeher drucken lasse. **ILIJA TROJANOW** hatte damals den kleinen, aber höchst ambitionierten Marino Verlag gegründet, in dem unser gemeinsames Buch »In Afrika« erscheinen sollte. Bei einer Recherchereise 1993 durch Kenia, Tansania, Uganda und Ruanda verstanden wir uns auf Anhieb gut. Gemeinsam brachen wir auf zu den Berggorillas der Virunga-Vulkane, an den Tanganjika-See und zum Mt. Kenia. Ilija war in Kenia aufgewachsen und hatte glänzende Kontakte zu afrikanischen Intellektuellen und europäischen Experten, die wir in Kampala und Nairobi besuchten. Ich kam auf dieser Reise zum ersten Mal in Kontakt mit dem urbanen Afrika und sah Universitätshörsäle wie auch die Slums im Mathare Valley. Unser von Christoph Hofbauer gestaltetes Buch zeigte dann auch das ganze Spektrum afrikanischen Alltags. Es wurde von den Feuilletons der großen Tageszeitungen sehr gelobt, größte Auszeichnung war aber ein Vorwort von Peter Gabriel. Aus dessen Musiklabel Real World durften wir eine Sampler-CD zusammenstellen, die jedem Buch beigefügt war.

Mitte der Neunzigerjahre verloren wir uns aus den

Augen, verfolgten aber den Werdegang des anderen weiterhin interessiert. Ilija Trojanow wurde zu einem der großen Autoren im deutschsprachigen Raum, seine Romane, Reiseerzählungen und Streitschriften werden von Kritik und Publikum gefeiert. Ich bin den Weg eines Wüstenfotografen gegangen. Als unser Freund Christoph im Jahre 2011 im Piemont heiratete, fuhren wir auf dem Rückweg gemeinsam acht Stunden über die Alpen nach München und redeten die komplette Fahrzeit über Afrika, Reisen, Bücher, Lesungen und Vorträge. Und stellten beide fest, dass wir immer noch die gleichen Leidenschaften teilen.

Michael Martin

Ilija Trojanow

DAS BETT AUF DEM DACH

Transport ist in Afrika eine Angelegenheit, die geduldig und erfinderisch gemeistert wird. Fahrpläne existieren nicht; wer sich auf eine Reise begibt, weiß, was ihn erwartet. Wenn ein Boot am frühen Morgen losfahren soll, dann wissen alle, dass sie vor der Sonne aufstehen müssen. Im Dunkeln strömen sie von allen Richtungen zum Pier und rufen sich Morgengrüße zu. Der Gehilfe des Bootsführers, für die Abfahrt zuständig, schreit hinaus: Kommen da noch welche? und in der letzten Dunkelheit der Nacht hüpft die Frage weiter bis zu den Nachzüglern, die einen Schritt zulegen und ihrer Absicht mitzufahren Gehör verschaffen. Das Boot legt ab, einen Meter nur, der Gehilfe kündigt die Abfahrt an, und aus dem Schatten springen die letzten Passagiere herbei. Solange vom Land her noch Schreie zu hören sind, wird das Seil vom Kai nicht gelöst …

Wenn der Bus an einer Raststelle anhält, leert er sich so schnell wie überall auf der Welt. Nach einiger Zeit finden sich alle wieder ein – ohne dass ein Zeitpunkt angegeben worden wäre oder der Fahrer zum Aufbruch gerufen hätte. Manchmal wird ein Passagier, der sich ein zweites Bier nicht versagen konnte, vergessen. Der Bus biegt auf die Fernstraße ein, da rufen die hinteren Reihen nach vorne. Alle drehen sich um und gucken durch die Rückscheibe – der Vergessene sprintet hinter dem Bus her. Der Fahrer bremst nur langsam ab, der Nachzügler zieht beim Laufen Arme und Beine übertrieben weit nach vorne und nach hinten, um sich vor dem Publikum zu profilieren. Der Bus hält, der Mann trabt gemächlich zur Tür und steigt ein, begrüßt von den geistreichen Kommentaren der vierzig Mitreisenden. Er lacht, der Fahrer lacht, die Passagiere lachen, der Bus fährt wieder an, beschwingt von überbordender Heiterkeit.

Der öffentliche Transport funktioniert aufgrund von Ahnungen, wechselnden Prioritäten und Zufällen – aber er funktioniert. Getreu dem Motto, dass sein kann, was sein muss. Die Menschen sind sehr mobil. Kaum ein Stadtbewohner, der nicht einmal im Monat seinem Heimatdorf einen Besuch abstattet, kaum ein Händler, der nicht hierhin und dorthin zum Einkaufen fährt, hier und dort ein Schnäppchen macht und dann wieder nach Hause strebt. Kaum ein Bauer, der nicht seine Ernte zu den Märkten transportieren oder in der Stadt Saatgut besorgen muss.

Die Mobilität ist größer als das Transportangebot. Aber das wird nicht hingenommen. Und siehe da, der zusätzliche Platz findet sich. Oft kann man nur staunen, was alles in einen Bus, einen Zug, ein Auto oder gar auf ein Motorrad passt ..., der Bauer auf seinem kleinen Motorrad tuckert mit seiner seltsamen Fracht einen Anstieg hinauf. Wir überholen ihn, halten, winken ihm zu, er hält auch. Tatsächlich! Der Mann transportiert Hühner, mehr, als wir zählen können. Hundertundfünfzig sind es, erzählt er, etwas belustigt von unserem fassungslosen Interesse. Hundertundfünfzig lebende Hühner! Er sei auf dem Weg zum Markt, um das Federvieh von seiner und von den benachbarten Farmen zu verkaufen. In seinem Dorf gebe es nur das eine Motorrad, also habe er die Hühner zusammengeschnürt, zu zwei großen Trauben gefasst und an seinem Motorrad befestigt. Er sei guter Dinge, noch am selben Abend ohne die gefiederte Last auf seine Farm zurückkehren zu können. Nach diesen Erklärungen steigt er wieder auf sein Motorrad und fährt davon. Von Weitem sehen die Hühner wie riesige Satteltaschen aus.

Schon der Weg vom eigenen Haus zur Bushaltestelle erfordert manchmal einen »Spediteur«. Was von den vielen Verwandten und Nachbarn nicht auf dem Kopf und mit den Händen geschleppt werden kann, muss auf große Schubkarren geladen werden. Mkokoteni werden diese auf Kisuaheli genannt, und ihre Eigentümer bilden die unterste Stufe des Transportgewerbes. Während die Autos an ihnen vorbeirasen, ziehen diese Männer am Straßenrand ihre Karren, die Adern quellen hervor, die Füße schleifen durch den staubigen oder matschigen Untergrund. Und wenn einer der Laster oder großen Busse überholt, umhüllt eine schwarze Wolke den Ziehenden und seine Fracht, aus der er hustend und fluchend herauskommt. Oft haben diese Männer einen wilden Blick und ein verwahrlostes Aussehen, und fast immer ziehen sie Lasten, für die ihre ausgemergelten Körper nicht vorgesehen sind. Aber sie erreichen schließlich die Bushaltestelle, und für den Reisenden beginnt die zweite Etappe.

Busbahnhöfe sind das soziale Herz vieler Orte. Eine Reihe von Buden, Geschäften und Kneipen umranden einen weiten Platz, von dem aus man nicht nur verreist: Für Händler, Schausteller, Gauner und Hochstapler ist es der Arbeitsplatz, für Halbstarke und Säufer das Vergnügungsviertel.

An einem Morgen, an dem die Sonne sich bedeckt hält, warten wir auf den richtigen Bus. Die Menschen sind noch Schatten, das Leben sammelt sich allmählich. Mehrere Busse haben ihre Türen geöffnet und warten darauf, voll zu werden. Erst dann werden sie abfahren, so lautet der Fahrplan. Ein jugendlicher Schaffner reibt sich den Schlaf aus den Augen und setzt seine Mütze wieder auf, das Einzige, das entfernt an eine Uniform erinnert. Mit Fistelstimme ruft er den Zielort seines Busses aus, schubst unsichere oder verwirrte Fahrgäste in den Bus hinein und ihr Gepäck auf das Dach, wo ein Kollege es verstaut und mit Seilen zusammenbindet. Im Hintergrund hält sich ein Kumpel auf, mit dem er herumblödelt, wenn es mal nichts zu tun gibt. Dieser schleicht sich nun heran und startet einen Überraschungsangriff. Übermütig schlägt er mit allen Gliedern auf den Freund ein, der sich mit einem Lächeln und einer Mischung aus Karate und Schattenboxen verteidigt. Plötzlich verschwindet das Lächeln: Der Kopf des Nichtsnutzes wird in Würgegriff genommen. Der Schaffner dreht mit ihm eine Runde um den Bus, so als führe er einen Kürbis spazieren. Der Kürbis reißt die Augen auf und brüllt, schreit, flucht, zieht Grimassen und beteuert seine Unschuld, seine Reue, seine zukünftig friedlichen Absichten. Die Beine stolpern hinterher. Der Schaffner lässt den Kürbis zu Boden plumpsen und widmet sich wieder dem Geschäft. Die schon eingestiegenen Passagiere schauen belustigt durch die verstaubten Fenster. Der Provokateur wartet in seiner Ecke, leckt seine Wunden und sehnt den Augenblick der Rache herbei.

Der Schaffner hat einige schwergewichtige Mütter und ihr Gepäck zu ordnen: große Kartoffelsäcke, deren Nähten man besonders gut zureden muss, damit sie halten, und vollgepackte Plastiktaschen. Die Frauen versuchen, das Buspersonal hin und her zu dirigieren. Die Taschen dort, und fest zubinden, und nicht drücken, nein, das nicht, das können wir mit hineinnehmen. Und wo sollen dann die anderen Passagiere hin? Säcke kommen nach oben! Geschafft. Der Schaffner blickt sich gerade nach neuen Aufgaben um, als jemand von hinten einen Ringergriff ansetzt. Ein kurzes Gemenge, und der Nichtsnutz ist wieder besiegt. Doch diesmal ist der Schaffner empört. Er beschließt härtere pädagogische Maßnahmen. Seine Lippen haben sich über einem Satz zusammengekniffen: Das machst du mir nicht noch einmal!

Das Radio im Bus spielt einen trampelnden Hit. Die Morgenmüdigkeit ist vertrieben, die Gerüche sind gereift, Kinder laufen umher und bieten Kaugummi, Bananen, Zigaretten, Eis, Erdnüsse zum Verkauf. Der Platz ist voller Reisender mit ihren Kindern und ihrem Federvieh. Einer zieht eine bockige Ziege hinter sich her, und zwei verschwitzte Männer schleppen ein Bett herbei, das noch auf das Dach muss. Der Provokateur scheint verletzt zu sein. Er zieht das eine Bein nach! Sein Züchtiger empfindet nun Mitleid und Fürsorge und stützt den angeschlagenen Freund. Gemeinsam humpeln sie zur Bar, in der sich schon einige Männer mit Bier stärken. Die Flasche an den Lippen, beobachten sie das Schauspiel. Sie lachen und machen spöttische Bemerkungen. Ein jeder gibt seinen Kommentar, während der Nichtsnutz sich krümmt und jault. Es ist ein erfolgreiches Buhlen um die Aufmerksamkeit aller. Die ganze Bar sieht hinaus: auf zwei Freunde, die sich Schmerz und Sorge teilen und in der Not zueinanderstehen. Eine ergreifende Szene. Doch dann, am breiten Eingang der Bar, macht der Verletzte dem Theater ein Ende, tritt seinen Helfer in den Hintern und sprintet mit Siegesgrinsen davon. Der Schaffner verfolgt ihn, ehrenhalber, schickt ihm eine Tirade hinterher und widmet sich unter dem herzhaften Lachen der Biertrinker wieder seinen Passagieren. Da kommen ihm die zwei mit dem Bett gerade recht. Er hält ihnen eine ausgiebige Standpauke über die Unvereinbarkeit von Bett und Bus, über ihre verspätete Ankunft und mangelnde Voraussicht. Über ihre Dummheit! Dann hieven sie zu viert das Bett nach oben und schnüren es fest. Beim Hinabsteigen unterhalten sie sich schon freundschaftlich. Der Fahrer hupt zum Aufbruch – die Bettbeine formen ein Siegeszeichen vor dem sonnigen Himmel.

*

Der Himmel über Kapiri Mposhi, einem Verkehrsknotenpunkt im Norden Sambias, hat sich mit der Sonne verkracht. Der Ort wirkt wie die Kulisse für einen Western, in der sich nur noch unlustige Statisten aufhalten. Die staubige Hauptstraße ist so breit wie ein Flugfeld, die großen Laster fahren einfach rechts ran, die Fahrer löschen ihren Durst in einer der vielen Bars.

Kapiri Mposhi hat eine Durchgangsstraße und einen Bahnhof, die Endstation der berühmten TAZARA (oder TANZAM – Tanzanian-Zambian-Railways), die in Daressalam an der Küste Tansanias beginnt. Von den Chinesen geplant, durch großzügige Kredite finanziert und mit 15 000 Bauarbeitern unterstützt, genießt dieses Mammutwerk international einen schlechten Ruf. Kaum eine andere Eisenbahnlinie wurde so oft totgesagt. Und doch fährt die TAZARA seit ihrer Eröffnung im Oktober 1975 Tausende von Kilometern durch spärlich bewohntes Gebiet und bildet die einzige ernsthafte Verbindung zwischen den beiden Ländern.

Nach Süden reisende Passagiere müssen in Kapiri Mposhi auf einen Zug umsteigen, der zwischen Sambias Hauptstadt Lusaka im Süden und den Kupferminen im Norden verkehrt. Der Bahnhof besteht aus einem Gebäude vor dem Bahndamm. Die Wartenden nisten sich am Bahndamm ein, in Decken gehüllt, von Lagerfeuern erwärmt. Entlang des gesamten Bahndamms lodern Flammen. Frauen halten zwischen Körper und Decke ihre Kinder warm, ihre Oberkörper nach vorne gekrümmt. Das Gepäck wölbt Plastiktüten aus. Transistorradios, neben den Plastiktüten das am weitesten verbreitete westliche Kulturgut, rauschen und stimmen den Zeitvertreib an.

Niemand weiß genau, wann der Zug ankommen soll – es wird irgendwann in dieser Nacht sein. Die Atmosphäre des Wartens verflüchtigt sich nach Mitternacht. So als stünde nun der Zug außerhalb der Zeit. Die Wartenden legen sich hin, kauern sich zusammen. Die Bar im Bahnhaus schließt. Die Trinker gönnen sich eine letzte Flasche und hocken sich vor der Außenwand nieder.

Noch bevor die insektenbehängten Lichter des Zuges zu sehen sind, explodiert die Schläfrigkeit zu börsenartiger Hektik. Die Leute hören wohl die Lok. Feuer austreten, Kinder auf die Schulter, Decke in die Plastiktüte, Transistorradio in die Hosentasche, Bierflasche wegwerfen, Körbe unter den Arm klemmen und nichts wie den Abhang hinauf: Die Ausgangsposition ist entscheidend. Der Zug fährt Minuten später durch ein Spalier übermüdeter Reisender. Er hält an, und der letzte Rest an Müdigkeit wird im Kampf um den Einstieg erdrückt. Die Stärkeren ergreifen die Eisenstange neben der Tür und ziehen sich an den Zug heran, gleichzeitig die Konkurrenten zur Seite schiebend. Dann lassen sie ihre Reisebegleiter unter den Armen hindurchschlüpfen, die Hinteren drücken die Vorderen hinein, das Gepäck wird nachgereicht, wandert über die Köpfe, wird geschwungen und geworfen, während Schreie widersprüchliche Anweisungen geben. Ich spüre die Nähe, rieche den Schweiß, fühle Haut, Stoff, Speichel. Für Ekel ist kein Platz, auch nicht für Nachgiebigkeit. Wer nicht mitschiebt, bleibt draußen.

Die Abteile und Gänge sind schon voll. Die Zusteigenden füllen den Vorraum hinter der Tür: Auf drei Quadratmetern kommen zwanzig Menschen unter. In der einen Ecke schlummern Arbeiter aus den Kupferminen, halb liegend, halb sitzend auf Säcken und Körben. Frauen haben sich so hingehockt, dass die Kleinen auf ihren Knien schlafen können. Ein junger Mann steht wie ein Storch auf einem Bein, das andere stützt sich an der Wand ab. Bei der nächsten Station, eine halbe Stunde später, wollen Leute zusteigen. Drei Frauen schaffen es, dann drückt ein großgewachsener Mann, der einen Platz hinter der Tür gefunden hat, diese zu.

Draußen bleibt ein Jugendlicher, auf der Treppe – er versucht, die Tür aufzudrücken. Nein, kein Platz mehr, nichts geht mehr, unmöglich, wird ihm bedeutet. Der Jugendliche beharrt darauf hereinzukommen. Er stemmt sich gegen die Tür, pocht darauf. Der Mann von drinnen hat mehr Kraft; die Tür weicht kein Stück. Der Zug fährt an, der Junge presst sein Gesicht gegen die Scheibe und fordert Einlass. Die Worte hört niemand, will niemand hören. Nein, es reicht. Die, die drinnen sind, haben das beschlossen. Fünfundzwanzig Menschen auf drei Quadratmetern, das reicht, irgendwo muss eine Grenze sein. Wir können niemanden mehr aufnehmen. Aber der Jugendliche hat keine Alternative, er kann sein Glück nicht bei einem anderen Waggon probieren – der Zug hat Fahrt aufgenommen. Der Wind rauscht an seinem irritierten und zunehmend verschreckten Gesicht vorbei. Die Zusammengepferchten im Inneren haben ihn abgeschrieben. Sie haben sich geeinigt, dass er draußen bleiben soll. Ein jeder versucht einzudösen.

Minuten später versucht der Jugendliche, den großgewachsenen Mann zu überraschen. Unvermittelt drückt er mit beiden Beinen gegen die Tür, die auffliegt und einer Frau in den Rücken knallt. Der Mann reagiert schnell, wirft sich dagegen, der Jugendliche hängt weiterhin draußen, bei voller Fahrt. Er verlagert sein Gewicht, auf der Suche nach einer besseren Stellung. Nach einiger Zeit vernachlässigt der großgewachsene Mann seine Aufgabe, die Augen fallen ihm zu. Der Jugendliche wirft sich ein letztes Mal mit aller Kraft gegen die Tür, sie springt auf, und er windet sich rasch hinein, zwischen die Frauen und den großgewachsenen Mann. Die beiden blicken sich kurz und stumm an. Es ist vorbei, der von draußen hatte die größere Ausdauer.

7

»Techniker für Tournee« gesucht, lautete die Anzeige, die ich 1994 im ehemaligen Diamagazin schaltete. **HOLGER FRITZSCHE** aus Annaberg im Erzgebirge meldete sich daraufhin. Wir trafen uns in Dresden zum Probearbeiten und wurden handelseinig. Holger erzählte mir immer wieder abenteuerliche Episoden aus seinen wilden Kaukasusreisen, die ihn ohne gültiges Visum und mit nur ein paar Ostmark in der Tasche auf die höchsten Berge geführt hatten.

Wir wurden bald Freunde, und ich fragte ihn, ob er mich zu den Quellen des Nil begleiten würde. Holger hatte längst Gefallen an meinem Beruf gefunden: reisen, fotografieren, präsentieren. Er sah aber zwei Probleme, es selbst als Vortragsreferent zu versuchen. Zum einen war ihm im Vorhinein klar, dass mit dem Thema Russland keine großen Säle zu füllen sind, zum anderen glaubte er, dass seine erzählerischen Fähigkeiten zwar am Kneipentisch funktionieren, aber auf der Bühne nicht ausreichen würden, um das Publikum zu fesseln. Ich sah das anders, wenn er es nur schaffen würde, er selbst zu bleiben – selbstironisch und offen für alles Unkonventionelle. Außerdem hatte Holger etwas, was viele unserer Kollegen unter den Vortragsreferenten nicht haben: ein Thema, ein Land, das ihn begeistert. 2003 war

es so weit. Holger präsentierte zusammen mit seinem Kollegen Thomas Kropff den Vortrag »Go East«, ein so schräges wie faszinierendes Roadmovie über Russland. Das Publikum war begeistert vom schnoddrigen, ironischen, aber immer fesselnden Vortragsstil des Sachsen und verzieh ihm gerne die anfänglichen technischen Unzulänglichkeiten.

Nach zehn Jahren auf deutschen Vortragsbühnen mit unterschiedlichsten Russlandthemen, nach zahlreichen Reisen im gefährlichen Kaukasus und im bitterkalten Sibirien zieht es ihn in den letzten Jahren auch immer wieder in die Sonne des Südens, nach Sardinien – eine nachvollziehbare Entscheidung.

Michael Martin

Holger Fritzsche

WARUM ICH DAS ERSTE MAL NACH RUSSLAND REISTE

Meine Heimat war die DDR. Und in der Schule musste ich, unter den gestrengen Blicken von Lenin und Ernst Thälmann, deren Porträts im Klassenzimmer an der Wand hingen, Russisch pauken. Kolja, so der Spitzname unseres Russischlehrers, war ein netter Kerl, der nicht nur die russische Sprache, sondern auch seinen Unterricht liebte. Leider stand er damit völlig allein. Nichts hatte für uns weniger Sex-Appeal als diese kyrillischen Buchstaben, dieses trockene Russisch. In die damalige Sowjetunion wollte von meinen Freunden niemand. Und auch bei mir war das nicht anders. Russland war für uns der Gegenentwurf zur Idee vom schönen Leben. Und unser Lehrer stand den provozierenden Auftritten, dem zur Schau gestellten Desinteresse an seiner Leidenschaft, ohnmächtig gegenüber.

Aufgewachsen in Olbernhau, einem kleinen Ort im Erzgebirge, welcher die Welt mit Engel und Bergmann, Räuchermännern und einem nuscheligen Idiom beglückt, bekam ich in meiner frühen Jugend so gut wie nie einen Vertreter dieser Nation zu Gesicht. Höchstens während einer der seltenen Urlaubsreisen an die Ostsee, im Vorbeifahren, auf irgendeinem Bahnhof. Die russischen Männer, die ich sah, trugen Uniform, waren kahl geschoren und entluden mit bloßen Händen Güterwaggons. So wie sie mit bloßen Händen die größten Staudämme der Welt gebaut hatten. Sie sahen nicht glücklich aus. Ich hatte eher das Gefühl, sie schämten sich. Mir taten sie leid. Den Gedanken, mit guten Russischkenntnissen bei ihnen mitmachen zu dürfen, fand ich wenig anziehend. Wofür also sollte Russisch gut sein?

Unser Horizont war begrenzt, nicht nur, weil mein Heimatort im Tal lag, ich kannte niemanden, der mir aus eigener Erfahrung von Reisen aus fernen Regionen erzählen konnte. Bei mir zu Hause oder in den Wohnstuben meiner Freunde war das auch kein Thema. Dort ging es um die Arbeit oder den Garten und darum, ob der andere jemanden kennt, der demjenigen dies oder jenes besorgen kann. Was nicht verwunderlich ist, in einem Land, wo man den Zement noch lose am Bahnhof vom Waggon heruntergeschaufelt bekam, und auch nur dann, wenn man rechtzeitig erfahren hatte, dass es diesen Waggon überhaupt geben würde und wann.

Seid brav und lernt ordentlich, war das Motivationsmantra der Erwachsenen. Als ich das nicht mehr befolgte, sondern lieber den Unterricht störte, musste ich regelmäßig zum Direktor meiner Schule, der mir lang und breit erklärte, was für ein Glück ich hätte, in einem sozialistischen Land aufwachsen zu dürfen, in dem der Schulbesuch kostenlos sei. Wenn er damit fertig war, wollte er von mir wissen, ob ich nicht selbst das Gefühl verspürte, diesem Staat etwas zurückgeben zu müssen?

Als die unfreiwilligen Gespräche mit ihm anfingen, war ich 14. Was sollte ich sagen? Mein Bauch sagte: »Nein! Was soll das Geschwätz!« Mein Kopf sagte: »Vielleicht, woher soll ich das wissen?« Ich ließ die Standpauken über mich ergehen, aber die Lust darauf, ein vollwertiges Mitglied dieser Gesellschaft zu werden, verging mir immer mehr. In der Schule wurde so vieles substanz- und haltlos über uns ausgeschüttet, dass selbst ein Unwissender wie ich oft am Verzweifeln war. Die Lehrer leierten realsozialistische Parolen runter, ohne darüber nachzudenken. Und forderten, dass wir es ihnen nachtaten. Wenn nicht, hatten wir zumindest die Aufgabe nicht verstanden, hörten aber auch die Drohung: »Wer nicht für uns ist, der ist gegen uns.« Viel wusste ich damals nicht, aber eines wusste ich genau – so wie die meisten meiner Lehrer wollte ich nicht werden.

Nachdem der jährliche Urlaub mit meinen Eltern, meist im betriebseigenen Bungalow, an Attraktivität verloren hatte, begann ich auf eigene Faust die sozialistische Welt zu entdecken. Da war ich 16 Jahre alt. Wenige Jahre später kannte ich große Teile des Balkans, die bulgarische Küste und das Donaudelta. Die Gebirge in Rumänien und Bulgarien eroberten einen Platz in meinem Herzen. Wir wanderten und kletterten, bestiegen die Berge in diesen Ländern. Wir trampten ans Meer und schliefen in den Parks von Budapest oder Prag. Wir tranken viel, wir lachten viel, wir hatten kein Geld. Einmal fuhr ich gemeinsam mit einem Freund innerhalb von zwei Wochen mit Fahrrädern bis nach Bulgarien an das Schwarze Meer. Ohne Gangschaltung und mit sehr wenig Geld. Wir aßen vor allem das, was wir an den Bäumen am Straßenrand und auf den Feldern fanden. Das bisschen Geld – ich hatte 300 DDR-Mark für insgesamt drei Wochen dabei – gaben wir ausschließlich für Bier oder Wein aus. Das Zugticket für die Rückfahrt hatten wir schon in der Tasche. 300 DDR-Mark waren eindeutig zu wenig. Mein Freund und Reisepartner mit Spitznamen Gent hatte doppelt so viel Geld dabei, allerdings wollte er sich von diesem Geld in Budapest eine Levis-Jeansjacke kaufen. Ein Kleidungsstück, das in der DDR nur gegen Westgeld zu bekommen war, Geld, das wir nicht besaßen. Ein Stück Kleidung aber, was einen, so vermutete jeder von uns im Stillen, einem hübschen Mädchen ein Stück näher bringen könnte. Für das Tragen von Jeans aus DDR-Produktion brauchte man viel Selbstbewusstsein – und wer von uns hatte das damals schon! Ich kann mich noch daran erinnern, wie wir mit hungrigen

Mägen, aber nach dem zweiten Liter Roten in einem ungarischen Weinkeller saßen und ich argumentierte: »He, Gent, eine Jeansweste ist doch auch nicht schlecht! Gerade im Sommer.« Er zierte sich, aber ich blieb dran: »Ein Ärmel wenigstens. Für einen Ärmel können wir hier jeder Schaschlik und einen großen Salat essen.« Ich schob ihm die Speisekarte rüber: »Schau selbst.«

Als wir in Varna am Schwarzen Meer ankamen, hatten wir die Levis-Jeansjacke aufgegessen, waren aber trotzdem noch viel dünner geworden als vorher. Ich hatte Gent im Gegenzug versprochen, dass ich in Varna Alkohol organisieren würde, damit wir unseren Sieg feiern könnten. Immerhin waren wir in 14 Tagen 2100 Kilometer gefahren. So klaute ich dann aus dem Hinterhof einer Gaststätte in Varna einen Kasten Bier. Gent lachte aus vollem Herzen, als wir gemeinsam mit dem Bier an unserem Zelt ankamen – ein Triumph jagte den anderen. Ein schlechtes Gewissen hatten wir nicht. Wer eine Gaststätte besaß, hatte Geld. Wer Geld hatte, ließ andere für sich arbeiten. Es war ja nicht so, dass wir das in der Schule Gelernte nicht anwenden konnten. Wir teilten den Kasten Bier am Abend mit unseren Zeltnachbarn und fühlten uns wie Robin Hood. Wir waren glücklich, der Alkohol nur noch das i-Tüpfelchen. Wir hatten es geschafft, wir konnten als Helden in unsere erzgebirgische Kleinstadt zurückkehren.

Langweilig war uns also nicht. Aber die Sehnsucht nach fremden Ländern wurde immer stärker. Bulgarien, Rumänien oder Ungarn waren mir inzwischen zu vertraut, der Nervenkitzel verschwunden. Also drängten sich einem Bürger der DDR geografische Begriffe wie Baikal, Tienschan oder Kaukasus regelrecht auf. Das waren Gebiete in der Welt, in die ich hineingeboren worden war. Der »Roten Welt«. Landschaften der Sowjetunion. Doch auch diesen großen Bruder im Osten durften sich die kleinen Geschwister aus der DDR nur unter strenger Aufsicht ansehen. Am einfachsten war das, wenn man sich für eine Teilnahme an einer Gruppenreise mit Jugendtourist, einem Reisebüro der DDR-Jugendorganisation FDJ, bewarb.

Dazu hatte ich gar keine Lust. Denn die Kader der FDJ, der Freien Deutschen Jugend, hatten bei mir für ein klares Feindbild gesorgt. Die FDJ stand nicht auf meiner Seite. Warum das so war, ist leicht erklärt: Viele von ihnen hatten sich hauptsächlich aus Karrieregründen in der FDJ mehr als nötig eingebracht. Als FDJ-Sekretär verdiente man besser, hatte etwas zu sagen. Das eigene Glück stand bei fast allen über dem Glück der Gesellschaft. Es war eine verlogene Welt, die ununterbrochen von sich behauptete, sie wäre die aufrichtigste und uneigennützigste, die es je auf diesem Planeten gegeben hätte. Wer sich darüber lustig machte, dem zeigten sie, wer das Sagen hat, in dieser besten aller möglichen Gesellschaftsordnungen, in der sich jeder, unabhängig von seiner Herkunft, frei entfalten durfte. Bei mir hatte das dazu geführt, dass ich nicht zum Studium zugelassen wurde, sondern schon mit 21 Jahren als Heizer arbeiten musste, wenngleich man über das Wörtchen »musste« diskutieren könnte. Aber auf dieser Sprosse der gesellschaftlichen Stufenleiter gab es auch keinen sozialistischen Wettbewerb mehr, es hätte schlimmer kommen können.

Reisen mit der FDJ wollte ich also überhaupt nicht, auch deshalb, weil ich mir meine Reisepartner nicht aussuchen konnte. Auf der politischen Weltkarte, die uns in den Nachrichten präsentiert wurde, dehnte sich die gute »Rote Welt« jeden Monat mehr aus, die unmenschliche »Blaue Welt«, die imperialistische, also die westliche Welt, schrumpfte. Nach Ansicht unserer Staatsführung brodelte es in der imperialistischen Welt allerorten, aus kapitalistischen oder sogenannten Entwicklungsländern wie Äthiopien oder Angola wurden sozialistische Länder. Die Weltkarte wurde immer roter, und mit Sätzen wie »Solidarität ist die Zärtlichkeit der Völker« wurden wir in der Schule, in der Lehre oder im Betrieb sanft gezwungen, Geld zu spenden für unsere neuen Brüder und Schwestern. So weit, so gut. Private Reisen oder private Hilfe vor Ort waren aber nicht vorgesehen und so gut wie unmöglich. Diese Absurditäten gehörten zum Leben in der DDR. Wir sollten die Menschen in der »Roten Welt« lieben und sie finanziell unterstützen, aber kennenlernen durften wir sie nicht. Höchstens offiziell, in der Gruppe, als Delegation. Für solch eine staatlich organisierte »Expedition« musste man allerdings regelmäßig signalisieren, dass man den Sozialismus der DDR sehr gern hat, und eine angemessene Portion Engagement in den staatlichen Organisationen war dafür unabdingbar. Auch dazu hatte ich keine Lust. Obwohl atheistisch erzogen und ebenso denkend, engagierte ich mich lieber in der Kirche für grüne Projekte.

Gerne wäre ich in das neue sozialistische Land Angola gefahren, auch um mich dort einzubringen. Aber solche Reisen waren in der DDR nicht vorgesehen. Für die allermeisten blieb selbst ein sozialistisches Land wie Jugoslawien verschlossen. Denn Jugoslawien pflegte nicht die reine sozialistische Lehre – Titos Leuten wurden »antisowjetische Tendenzen« nachgesagt und zu große Nähe zu den USA und Westdeutschland vorgeworfen. Die Grenzen Jugoslawiens waren jedenfalls nicht so lückenlos geschlossen wie die zwischen den beiden deutschen Staaten. Und der noch nicht ganz gefestigte DDR-Bürger hätte dort, vielleicht aus naiver Neugierde, seinen Fuß auf westliches Territorium setzen können und wäre dadurch in die Fänge skrupelloser westlicher Menschenfänger geraten. Der Staat beschützte uns also vor uns selbst, und ich glaube, das dachten die arroganten Bonzen wirklich.

Relativ frei besuchen, also mit einem zu beantragenden Visum, durften wir nur unsere sozialistischen »Freunde« in Bulgarien, Rumänien und Ungarn. Die Tschechoslowakei war das einzige Land, in das man kurz entschlossen, also ohne Visum, reisen konnte. Polen hatte ein Problem mit der Gewerkschaft Solidarność. Diese setzte die Machthaber in Polen mächtig unter Druck. Und da man im Sozialismus genau wusste, wie man eine Virusepidemie an ihrer Ausbreitung hindert, war eine Reise nach Polen in den 1980er-Jahren so gut wie unmöglich.

Und die Sowjetunion? Auch im Land des großen Bruders waren keine Individualreisen für DDR-Bürger vorgesehen. Ohne Reisegruppe, ohne offizielle Einladung und ohne festes Ziel gab es keine Reise in das Land der glücklichsten Arbeiter und Bauern dieser Welt.

Begründungen wurden nicht geliefert. Vielleicht weil man Angst hatte, dass die Gäste in diesem riesigen Land verloren gehen? Weil der große Bruder uns nicht seine Hinterhöfe zeigen wollte? Vielleicht.

Und die Option der Ausreise, also offiziell mit Ausreiseantrag die DDR zu verlassen, sah ich damals für mich noch nicht. Das Land war immerhin meine Heimat. Eine Heimat mit vielen Absurditäten, aber eben meine Heimat. Ich hatte zwar keine verständnisvollen, aber liebevolle Eltern, viele Freunde, mit denen ich feierte, zu angesagten Rockkonzerten fuhr, die selbst im Erzgebirge an jedem Wochenende veranstaltet wurden. Und ab und zu verliebe ich mich. Es war ein schönes Leben, meistens. Einen Ausreiseantrag stellte ich erst später, aber das ist eine andere Geschichte.

1986 wollte ich jedenfalls noch nicht in die Alpen, ich wollte in meiner »Roten Welt« bleiben, ich wollte in den Kaukasus. Ich wollte nur mir etwas beweisen. Meinen Freunden und den schönen Freundinnen meiner Freunde. Ich wollte spielen: mit der eigenen Verunsicherung, der Verletzbarkeit, mit dem Risiko. Und das ging ja auch in der »Roten Welt«. Ich musste nur ein paar Probleme lösen.

Nicht nur die Frage, wie ich in den Kaukasus komme, sondern auch, wie ich über den Kaukasus komme, wenn ich erst einmal dort bin. Ich hatte einfach keinen blassen Schimmer, weder vom Kaukasus noch vom Bergsteigen, noch von der russischen Sprache. Informationen über den Kaukasus besaß ich nur in Form handgezeichneter Karten, mit denen vielleicht ein Pilot etwas hätte anfangen können. Meine bergsteigerischen Kenntnisse bezog ich vor allem aus sozialistischer Bergliteratur, in welcher der Genosse Bergsteiger mit pathetischer Zähigkeit um den Gipfelsieg kämpfte, und aus ein paar Kletterabenteuern in der Sächsischen Schweiz. Persönlich kannte ich keinen einzigen Bergsteiger, das Erzgebirge ist nur ein hügeliges Mittelgebirge, die Sächsische Schweiz war für mich, der ich, wie die meisten DDR-Bürger, auf öffentliche Verkehrsmittel angewiesen war, eine Tagesreise weit weg. Aber ich wollte in den Kaukasus, ein Motivationsproblem hatte ich jedenfalls nicht.

Aber wie kam ein abenteuerlustiger Bürger der DDR allein in den Kaukasus? Er konnte einen Antrag stellen auf eine Reise mit dem eigenen Auto. Zum Beispiel nach Sotschi, einer Kurstadt am Schwarzen Meer. Wurde dieser Antrag genehmigt, dann bekam man seine Reiseroute inklusive festen Orten und Zeiten. Eine sogenannte Marschroute, bei der man sich jeden Abend bei der örtlichen Miliz melden musste! So sah es aus, das Reiseabenteuer »Wilder Osten!« Ein Abstecher an irgendeinen Berg zu einer steilen Wand war dabei nicht vorgesehen. Bergsteigen war in der Sowjetunion nichts für Individualisten. Das Besteigen eines Berges musste genehmigt werden. Irgendwo das Zelt aufschlagen und dann in eine Wand einsteigen, so etwas Individuelles war im Sozialismus nicht drin.

Eine Reise, bei der ich jeden Abend die Hand eines Polizisten schütteln musste, kam wiederum für mich nicht infrage. Und ein eigenes Auto hatte ich nicht, und kein Einziger meiner vielen Freunde besaß einen fahrbaren Untersatz. Außerdem wollte ich zu Fuß über die Berge. Allein, ohne offizielle Delegation, ohne dass ich Kader irgendeiner Bergsportgruppe wurde. Ich hätte also gern gewusst, wie man ohne die Hilfe der Offiziellen in den Kaukasus kommt. Ich hatte keine Ahnung und ich kannte auch niemanden, der Ahnung davon hatte, wie man das anstellt. Aber ich hörte, dass in Dresden Leute unter dem schönen Motto »Unerkannt durch Freundesland« die Sowjetunion bereisten. Illegal. Nicht viele, aber immerhin, es sollte sie geben. Leider nur in Dresden, wohl auch in Leipzig, aber wie sollte ich an sie herankommen? Ohne Internet? Damals besaß so gut wie niemand einen Telefonanschluss. Im Erzgebirge hatte ich nie von Leuten gehört, die schon mal illegal im Land des Großen Bruders unterwegs gewesen wären. Das Erzgebirge war kein Hort für Tabubrecher. Aber ich hatte immerhin erfahren, dass diese Leute aus Dresden und Leipzig, damit sie überhaupt in die Sowjetunion kamen, ein Transitvisum nach Bulgarien über Russland beantragten! Und so ein Transitvisum, dachte ich mir, konnte ich schließlich auch bekommen. Dafür gab es, wie ich auf dem Amt erfuhr, sogar Vordrucke. Bei dieser Art von Visum wurde die Sowjetunion nicht als Reiseziel angegeben, sondern als Durchreiseland. Diese Reiseregelung stammte noch aus der Zeit des Prager Frühlings von 1968. Die Grenzen zur Tschechoslowakei wurden damals geschlossen, damit man ungestört den Aufstand der Tschechen niederschlagen konnte. In der Zeit konnte niemand aus der DDR durch die Tschechoslowakei nach Ungarn, Rumänien und Bulgarien reisen. So wurde eine Möglichkeit geschaffen, diese Länder über Polen und die Sowjetunion zu erreichen. Die Sowjetunion wurde zum Transitland. Leider war dieser Transit begrenzt auf drei Tage! Aber, das lag auf der Hand, war man erst einmal im Land, dann war das Fenster schon einmal geöffnet. Ein Fenster für mehrwöchige Reisen in die verschlossene Welt in den Weiten der Sowjetunion.

Ich bekam mein Transitvisum! Ich hatte keine Ahnung, was mich dort erwartete, besaß kaum Russischkenntnisse, keine Landkarten, nur wenig Geld – langweilig sollte es also nicht werden! Als ich darüber nachdachte, begriff ich, dass es genau das war, was ich suchte: aufzubrechen, ohne zu wissen, was auf mich zukommt.

Mein Plan war gefasst, dummerweise lernte ich ein paar Wochen vorher noch ein Mädchen kennen, ich verliebte mich in sie und sie sich wohl auch in mich. Sie wollte mit. Sie war noch jünger als ich, erst 18, und hatte im Gegensatz zu mir so gut wie keine Reiseerfahrung.

Auch sie bekam ihr Transitvisum. Wir fuhren gemeinsam mit dem Zug über die Tschechoslowakei, Ungarn und Rumänien in die Hauptstadt Bulgariens. Von Bulgarien reisten wir dann mit dem Zug in die Sowjetunion ein. In Kishinev, der Hauptstadt der Sowjetrepublik Moldawien, hielt der Zug. Im Gedränge der Menschen verließen wir das Abteil unbemerkt und gelangten, jeder Uniform aus dem Weg gehend, mit der damals wirklich überwältigenden Gastfreundschaft der Russen bis in den Kaukasus. Unser Glück war, dass wir für fast jeden, den wir trafen, die ersten Ausländer waren, die jener oder jene zu Gesicht bekam, und keiner kannte die genaue Gesetzeslage. Im Sozialismus war es einfach normal, dass man nie Ausländer zu Gesicht bekam. Und wir waren Deutsche, jeder wollte uns helfen. Aus unerfindlichen Gründen mag uns Deutsche, entgegen der landläufigen Meinung, fast jeder auf der Welt.

Weil Kaukasier noch gastfreundlicher sind als die Russen, freuten sich in den abgeschiedenen Tälern des Kaukasus die Leute noch mehr, wenn sie uns kennenlernten. Man lud uns ein, und als unsere Gastgeber verstanden hatten, dass wir über den Hauptkamm wollen, brachten sie uns zu Leuten, die die Route über die Pässe kannten. Zwei zeichneten uns Karten, andere besorgten uns Proviant für die Tour. Brot, Käse und Wurst in Dosen, einer brachte uns Stöcke mit Eisenspitzen, damit wir auf den Gletschern ein wenig Halt fanden. Alle mahnten uns zur Vorsicht, wünschten uns viel Glück und ließen uns ziehen.

Wir überquerten den Hauptkamm nach Swanetien, erwischten leider beim Abstieg die falsche Seite im Tal des Nakratau, sodass wir uns ohne den kleinsten Pfad zwei Tage lang an steilen Hängen und später durch dichteste Vegetation flussabwärts kämpfen mussten. In Mestia, dem größten Bergdorf in Swanetien, wurden wir von der Straße weg eingeladen und bekamen eine Lehrstunde in Sachen Trinkgewohnheiten im südlichen Kaukasus. Mestia war mit seinen zahlreichen Wehrtürmen und seinen vielen schwarz gekleideten Frauen allein schon optisch beeindruckend. An diesem abgeschiedenen Ort zwischen den hohen Bergen gaben sich die Männer keine Mühe, ihre kriegerische Vergangenheit zu verstecken. Die meisten der dunkelhaarigen Raubeine, die in das Zimmer mit der langen Tafel, an der wir brav Platz genommen hatten, stolperten, gaben sich so laut und wild, wie sie aussahen. Sie kamen, um die zwei Deutschen zu sehen und, so empfand ich es jedenfalls, um uns zu zeigen, was für knallharte Kerle sie sind. Auf dem Tisch, an dem wir saßen, standen riesige Teller mit gegrillten Fleischspießen, drum herum Wodkaflaschen im Dutzend, Wein und Sekt. Jeder, der den Raum betrat, nahm sich ein Glas Wodka, sprach einen Toast auf uns aus und bedeutete uns danach, dass es jetzt an der Zeit war, den Wodka zu kippen, auf Ex selbstverständlich. Meine Freundin durfte nach dem ersten Glas aufhören, ich nach dem achten immer noch nicht. Als ich mich weigerte ein weiteres zu trinken, grölten die Männer beleidigt, wie bei einem Boxkampf, bei dem ihr Favorit nicht kämpft, wie er soll. Einer bedeutete mir aufzupassen. Er nahm sich eine Wodkaflasche. In der Sowjetunion hatten diese Halbliterflaschen Wodka noch Kronkorken wie Bierflaschen, schnipste mithilfe seines Messers den Verschluss weg und setzte an. Ohne zu unterbrechen, kippte er sich einen halben Liter Wodka in den Hals und spülte danach mit der gleichen Menge süßen swanetischen Rotweins nach. Die ausgetrunkenen Flaschen flogen aus dem Fenster. Die Menge war begeistert und starrte mich belustigt an. Ich konnte mich nicht erinnern, in den Ring gestiegen zu sein. Wir hatten die Dinge nur einfach so kommen lassen, wie sie eben kamen. Aber ich signalisierte trotzdem lieber, dass ich kapitulierte. Alle waren plötzlich zufrieden, ich musste auch nicht mehr bei jedem Toast mittrinken. Wichtig war meinen Gastgebern nur noch, dass ich ganz viel fettes Hammelfleisch aß. Das war meine erste Begegnung mit der überschwänglichen georgischen Gastfreundschaft. Hatten wir in den Bergen noch gehungert, lebten wir in Swanetien oder auch später in Sotschi am Schwarzen Meer im Überfluss, ohne dafür allzu oft bezahlen zu müssen.

Wie sollte man bei so viel Gastfreundschaft nicht seine Meinung über das Land des Großen Bruders ändern? In Sotschi gab es sogar Palmen, riesige Palmen, einfach so, in Reih und Glied an der Straße entlang. Bis dahin hatte ich mir gar nicht vorstellen können, dass es im Sozialismus Palmen geben könnte. Wir schliefen am Strand, tranken georgischen Wein, während wir verliebt auf das im Abendrot golden schimmernde Schwarze Meer schauten, und landeten am Ende unserer Reise wegen Verletzung der Aufenthaltsbestimmungen für kurze Zeit im Gefängnis. Aber der Verlauf solche Kontakte steht und fällt immer mit den Personen, auf die man trifft. Und wir hatten Glück: Im Laufe des Gesprächs – sie trieben zum Glück einen Dolmetscher auf – ließen sie sich von unserer Begeisterung für ihr Land und unseren Abenteuern anstecken. Am Ende des »Verhörs« lächelten alle, und so zahlten wir nur eine kleine Geldstrafe und wurden mit dem Hinweis, »wir seien noch jung und sollten aus unseren Fehlern lernen«, abgeschoben. Fast sechs Wochen waren wir unerkannt durch Freundesland gereist – ein Abenteuer im Sozialismus.

8

Es klingelt an der Haustüre, ich öffne, und ein modisch gekleideter, großer Mann mit rotblondem Haar und markanten Gesichtszügen steht vor mir. In der Hand hält **ANDREAS ALTMANN** einen Strauß Blumen, die er meiner damaligen Partnerin Elke Wallner überreicht. Wir frühstücken gemeinsam und verstehen uns auf Anhieb. Ich kenne seine unzähligen GEO-Reportagen und sein erstes Buch –»Weit weg vom Rest der Welt«. Es zählt für mich zu den besten Reisebüchern, die je geschrieben wurden. Nirgendwo fand ich die Bewohner von Sahara und Sahel treffender porträtiert, ganz nah an meinen eigenen Reiseerlebnissen. Noch während des Frühstücks entwickelten wir die Skizze für ein gemeinsames Buch. Wir wollten die Texte von Andreas Altmann mit meinen Bildern kombinieren, obwohl wir nie zusammen gereist sind. Es hat funktioniert, das Buch»Unterwegs in Afrika«, erschienen 2002, wurde von Lesern und Kritik sehr positiv aufgenommen.

Um das Buch zu promoten, gingen wir gemeinsam auf Lesereise. In zehn deutschen Städten las Andreas aus den Texten, dazwischen gab es Vortragspassagen von mir. Begleitet wurden wir von einem uigurischen Freund, einem Techniker und einem Journalisten, der an einem Artikel arbeitete, der nie

erscheinen sollte, und einem afrikanischen Koch, der als Höhepunkt des Tages jeden Abend afrikanische Spezialitäten anbot. Tiefpunkt der Tournee war der Moment, als der Koch 10 Liter Couscous-Sauce zwischen die Sitze des Tourneewagens kippte. Andreas Altmann widmete mir zum Dank für die gemeinsame Zeit sein nächstes Buch.

Ende der Siebzigerjahre verbrachte Andreas Altmann einen Sommer im Ashram des Bhagwans Shree Rajneesh im indischen Poona.

Michael Martin

Andreas Altmann

BHAGWAN

Vor über dreißig Jahren machte ein Mann von sich reden, der die Welt faszinierte. Als Hassobjekt oder als Retter. Der Inder lebte in Poona, etwa 120 Kilometer südwestlich von Bombay. Er war grazil, kahlköpfig und – so gaben Frauen zu Protokoll, die mit ihm intim waren – eine eher müde Veranstaltung im Bett. Kein Liebesspielvergnügter, eher ein Überstürzter, der es im Eilverfahren hinter sich brachte. (Und bald ganz damit aufhörte.) Dabei hatte sich Mister Chandra Mohan den pompösen Titel »Bhagwan« zugelegt. Was wie »Gott« klang, wie »Erleuchteter«. Das Aberwitzige: Auf eine bestimmte Art war er das, denn Poona war damals der aufregendste Ort, den der Planet zu bieten hatte. Ich darf ausnahmsweise mitreden, denn ich war dabei.

Sein Ashram lag im Villenviertel der Millionenstadt, umzingelt von Dschungelbäumen und wuchernder Vegetation. Aus allen fünf Kontinenten pilgerten die Sinnsucher hierher. Denn mit der Geschwindigkeit eines Kugelblitzes hatte sich herumgesprochen, dass der Mann das zu bieten hatte, wonach jeder Mensch hungerte (hungert): Gefühl, Freude, Geist, Eros, Lachen, Intensität, Tiefe, Beben, Vibrieren, Wärme, ja, das verheerend schöne Gefühl, am Leben zu sein. Wie keiner zuvor brachte der Guru beides zusammen, Ost und West, Intuition und Wissen, Lassen und Tun, Rätsel und Forschung. Er zitierte die großen japanischen Zen-Meister und indischen Mystiker mit derselben Nonchalance, mit der er auf Freud verwies, auf C. G. Jung, auf Wilhelm Reich, auf den ganzen Rest europäischer Geisteswissenschaft. In seinem Kopf lagerte eine Bibliothek, seine Vormittagsreden waren eine Mischung aus Ironie, Liederlichkeit, Brillanz, Anekdoten, handfester Vorlesung und Small Talk. Er war nie das, was wir alle als »Gottesmänner« (vulgo: Pfaffen) aus unserer Jugend kannten: fade Einluller, deren Moralpredigten so hartnäckig zum Wegdämmern verführten. Bhagwan war »modern«, er hatte begriffen, dass wir nicht in den Himmel kommen, sondern auf Erden ein Leben haben wollten, das nicht erniedrigt wird vom Stumpfsinn der Normalität, vom lebenslangen Herumhocken in viereckigen Büros, vom Bravsein inmitten anderer Braver. Kein Wunder, dass er sich regelmäßig mit den Inhabern letzter Wahrheiten, gleich welcher Religion und Ideologie, anlegte. Er stänkerte, er verachtete die Heuchelei und ihre hohlen Riten. Er schlachtete, mit Witz und Verve, die heiligsten Kühe.

Erste Szene. Während einer »lecture« in der »Buddha Hall« – Bhagwan hatte gerade einen Witz über einen katholischen Priester erzählt, der zu spät zu einer Swingerparty gekommen war – erhob sich plötzlich ein Mann aus den am Boden sitzenden Zuhörern und schleuderte einen Gegenstand Richtung Podest. Und der Meister rührte sich nicht. Vielleicht hatte er den Attentäter nicht gesehen, vielleicht besaß er tatsächlich die Nerven eines Unerschütterlichen. Das Geschoss, ein Stilett, ging daneben und landete im Gebüsch. Sofort Tumult, drei Leibwächter warfen sich auf den Messerwerfer, Schreie, dazwischen der seelenruhige Bhagwan und unsere blassen Gesichter. Das Motiv, so hieß es später im Polizeibericht, schien eindeutig: Der Verhaftete war Moslem und fühlte sich von den Auslassungen des ehemaligen Philosophie-Professors beleidigt.

Bhagwan, dem Freigeist, war nichts heilig, nicht die Bibel, nicht der Koran, nicht die Thora, nicht die Schriften seiner eigenen (früheren) Religion, des Hinduismus. »Göttliche Offenbarungen« hielt er für einen Witz, »ewige Wahrheiten« für eine Zumutung. Er war mutig, er provozierte. Sein Lieblingsgegner waren die Schafe. Die nachblökten, statt nachzudenken.

Der Ashram galt als Brutstätte heftigen Lebens. Zugleich bestens organisiert. Um sechs Uhr morgens ging es los. Mit dem Angebot der inzwischen berühmt gewordenen »Dynamischen Meditation«: eine Stunde in fünf Stufen unterteilt: in zügelloses Schnaufen, in Explodieren, in energisch Hüpfen, in »total freeze«, in entfesseltes Tanzen. Sich hingeben, sich lassen, sich vergessen. Ein bisschen blöd werden vor Freude am Körper, selig, sich in Trance wirbeln, all das Niedergezüchtete spüren und herausschreien, das man uns als Kinder hatte angedeihen lassen. Eine »Katharsis« – der Boss liebte die großen Worte – sollte passieren. Ob einer von uns »gereinigt« wurde, ich zweifle. Aber hinterher war die Luft raus. Und mit ihr die Wut und der Frust. Kurzzeitig, aber immerhin.

Der Ashram war ein offenes Haus. Vor dem Tor lag Indien, der grandioseste Wahnsinn seit der Erfindung der Welt. Wer einmal dort war, wird verstehen, warum die paar Hundert Quadratmeter fiebrigen Lebens, die hinter dem Tor lagen, nicht in Quakenbrück neben der Dorfkirche funktioniert hätten. Ein Land musste her, das an Toleranz nicht zu überbieten war. Die Einwohner Poonas wackelten lässig mit dem Kopf und taten – von Giftzwergen abgesehen –, als wüssten sie von nichts.

Das Kernstück bildeten die »groups«, akademisch übersetzt: Lehrgänge, Kurse. Aber hier gab es keine Nachhilfe fürs Töpfern, auch kein Yoga für Schwangere, auch keine Häkelklasse für künftig Verlobte, nein, hier ging es um die Konfrontation mit unseren innersten Sehnsüchten. In einem kleinen Büro konnte man aussuchen, sich eintragen und einen (für uns Reiche) geringen Betrag bezahlen. Und teilnehmen.

Die gefürchtetste Gruppe hieß »Encounter«, Begegnung, sprich, ein Treffen mit den eigenen Aggressionen, dem schlummernden Gewaltpotenzial. In jedem von uns. Und so saßen zwölf, vierzehn Leute – Männer wie Frauen – im Kreis, dicht nebeneinander. Und irgendwann, irgendwann bald, fing es an zu stinken. Denn keiner war hier für ein Knigge-Seminar vorbeigekommen, sondern um zu lernen: sich nicht jede gemeine Regung wegzulügen. Und dann krachte es eben, bisweilen so hitzig, dass der Leiter, oft ein ausgebildeter Therapeut, mit Nachdruck einschreiten musste. Um zwei Kampfhähne zu trennen. Im äußersten Fall mithilfe anderer Teilnehmer. Ja, es gab Prügel. Nicht regelmäßig, aber zuzeiten.

Andere Gruppen verfolgten das genau entgegengesetzte Ziel: unser Verlangen nach Harmonie und Swing, unseren Wunsch, mit Leichtigkeit und Leichtsinn persönliche Differenzen zu bewältigen. Um verstehen zu lernen, dass das Faustrecht kein Recht ist, sondern die Notlösung.

Bei Bhagwan konnten wir etwas über uns erfahren, uns Menschen, uns Männer, uns Frauen. Hautnah (ganz wörtlich), verschwitzt (hot India), nackt (Geduld, Leser, wir sind gleich so weit) erlebten wir unsere Widersprüche und Zwänge und heimlichsten Süchte. Und Begabungen und Talente. Und durften nach dem suchen, was ein Leben erfüllt, es zum Strahlen bringt, uns eine Ahnung von dem vermittelt, was es sein könnte, ja sein sollte.

Noch ein Zwischenruf: Unheimlich viele Deutsche kamen. Wenig überraschend. Seit Jahrhunderten unterhalten wir eine besondere Beziehung zu Indien. Schon Hegel murrte über die »Indomanie« seiner Landsleute. Vor hundert Jahren reiste Hermann Hesse auf den Subkontinent. Auch er suchte Erlösung vom schwerwiegenden Los eines Deutschen, der nie aufhören durfte zu denken, der nie loslassen konnte, den nichts mehr schreckte als ein paar Stunden sinnlosen Glücks. Vielleicht reisten wir in den Siebzigerjahren – via Goa – nach Poona, weil wir hofften, dass uns Bhagwan, der Inder, etwas abgäbe von seiner Verspieltheit, von seiner Lässigkeit im Umgang mit der Wirklichkeit.

Kommen wir zur Sache. Zu jener, die uns alle in den Bann zog und die dafür verantwortlich war, warum (auch) die Weltpresse hier anlandete. Und sich vor moralinsaurer Erregung überschlug. Kommen wir zum Sex, zum Reizwort par excellence, das skandalös oft in Bhagwans Sprüchen und Büchern auftauchte. Und – das eigentlich Unerhörte – im Ashram unterrichtet wurde. Sex als Lehrfach! Unter dem tibetischen Decknamen »Tantra«. Möglicherweise hatte der damals knapp 50-Jährige ein Einsehen mit seinen eigenen, eher belanglosen Vorstellungen als Liebhaber. Fest steht, dass er etwas wagte, was vorher zwischen Himmel und Erde nicht existierte: Wieder trafen sich Männer und Frauen in leicht abgedunkelten Räumen und durften auf täglich frisch bezogenen Matratzen – dafür müsste man Bhagwan nachträglich den Friedensnobelpreis verleihen – das Schmusen üben, das Lieben, das Liebesspiel, durften sich zuschauen, wie lächerlich hastig sie waren, wie unfähig zur Hingabe, wie eilig sie es hatten, in Rekordzeit über die Ziellinie zu keuchen. Auch klar: Ich rede gerade von uns Männern, die fast alle – Ausnahmen gab es – denselben Reflex beim Berühren einer splitternackten Frau verinnerlicht hatten: rein, raus, rein, Peng!

Es war hinreißend lehrreich und lustig und komisch. Natürlich brachte man uns keine Details bei, wie und wie nicht anfassen, wo und wo nicht, wo stürmisch und wo himmlisch sacht, nein, es ging um etwas Grundsätzliches: um das Verlernen von Angst und das Lernen von Phantasie, sprich: um Entschleunigung, um den Abschied von der Idee, die Eros als »quick business« abgespeichert hatte. Selbstverständlich, auch die anwesenden Frauen mussten trainieren: Initiative zeigen, also nicht demütig auf die Einfälle des jeweiligen Beischläfers warten. Den Bullen bremsen, wenn er zu tierisch aufsprang. Begeisterung signalisieren, wenn Feuer und Flamme sie selbst ergriffen. Ihn anspornen, wenn der Moment gekommen war, der den (beidseitigen!) siegreichen Endspurt einläutete.

Man ahnt, dass solches Treiben den beispiellosen Neid jener auslöste, die nur davon berichten durften, nicht aber teilnehmen. »Sexorgien«, hechelte die Bildzeitung, und ausnahmsweise berichtete sie die Fakten. Ja, Orgien der Sinne, der Leidenschaft, des Enthusiasmus. Und wir waren Zeugen, nein, Teilnehmer an einem einmaligen Experiment, das uns penetrant an die Todsünde erinnerte, die wir so oft so unbekümmert begehen: uns ins Schafsgatter treiben zu lassen und die mitgebrachten Träume auf dem Jahrmarkt des billigen Dahinlebens zu verscherbeln. Eiskalt hielt Bhagwan den Finger auf unsere Feigheiten. Lächelnd, nie die Stimme hebend, immer cool.

Natürlich hat es Mister Chandra Mohan nicht zum Weltverbesserer geschafft. Wie keiner vor ihm. Und wohl keiner nach ihm. Nicht als Selbsterleuchteter, nicht als »Osho« (wie er sich später nannte). Die letzten Jahre vor seinem Tod, am 19. Januar 1990, war er damit beschäftigt, seiner »Foundation« – gebeutelt von Machtkämpfen, Geldgier und allseitigem Größenwahn – beim Untergehen zuzuschauen. Bisweilen mithilfe von Lachgas. Aber ein paar Hundert, ich wette, gingen mutiger von ihm, frecher, aufmüpfiger. Wie einen Mahner in matten Stunden tragen sie ihn seither mit sich herum. Auf dass er sie wachrüttle, immer wieder, vor den Abgründen der Dösigkeit, ja dem nackten Grauen, sein Leben zu vertun.

9

Manchmal wäre ich als Reisender und Fotograf gerne 20 Jahre früher geboren. Dann wäre ich in den 1970er-Jahren den »Hippietrail« gefahren, hätte Afghanistan besucht, eines der landschaftlich und kulturell interessantesten Länder der Erde. Die russische Besatzung, der Krieg und die Talibanherrschaft machten Afghanistanreisen seit den 1980er-Jahren praktisch unmöglich. Da hörte ich 2002 von einem Diavortrag in Zürich, in dem **LOUIS PALMER** über seine bisherigen Afghanistanreisen berichten wollte. Ich setzte mich ins Auto und fuhr hin. Der Saal war überfüllt, der Vortrag ein Feuerwerk an wilden Geschichten, humorvoll, informativ und charismatisch vorgetragen. Louis Palmer erwähnte beiläufig, dass er 2003 nach Afghanistan zurückkehren wolle und bereit sei, ein paar Leute mitzunehmen. Er war mir sympathisch und schien über glänzende Kontakte zu verfügen. Da Touristenvisa nicht zu bekommen waren, besorgte er die Visa über Umwege in London.

Im Frühsommer befand ich mich voller Bangen auf dem Landeanflug über Kabul. Wir trafen uns in einem einfachen Hotel. Louis erwies sich als Organisationstalent, der sich mit ein paar Brocken Farsi, dem Schweizer Pass in der Tasche und einem Lachen auf dem Gesicht den chaotischen Verhältnissen ent-

gegenstemmte. Landschaftlicher Höhepunkt der Afghanistan-Reise sollten die Seen von Band-i-Amir werden. Die Strecke dorthin führte durch einen Minenkorridor, der zwar mit weißen Steinen gesichert war, in dem aber Wochen zuvor ein Toyota-Minibus auf eine Panzermine gefahren war. Es hatte keine Überlebenden gegeben. Entsprechend froh waren wir, die sieben Seen ohne Zwischenfälle erreicht zu haben. Ein minenkundiger Führer sorgte dafür, dass uns die Begeisterung über die Schönheit der tiefblauen und türkisfarbenen Seen nicht zum Verhängnis wurde. Als nach fast zwei Wochen die klapprige Maschine den afghanischen Luftraum wieder verlassen hatte, war mir bewusst, ohne Louis hätte ich dieses Land nie gesehen.

Michael Martin

Louis Palmer

TERRORISIERTES AFGHANISTAN

Die Zeit verfliegt, und allzu bald muss ich mich von meinen neuen Freunden verabschieden. Ein Zug wartet auf sie, der sie von Pakistan nach Peking bringt. Und ich? Ich werde mir irgendeinen Weg zurück nach Europa suchen müssen! Doch wie soll ich zurück? Nochmals durch Belutschistan wie auf der Hinreise? Jetzt im Sommer, bei Temperaturen von 52 °C an einem normalen Tag, das wäre glatter Selbstmord! Die andere Möglichkeit kommt aus dem Land der Phantasie: Afghanistan. Durchs Reich der Taliban! Allein der Gedanke durchzuckt mich wie ein Blitz. Das soll, munkelt man in Insiderkreisen möglich sein. Mit einem Visum der Taliban!

Wenige Tage später schaue ich einem ersten Taliban tief in die dunklen Augen. Ich befinde mich in der Botschaft der Islamischen Emirate von Afghanistan, in Peshawar. Ihre schwarzen Turbane reichen fast bis zum Boden, und ihre Blicke jagen mir Angst ein. Ich beobachte sie gut: Figuren aus dem Märchenland, irreal, außerirdisch. So hatte ich mir schon als Kind den bösen »Araber« vorgestellt. Mein Vorhaben ist kein Witz mehr, es wird erstaunlich ernst genommen, ich lege einen Brief bei mit den Worten, wie sehr ich die großartige afghanische Kultur schätze. Der Taliban meint nur kurz: »Wir haben nicht jeden Tag einen hier, der mit seinem Auto durch Afghanistan will. Über dein Gesuch entscheidet Kabul, komm in fünf Wochen wieder!« Gut, denke ich, somit ist die Sache in guten Händen, in Allahs Händen …

Afghanistan und die Taliban gehen mir nicht mehr aus dem Kopf. Die nächsten vier Wochen vergehen wie im Flug, ich bereise nochmals das Karakorum-Massiv. Wochenlang sehe ich keine einzige Wolke, es gibt keine Hitze, keine Menschenmassen, nur diese Anblicke verschlagen mir den Atem: Nanga Parbat, Mustagata, Masherbrum, Skardu, Skazar Valley – so heißen die glitzernden Zacken und Furchen dieses wunderbaren Stücks Erde. Die landschaftlich eindrucksvollste Gegend meines Lebens! Das gibt mir Kraft. Die werde ich brauchen können.

Dann ziert tatsächlich ein wunderbarer Stempel meinen Pass. Bedingung: Ich muss mich einverstanden erklären, dass die islamische Scharia auch für mich gilt. Erst jetzt erschrecke ich, wird mir die Tragweite dieses »Spiels« bewusst. Was wollen die Taliban von mir? Wieso lassen die mich einreisen? Wollen die mich als Geisel nehmen, oder was sonst haben sie mit mir vor? Die Tür zum vergessensten Land der Welt, mit der menschenfeindlichsten Truppe der Welt an der Macht, steht plötzlich weit offen! Nur für mich! Ich kann nun mit eigenen Augen hinter die Kulissen dieses geschundenen Landes blicken! Was für Tage stehen mir wohl bevor? Neugierde und pure Angst wechseln sich ab. Treu nach der Devise: Nichts schon wissen, alles in Erfahrung bringen, renne ich zum UN-Hauptgebäude, zum Saudi-Pak-Tower – dem einzigen Ort, wo sich die ganz wenigen Ausländer einfinden, die ab und zu im Land sind. Ich brauche alle Informationen, die ich kriegen kann, am besten aus erster Hand. Doch bei der UNO warten nur dicke Panzertüren. Ich habe keine Chance auf Einlass, auf mich hat kein UN-Angestellter gewartet. Zweiter Versuch, weiter ins Diplomatenviertel. Auch der Schweizer Botschafter rät mir von Afghanistan mit folgenden Worten ab: »Sollte Ihnen dort etwas passieren, so kann Ihnen nur Gott helfen. Wir werden es sicher nicht tun!«

Es muss doch einen Ort geben, so denke ich, wo man die Ausländerszene treffen kann, ungezwungen, ohne steife Hälse in gestärkten Krawatten. Dritter Versuch. Noch am selben Abend verschaffe ich mir Zugang zum UN-Clubhaus, zu dem Ort, wo sich die Szene zeigt, die UN-Leute, die Diplomaten und die Geschäftsleute aus der ganzen heilen Welt. Hier fließt Alkohol, hier dröhnt laute Musik – ein verrauchter Tempel der auserwählten High Society, eine sündige Oase im strikten Islam. Ein ideales Umfeld, um Leute gesprächig zu machen. Ich rutsche den ganzen Abend von Barhocker zu Barhocker und mache mich an die gesellige Runde ran. Zuerst zwei deutsche Erdölbohrer aus dem Ruhrgebiet, Peter und Ingo. Ihr Kommentar: »Für kein Geld der Welt würden wir in Pakistan herumreisen und im Urlaub herkommen. Niemals. Ist uns viel zu gefährlich!« Sie müssen anständig verdienen, denke ich, denn den ganzen Abend dreht sich das Gespräch darum, welches Häuschen am Rhein und was für einen Ruhestand sie sich mit 45 verdient haben werden. Ich nehme ihre Einladung ins streng bewachte Villenviertel gerne an, doch okay, von Afghanistan sage ich lieber nichts, ich will ängstliche Naturen nicht erschrecken. Draußen, wie ein Hammerschlag, fährt plötzlich ein schneeweißes Cabriolet, ein Bentley, vor. Ein Playboy von einem Diplomaten, die Haare stark gegelt, das Hemd weit geöffnet, tritt ein und elektrisiert mit seiner Begleitung, zwei Nachtkatzen. Strohdürre Puppen, strohblond, nur hauchdünne Leopardenbikinis rutschen auf ihrer braun glänzenden Haut herum, ihre Körper gebaut mit Zubehör aus dem Modellierkatalog. Was für ein Schock! So viel weibliche Haut gibt's zwischen Islamabad und dem Indischen Ozean garantiert nicht nochmals öffentlich ausgestellt zu sehen. Der Gentleman ist übrigens ein Vertreter eines islamischen Erdölsultanats, was die Sache pikant macht – und ihn zum geborenen

Provokateur des Islams. Er, der Sultan, heftet sich an die Bar, kippt ein Glas nach dem anderen in sich hinein und knutscht und streichelt den ganzen Abend seine beiden Katzen. Die drei sind nichts für mich. Ich interessiere mich für die Taliban, und so, wie er sich hier aufführt, kann er mir garantiert nicht weiterhelfen!

Bis ich den richtigen Mann bei einem Glas Whisky neben mir sitzen habe, bleibt mir nichts erspart, auch die lauteste Katy der Welt nicht. Die Australierin, groß und bissig und ein Gesicht wie ein Weißer Hai, explodiert beim Erzählen ihrer Geschichten. Ihre berufliche Herausforderung: Erziehung zur Familienplanung! Ich bewundere immer Frauen, die alleine und selbständig in islamischen Ländern Jobs machen. Sie müssen mit Zumutungen umgehen, von denen Männer nicht einmal träumen können. Doch bei Katy ist die Sache anders. Es gibt keinen Mann, den sie nicht in die Flucht schlagen könnte. Oder umgekehrt nicht gewinnen könnte, um Kondome zu verteilen. Sie will Heerscharen von arbeitslosen, aber gebildeten Männern ausbilden, die ihrerseits die Männer bearbeiten. Das macht sie vorzüglich, den Job hat sie im Blut. Und kippt das nächste Bier in sich. Um bei der Stange zu bleiben, damit die Bevölkerung Pakistans, eh schon eine der am schnellsten wachsenden der Welt, nicht noch ganz explodiert. Gute, edle Absichten. Möchte man dieses Problem aber wirklich in den Griff kriegen, so bräuchte man eine Million Katys.

Am Ende meiner seelischen Belastbarkeit, nach zehn Minuten ihren Kiefer an meinem Ohr, rutsche ich weiter, stoße aufs nächste Bier, das von einem einsamen Typen namens Greg angestarrt wird. Ich mache mir den Vorteil des Alkohols zunutze: Der Trank bringt jeden zum Reden! Ich bestelle ihm noch eines, und das enttarnt jeden hierhin verirrten Iren als echten Irren!

Seit acht Jahren, so beginnt Greg nach einem weiteren Bier zu sprudeln, arbeite er für das Entminungsprogramm in Afghanistan, seit fünf Jahren schlage er sich mit den Gotteskämpfern herum. »Ich rate niemandem, auch nur einen Fuß in dieses gottverlassene Land zu setzen! Es gibt dort wirklich nichts zu suchen! Auch du hältst es nicht aus ohne einen Schluck Alkohol und ohne ein Wort mit einer Frau. *Forget it!* Wenn du erwischt wirst, hilft dir keine Sau!«

Greg ist, gelinde gesagt, alles andere als begeistert von der Idee, ohne wirkliche Mission nach Afghanistan zu reisen, und schaut wieder abwesend ins Bier.

»Sind das schon alle Regeln?« frage ich vorsichtig zurück.

Angestrengt denkt Greg nach. »*Well* ... keine Spielkarten, keine Krawatte, kein Schweinefleisch, kein Schachbrett, keine Fotos, keine Spielzeugdrachen! Hast du verstanden? Soll ich weitererzählen?«

Mein Gegenüber wird ungemütlich und hält mich klarerweise für einen von der Sorte, der keine Ahnung hat, auf was er sich einlässt. Würde er entscheiden müssen, wer in diesem Raum dümmer ist, die Nachtkatze oder ich, würde er wohl mich für den Dümmeren halten. Doch irgendwann schlägt er versöhnlichere Töne an: »Dein Schicksal liegt letztendlich in deiner Hand. Wenn du dich an ihre Regeln hältst, dann wird dir nichts passieren. Du willst nicht ja nur rein, du willst auch wieder raus!«

Bingo! Danke, Greg! Ich spüre: Mein Vorhaben ist nicht allzu abwegig! Zudem erwartet er mich am nächsten Tag in seinem Büro, endlich Saudi-Pak-Tower, oben irgendwo. Das Bier hat seinen Dienst getan! Ich weiß nicht, weshalb mir Greg seine Zeit schenkt, ich merke nur, dass er sich um mich sorgt.

»Regel Nummer zwei«, so der Alte anderntags, als ich ihn in seinem Büro hinter einem Computer mit heruntergerutschter

Lesebrille antreffe, »du gehst nicht allein! Du hast immer einen Afghanen dabei, einen Dolmetscher, der mit dir durchs Land reist! Du brauchst immer Augenzeugen. Ich stelle dir jetzt Azim vor, meinen Fahrer. Er ist Afghane, er wird dir einen Dolmetscher besorgen!«

Mit Azim verabrede ich mich für den Abend in Peshawar, 120 km von hier, um in einer dunklen, geheimnisvollen Ecke eines Hinterhof-Kebab-Restaurants unter seinen Kandidaten den besten Dolmetscher auszuwählen. Aber was heißt Auswahl? Lediglich einer erscheint. Wir verstehen uns auf Anhieb nicht – der präsentierte alte Familienvater kann zwar konstant lächeln, aber kein Wort Englisch. Unter 50 Dollar, so Azim, käme er nicht mit. Pro Tag, versteht sich. Ich schüttele erneut den Kopf.

Eine halbe Stunde später erscheint ein junger Mann, ein Cousin von Azims Cousin, sehr vertrauenswürdig, wie mir Azim versichert. Der Student spricht tatsächlich gutes Englisch, doch die erneut geforderten 50 Dollar pro Tag entsprechen wiederum nicht meinem Budget. Im ärmsten Land der Welt, so lasse ich den enttäuschten Azim wissen, wird keiner von mir täglich mit einem Monatslohn gefüttert, nur weil ich ein »stinkreicher« Ausländer mit Kohle bin.

»Du verstehst das falsch!«, so Azim. »Genau hier zeigt sich, wie gefährlich dein Unternehmen ist: Erst wenn du ein halbes Vermögen zahlen kannst, wirst du einen finden, der dich begleitet! Diese Tour ist verdammt gefährlich – für uns Afghanen! Wenn du von den Taliban für irgendetwas erwischt wirst, werden wir dafür dreifach bestraft, nur weil wir deine Begleiter sind!«

Drei Tage später der zweite Anlauf mit Azim in Peshawar. Diesmal hat er vier afghanische Ärzte ausgegraben. Die vier Ärzte wollen, dass ich sie zu ihrer Klinik unweit der Grenze fahre und mir die himmelschreiende Situation dort anschaue. Dafür würden sie mich bis Kabul begleiten. Der Deal kommt zustande. Ich bin erleichtert, freue mich und will so schnell wie möglich fahren. Alles ist gepackt, die Ärzte stehen bereit, im letzten Moment noch ein letztes Telefonat mit Greg, ich möchte mich für seine Hilfe nochmals bedanken. Doch da tönt ein diesmal wirklich ernsthaft besorgter Greg: »Warte! Es gibt da ein Problem. Die UNO wird in den nächsten Tagen wahrscheinlich aus Afghanistan abziehen. Unser Ernährungsprogramm, das 500 000 afghanischen Witwen und ihren Kinder täglich Brot gibt, ist soeben gestoppt worden. Von einem Tag auf den anderen haben die Taliban allen afghanischen Frauen, die bisher für uns arbeiten durften, die Arbeitserlaubnis entzogen. Nun bleiben uns nur noch Männer. Diese dürfen aber nicht mit den Frauen sprechen, und so können wir kein Brot verteilen. Und für das Ausbleiben des Brotes machen die Taliban jetzt uns, die UNO und den Westen, verantwortlich. Es ist zu befürchten, dass das Volk gegen alle Ausländer aufgehetzt wird. Es hat schon lange nicht mehr so schlecht ausgesehen mit Afghanistan! Niemand weiß, wie es weitergeht. Jetzt zu fahren wäre Selbstmord!«

Ich atme tief durch. Nach sechs Wochen der Vorbereitung der große Rückschlag. Ich danke Greg und lege den Hörer behutsam auf. Wieder mal habe ich Glück gehabt, zweifellos. Aber mein Kopf senkt sich. Es ist Zeit, um nochmals nachzudenken, wozu denn diese Reise gut sein soll. Es muss doch Gründe haben, wieso Afghanistan in keinem Reisekatalog erscheint. Wieso kein normaler Mensch da hingeht. Bin ich ein Katastrophenvoyeur, wie ein Schaulustiger? Muss ich schauen, wie es ist, wenn es anderen mies geht, damit ich wieder mal merke, wie gut es mir geht? Oder fehlt in mir einfach der Antrieb, der verlangt, dass ich die Augen vor dem Elend auf dieser Welt schließe, damit ich bis ans Ende meiner Tage vom Märchen erzählen kann, wie cool, farbig, lebensfroh unsere Welt doch überall ist? Ich trage seit meinen ersten Pedaltritten den Willen in mir, dass ich eines Tages die Welt verstehen möchte. Und die Überzeugung, dass mir dieses Vorhaben nur gelingen kann, wenn ich mir die Welt und die Zustände auf ihr anschaue. Zu diesem Verständnis gehört auch die Wahrheit von Krieg, Macht, Unterdrückung und dem »Big Game«, das die Großmächte hier spielen. Gerade hier, im Öldorado.

Nein, ich gebe nicht auf! Zwei Tage vergehen mit Nichtstun. Da vermeldet aus meinem kleinen Weltempfänger die große BBC, dass sich die UNO und die Taliban auf einen neuen Kompromiss geeinigt haben. Krankenschwestern sei es nun erlaubt, Brot zu verteilen. Anruf bei Greg. Der tönt am anderen Ende der Leitung schon fast euphorisch. Die Luft sei rein, meint er. Und Good Luck! Die Fahrt ins Unvorstellbare kann also beginnen. Ich hole erneut tief Luft – und die vier Ärzte ab.

So steuern wir in Begleitung eines bewaffneten Soldaten der pakistanischen Armee in Richtung der afghanischen Grenze. Schon wenige Kilometer hinter Peshawar beginnt eine kaum kontrollierte Zone, wo Waffenhändler in Schiffscontainern neben der Straße ihre Kalaschnikows ab zehn Dollar das Stück verscherbeln. Meine Nervosität steigt mit jeder Waffe, die ungesichert herumliegt.

Vom Khyber-Pass schauen wir erstmals hinunter auf die Grenzstadt Torkham. Irgendwann schließt sich das die Grenze markierende Metalltor hinter mir, und unvermittelt falle ich ins Jahr null zurück. Ich stehe inmitten einer riesigen Menschenmenge. Ihr Hab und Gut auf wackligen Eseln transportierend, warten sie, um Einlass bettelnd. Es ist wie der letzte Exodus, das gelobte Land heißt Pakistan. Ihre Not lässt sie die Schlagstöcke der Grenzwächter nicht mehr spüren. Alle wollen raus. Nur ein einziger, nicht ganz Aufgeklärter will rein.

Kaum bin ich aus dem Menschenmeer raus, weisen mich die schwarzen Krieger an, neben welchem Schuppen ich zur Kontrolle stehen bleiben muss. Antritt zum Sittentest. Die Krallen zweier Taliban bohren sich durch die Eingeweide meines Autos. Jetzt nur nichts mehr im Auto haben, was verboten ist. Gewissheit, dass ich alles ausgemistet habe, habe ich … nicht lange, denn mein kleiner Elefant, ein Souvenir aus Delhis Hintergassen, fliegt in hohem Bogen in den Sand. »Buddha! Buddha«, schreit der Taliban außer sich, erzürnt, dass erst vor wenigen Wochen die Buddhastatuen von Bamiyan pulverisiert wurden und einer schon wieder was Nichtislamisches reinbringt. Dann hält der Nächste meine in Peshawar gekauften Hefte, die ich noch nie angeschaut habe, in seiner Hand, und seine Raubvogelaugen verdrehen sich. Das schlimmste Vergehen, das denkbar ist: Versteckt in einem *National-Geographic*-Heft – Himmel – ein Beitrag über … Himmel nochmals … die Südsee und dort auf einer ganzen Seite, … oh Schreck!!! … eine Frau!! Bekleidet lediglich mit drei Blümchen! Ich erstarre zu Stein. Beginne dann vor Angst zu schwitzen. Das Verbotenste aller verbotenen Dinge haben sie bei mir gefunden! Die Augen des Gotteskriegers sagen alles: »Du hast ein Sexheft eingeschmuggelt!« Ehe ich vor Schreck vom Herzinfarkt getroffen im staubigen Sand lande, haben sich meine Ärzte, eben noch brav im Auto sitzend, in Luft aufgelöst. Von ihnen fehlt jede Spur. Und die beiden Gottesfürchtigen schüttelt's nur noch. In den nächsten vier Minuten sind sie nicht ansprechbar. Sie verkriechen sich hinter dem Heft, als ob sie so ein Bild noch nie gesehen haben. Das Heft hat sie verschluckt! Und ich, ich ärgere mich in allen afghanischen Landesfarben: Kaum bin ich die ersten Minuten im Gottesstaat, stecke ich schon bis zum Hals im Ärger! Irgendwann kommen die beiden Taliban wieder zu sich. Verdattert und ganz konfus, überlegen sie lange. Knast? Peitsche? Oder werden gierige Augen laut Scharia ausgestochen? Als ich mir schon das Schlimmste ausmale, geschieht das Unmögliche. »Bazar, Bazar, Bazar!«, schreien sie. Wie bitte? Sie wollen mir ein Geschäft vorschlagen? Die Nackte hat die beiden wohl völlig um den Verstand gebracht. Schon hebt einer den Elefanten vom Boden auf und beginnt ihn sauber zu pützeln, während der andere lässig das Heft in den Armen schwingt. Ich verstehe: Sie wären gerne bereit, mir den Elefanten zurückzugeben als Gegenleistung für ein Geschenk. Selten nur habe ich bei Erwachsenen so riesige Kinderaugen gesehen wie bei den zweien! Was für Kinder! Selbstverständlich willige ich gerne in diesen Handel ein. Mein Heft verschwindet schnell in ihrem Schuppen unter ihrer Matraze, während der Elefant fein herausgeputzt wieder ins Zeitungspapier und ins Auto rollt. Doch den Taliban reicht das noch nicht. Weil sie sich mit dem Maximum an Glück beschenkt fühlen, drücken sie mir mit feuchtem Handschlag, einem Grinsen und einem herzlichen »Welcome to Afghanistan!« den neusten Reiseführer Afghanistans in die Hand. Wow! Gedruckt wurde das Buch übrigens 1979 …

Während ich noch nicht glauben kann, welch Wunder dieser Frauenhandel bewirkt hat, sind meine Ärzte plötzlich wieder aus dem Nichts erschienen, nehmen stumm Platz im Auto, reiben sich die Augen, verstehen die Welt nicht mehr, und ich beginne angestrengt zu überlegen, wo, an welchem Zoll, ich je mit einem Reiseführer beschenkt wurde? Jedenfalls ist es eine großartige Erkenntnis, dass auch die Taliban menschliche Regungen zeigen können! Das beruhigt ungemein.

Wenige Kilometer nach der Grenze präsentiert sich das Land ausgetrocknet, als eine von Bergen umgebene Steinwüste. Es wächst kaum Gras, die Gegend ist menschenleer. Dafür ragen die ersten Zeichen des Kriegshorrors in den Himmel: Ein Skelett von einem zerschossenen Sowjetpanzer liegt im Geröllfeld nebenan, das Kanonenrohr steil in den Himmel weisend. Ich bremse brüsk und gleite mit dem linken Vorderrad in den Kies, worauf meine Insassen sofort zu rebellieren beginnen und die Handbremse ziehen. Der Chefarzt wischt sich den Schweiß von der Stirn und fragt mich aufgeregt, ob ich denn die rot-weiß markierten Steine neben der Straße nicht gesehen hätte? Ich zucke mit den Achseln, worauf er angestrengt nett und freundlich erklärt: »Überall, wo Panzer stehen, ist ein ehemaliges Schlachtfeld. Und in jedem Schlachtfeld liegen Minen. Und rote Steine warnen davor!« Aha! Gut zu wissen. Somit habe ich gerade eines der wichtigsten ungeschriebenen Gesetze kennengelernt. Im Rückwärtsgang aus dem Feld wieder raus, und weiter geht's durch die staubige Einöde, mit dem Thermometer bei 45 Grad, stöhnend und klebend. Einfahrt in die erste große Stadt, Jalalabad. Kaum jemand ist zu sehen. Eigentlich wäre hier die Kornkammer des Landes. Doch seit Antritt der selbst ernannten Gotteskämpfer seit fünf Jahren ist das Land im Würgegriff der schlimmsten Dürre aller Zeiten. Riesige Obstbäume, alle vertrocknet. Statt saftiger Zitronen, Trauben, Melonen und Pfirsiche nur noch geschundene Olivensträucher, die das letzte Grün abgeben. Mir kommt Greg in den Sinn. Er hatte recht: Das Land ist gottverlassen.

Es scheint, als ob alle, die irgend konnten, mit Allah das Land verlassen haben. »Brain drain« nennt sich das. Zu deutsch ganz unschön: Abzug von Intelligenz. Geblieben sind die Armen, die Alten, die Ungebildeten. Ein kaum lösbares Problem für das Land. Die Gebliebenen sind zu schwach, um sich zu wehren, um die Regierung zu wechseln, um aufzubegehren.

Wir müssen das Fahrzeug wechseln, denn zu viele Taliban beherrschen unseren Zielort. Mit einem als Ambulanz getarnten Land Cruiser folgen wir einem Fluss, fahren wir Richtung Nordosten zum Fuß des Hindukusch, zur vergessenen, geschundenen Klinik. Einst ein Vorzeigeprojekt Österreichs, dann wurde sie von den Norwegern übernommen. Doch auch der letzte gute Wille, das norwegische Hilfswerk, konnte sich mit den Taliban nicht mehr arrangieren und hat das Land verlassen. Seit sieben Monaten ist die Klinik sich selbst überlassen. Die letzten zwei Monate waren meine Begleiter deswegen in Pakistan unterwegs, zu viert, um von einem Hilfswerk zum nächsten zu ziehen, auf Betteltour, für ein paar wenige Dollar, die ihre Klinik braucht. Sie klopften bei Unicef, dem Roten Kreuz, Terre des hommes, Caritas usw., weil 14 Ärzte auf der Gehaltsliste stehen. Geld gab es seit sieben Monaten nicht mehr, und ich frage mich, ob die 30 Dollar pro Arzt und Monat überhaupt die Bezeichnung »Monatsgehalt« verdienen. Ihren Lohn bezahlt seither die Dorfbevölkerung, indem die Dörfler dreimal täglich eine Mahlzeit zur Klinik schleppen. Und Medikamente? Salahudin schämt sich. Er zeigt die Vorratskammer, den Kühlschrank: alles leer. Seit Monaten. Gäbe es die Ärzte nicht, würde nichts daran erinnern, dass dies eine Klinik ist.

Meine vier Passagiere haben sich ihre Rückkehr anders vorgestellt. In der großen Runde lassen sie ihre Köpfe hängen, noch bevor sie richtig zu reden beginnen. Ich bin gespannt, wie ihre Nachricht ankommt. Denn keinen einzigen Cent haben sie zusammenkratzen können. Ich fürchte, dass die ersten Ärzte jetzt das Handtuch werfen werden. Gespenstische Ruhe kehrt ein. Keiner der Ärzte mault. Keiner ringt die Hände. Keiner macht Vorwürfe. Alle nicken. Alle wollen weitermachen wie bisher, Arbeit gegen Essen. Auf Wunder hofft hier schon lange keiner mehr. Wenn's sein muss, wollen sie mit ihren bloßen Händen die Patienten heilen. Alle kennen die Geschichten von afghanischen Ärzten bestens, die nach Pakistan ausgewandert sind, von dort in die USA reisten und schwindelerregend reich geworden sind. »Wieso tun SIE es nicht?«, frage ich den Direktor. »Weil solche Gedanken uns alle kaltlassen. Weil wir alle bleiben wollen. Wir lieben das afghanische Land und Volk.« Ich bin sprachlos. Trotz Krieg und desolaten Lebens noch so viel Liebe.

Salahudin führt mich weiter, zeigt mir die verschiedenen leeren Zimmer, stellt mich allen Fachärzten vor. Fast allen. Ein schwarzer Vorhang verdeckt ein Fenster, plötzliche große Aufregung, schnell weiter, ich solle ja nicht hingucken. Im nächsten Zimmer erfährt der Besucher, dass im verdunkelten Raum nebenan die einzige Ärztin arbeite, nur sie dürfe Frauen behandeln, und auf sie sei man besonders stolz, sie sei eine sehr kluge Frau. Aber sie anschauen, mit ihr reden: Ausgeschlossen! *Too dangerous!* Für einen Mann ist es die gefährlichste Sache im Land, mit einer Frau zu reden!

In den heißen Nachmittag schauend, sitze ich beim Chefarzt auf der Bank, da stürmt ein Laborant herein. Es muss schauerliche News geben, denn erneut werden alle Ärzte zusammengetrommelt. Die *Lady Doctor* fühle sich ungerecht behandelt – und zwar wegen des Ausländers, der nicht auch ihr einen Besuch abgestattet hat. Sie bittet, man solle ihn gefälligst auch zu ihr hinführen. Den Ärzten aber fällt die Entscheidung schwer, dann gibt's einen Plan: Einer führt mich zu ihr, alle anderen 13 umstellen die Klinik. Was für eine Inszenierung!

Die Ärztin erwartet mich in einem Kopftuch. Sie wird die einzige Afghanin sein, die zulässt, dass ich ihr in die Augen schaue, mich mit ihr unterhalte. Doch was mich fast um meinen Verstand bringt, sind ihr perfektes Englisch und ihr selbstbewusstes

Auftreten, dass sie mir sogar die Hand schütteln will. Lebensgefahr. Ich weiche sofort zurück. Die »Kluge«, etwa ein oder zwei Jahre älter als ich, lässt sich nicht aus dem Konzept bringen, und ihre Sätze sollten unauslöschlich in mein Gehirn vordringen: »Hör mal, du bist hier der erste Ausländer seit vielen Jahren! Ich sage dir jetzt etwas. Und zwar nicht, weil ich seit sieben Monaten keinen Lohn mehr bekomme! Ich sage dir das, weil wir keine Medikamente mehr haben. Jeden Tag kommen Patienten aus den Bergen, auf dem Esel, oft sind sie drei Tage unterwegs. Mir bleiben nur zwei Möglichkeiten: Entweder schicke ich sie wieder nach Hause, oder sie sterben hier in der Klinik. Du bist der Einzige, der mit seinen Augen dieses Elend gesehen hat und uns helfen kann!« Sie schaut tief in meine Augen, sehr tief. Um mit Bestimmtheit nachzusetzen: »Geh in dein Land und tu etwas!«

Ihre Message sitzt. Aber etwas zu versprechen wäre falsch, deshalb sage ich nur, dass ich's versuchen werde. Salahudin zieht mich am Ärmel wieder raus, die Minute ist vorbei, wir winken uns kurz zu, dann fällt der schwarze Vorhang zwischen uns, ist die Geschichte mit der Ärztin schon Vergangenheit.

In Jalalabad hole ich mein Auto wieder aus dem Versteck, da kommen ein paar Nachbarn, die uns beobachtet haben, flink aus ihrem Haus. »Mister, das Schweizer Kreuz an Ihrem Wagen ist viel zu gefährlich! Viele Taliban mögen keine christlichen Symbole und keine Kreuze. Wir überkleben Ihnen das Kreuz mit gelben Klebestreifen, okay? Und die indische Fahne dazu. Indien unterstützt nämlich die Nordallianz, die Todfeinde der Taliban!«

So schnell, wie sie kamen, so wieselflink sind sie wieder weg. Mit zwei gelben Flecken am Auto stehe ich nun da. Unglaubliche Hilfsbereitschaft! Unglaubliches Afghanistan!

10

Ich weiß nicht mehr, wann ich **NORBERT ROSING** zum ersten Mal begegnet bin. Er ist schon so lange eine feste Größe in der internationalen Naturfotografie, dass ich das Gefühl habe, er sei schon immer da gewesen. Viele Jahrzehnte war die Fotografie ein professionell betriebenes Hobby, hauptberuflich arbeitete er wie seine Frau Elli in der Krankenpflege. Der Durchbruch zum weltweit gefeierten Naturfotografen mit mehreren Titelgeschichten in *National Geographic* kam in der Badewanne. Norbert genoss gerade ein abendliches Bad in seinem Haus im oberbayerischen Grafrath, als das Telefon klingelte. Seine Frau reichte ihm den Hörer, am anderen Ende der Leitung war Washington. *National Geographic* interessierte sich für die Eisbärenbilder von Norbert und lud ihn nach Washington ein. Es entwickelte sich eine für beide Seiten äußerst fruchtbare Zusammenarbeit, die Norbert Rosing international zu einem der berühmtesten Naturfotografen der Welt machte.

Sein zweiter Wohnsitz wurde Churchill in Manitoba/Kanada, wo jeden Herbst Hunderte von Eisbären darauf warten, aufs Eis zu gehen. Dort entstanden seine berühmtesten Bilder. Es dauerte nicht lange, bis ganze Karawanen von Tierfreunden sich nach Churchill aufmachten, um Eisbären hautnah zu

erleben. Norbert Rosing fotografierte längst auch in anderen Teilen der amerikanischen Arktis sowie im Südwesten der USA. In den letzten Jahren fand er einen neuen Themenschwerpunkt: »Wildes Deutschland«. Das gleichnamige Buch wurde ein Erfolgstitel ebenso wie die Folgeprojekte. Wenn ich Norbert auf seinem Handy anrufe, erreiche ich ihn heute meist in irgendeiner Wald- oder Heidelandschaft beim Fotografieren. Immer öfter befindet er sich auch gerade auf dem Weg zu einem Vortrag. Norbert hat längst erkannt, dass Vorträge eine wunderbare Ergänzung zur Arbeit für Magazine und an Büchern darstellen. Seine Veranstaltungen leben von seiner natürlichen Erzählweise und seinen herausragenden Bildern.

Michael Martin

Norbert Rosing

TIERE IN EIS UND SCHNEE

EISBÄREN AUF SPITZBERGEN

Die magische Zahl: 80 Grad Nord. Sie lädt zum Träumen ein. Eisbären, Eisberge, Gletscher, Mitternachtssonne, lichtdurchflutete Landschaften ziehen an meinem inneren Auge vorüber und locken mich Jahr für Jahr auf Europas nördlichste Inselgruppe. Jede Reise bringt Bekanntes wieder, gleichzeitig erschließt sich völlig Unerwartetes. Auf bisher 14 Touren habe ich versucht, die unglaubliche Anziehungskraft von Spitzbergen zu ergründen und zu fotografieren.

Immer die gleiche Routine vor der großen Reise in ein mir unbekanntes Gebiet. Eine »To do«-Liste wird abgearbeitet, und wieder bin ich bei 80 Kilogramm Übergepäck! Da ich aber weder frieren noch meine besten Objektive und Stative zu Hause lassen will, schleppe ich alles mit auf die 3300 Kilometer lange Reise vom 45. bis zum 78. Breitengrad Nord in Europa. Zwei Jahrzehnte fotografierte ich Eisbären und arktische Landschaften in Kanada, doch war es mir nicht gelungen, Eisbären dabei aufzunehmen, wie sie ihre Beute erlegen und fressen. Dies wollte ich hier, auf Spitzbergen, versuchen.

Mitte Juni stehe ich am Kai in Longyearbyen, der Hauptstadt Spitzbergens, und besteige ein russisches Expeditionsschiff. Die Reise soll neun Tage dauern. Als das Schiff um die Nordwestspitze der Insel biegt, offenbart sich die menschenleere Berg- und Gletscherwelt in ihrer ganzen Großartigkeit. Das Wasser liegt spiegelglatt. Der blaue Himmel und die noch verschneiten Berge spiegeln sich darin wie in Glas. Einige kleine weiße Wolkenstreifen liegen über den Bergen und ergeben ein Bild voller Harmonie und Klarheit. Viele Passagiere an Bord sind ruhig geworden, sie saugen die Erhabenheit der Landschaft förmlich in sich ein. Die Spannung und Hektik der letzten Tage fällt spürbar von uns ab. Leise durchschneidet der Bug die See Richtung Osten, Richtung Hinlopenstraße. Die Wasserstraße trennt die Hauptinsel Spitzbergen von Nordostland, dem zweitgrößten Eiland des von Norwegen verwalteten Archipels. Da hier starke Strömungen herrschen und sich unterschiedliche Wassermassen vermengen, ist die Meerenge reich an Tierleben. Finnwale tauchen in Gruppen von zehn und mehr Tieren auf, vereinzelt werden Buckel- und gar nicht so selten Blauwale gesichtet. Belugawale, die es hier früher in großen Schulen gab, sind dagegen extrem selten geworden, ebenso der Grönlandwal. Die Gewässer um Spitzbergen waren vor der Entdeckung durch weiße Walfänger extrem reich an marinen Säugetieren. In nur wenigen Jahrzehnten töteten sie fast den kompletten Bestand an Walen und Walrossen. Ein unglaublicher Raub an der Natur, vergleichbar nur mit der Ausrottung der Bisons in Nordamerika.

Der Kapitän kündigt uns den Alkefjället an, einen Vogelfelsen, der bald vor uns sichtbar wird. Je näher wir der Felswand kommen, desto mehr Vögel schwimmen im Wasser. Als wir jedoch bei dem Felsen eintreffen, verschlägt es uns den Atem. Nur wenige Meter sind wir von nistenden Dickschnabellummen entfernt. Der Lärm der über 50 000 Brutpaare ist ohrenbetäubend, der Himmel voll von umherschwirrenden und kreischenden Vögeln. Ein echtes Arktiswunder!

Aber auf dieser und der nächsten Tour sehe ich keine Eisbären. Mein Entschluss reift: Ich werde so lange auf den Schiffen bleiben, bis ich Bilder von Bären mit Beute fotografiert habe. Also steige ich von einem Schiff aufs nächste. Als ich das sechste verlasse, ist es schon Mitte August. Mein letztes Schiff sollte wesentlich kleiner und bis Anfang September unterwegs sein. Die Tage werden jetzt schon deutlich kürzer. Jeden Tag verlieren wir 20 Minuten Tageslicht. Am 31. August auf 81 Grad 30 Minuten sehen wir den ersten Sonnenuntergang des Jahres. Das Schiff treibt im losen Packeis. Kein Windhauch ist spürbar, nur das leichte Schaben von Eisschollen am Schiff ist zu hören. Rot glühend steht die Sonne direkt über dem glatten Horizont. So stand sie um 22 Uhr, und so steht sie noch immer um 2 Uhr morgens. Sonnenauf- und -untergang gehen ineinander über. Rotes Licht über viele Stunden verteilt. Auf der Südseite steht hell leuchtend der von Sternen umringte Mond. Dazwischen eine Himmelsfarbpalette, die ich mit Worten kaum beschreiben kann. So beeindruckend, dass einige Passagiere mit Kerzen in der Hand ruhig an Bord stehen. Keiner redet. Dem einen oder anderen läuft eine Träne über das Gesicht. Der Wind oder Rührung – Demut vielleicht?

Schneefall setzt ein. Das Wetter ist umgeschlagen. Plötzlich der Ruf: »Eisbären in Sicht!« Wie durch ein Wunder, nur knapp 100 Meter vor uns, entdecken wir im Schneefall einen erwachsenen Eisbären, der an einer geschlagenen Robbe frisst. Der Bär wirkt riesig. Er hebt den Kopf, schaut uns an. Dieser Eisbär sieht nicht niedlich aus, schon gar nicht wie ein Teddybär! Dies ist ein großes Raubtier, eines, das seiner Gattung alle Ehre macht. Der Kopf und die Beine sind blutig vom Mahl. Die Augen wild, die Störung durch uns missfällt ihm. Nach nur wenigen Minuten interessiert er sich aber nicht mehr für uns und setzt seine Mahlzeit fort. Für uns das Zeichen, dass wir bleiben dürfen. Das Schiff liegt nun ruhig, und auch die Passagiere haben ihre Aufregung im Griff. Schon kurz nach dem Auslaufen des Schiffs ist uns erklärt worden, wie wir uns in einer solchen Situation zu verhalten haben: nicht rennen, nicht laut reden, keine Türen schlagen und keine metallischen Klänge verursachen. Wird die Lage bedrohlich, ist dem Befehl des Kapitäns sofort Folge zu leisten. Wenn dies akzeptiert und eingehalten wird, können alle auf dem Schiff Zeuge eines Schauspiels werden, das sie ihr ganzes Leben nicht vergessen werden.

Weil bei uns an Bord alles so perfekt funktioniert, bleiben wir für viele Stunden vor Ort und beobachten. Es dauert gar nicht lange, und es passieren Dinge, die nicht planbar sind. Schrille Rufe sind zu hören, und wie Geister huschen die ersten Elfenbeinmöwen über den Bären. Sie sind das Geschenk hier oben für jeden Vogelinteressierten, aber auch für jeden, der die Zusammenhänge in der hohen Arktis kennt. Sie leben quasi im Gefolge von Eisbären. Diese schlagen die Beute, Reste bleiben übrig, Füchse und Möwen kümmern sich um die Überbleibsel. Ständige Streitigkeiten sind die Folge. Elfenbeinmöwen (auf Englisch Ivory Gulls) sind für mich die elegantesten und geheimnisvollsten Vögel der Arktis. Sie sind schneeweiß mit schwarzen Augen, schwarzen Schnäbeln und schwarzen Füßen. Fliegen sie über das Eis, erscheinen sie fast immer nur schemenhaft. Insgesamt 15 Elfenbeinmöwen finden sich bei »unserem« Bären ein.

Nach vielen Stunden erscheinen immer mehr Eisbären am Horizont. Als ich mit dem Fernglas das Eis absuche, entdecke ich zwölf, die vom Geruch der toten Robbe angelockt worden sind. Für alle an Bord das Highlight der Reise. Die Kameras »laufen heiß«. Wir sind konzentriert und wischen uns den Schweiß von der Stirn, obwohl es kalt ist und ein eisiger Wind weht. »Super« ist zu hören und »Wow«. Doch die meisten schweigen und staunen.

Trotz aller Begeisterung für die Natur im hohen Norden darf man die Augen nicht vor den Veränderungen verschließen, die wir Menschen verursacht haben. Gletscherkanten, die ich 2003 fotografiert habe, sind komplett abgeschmolzen. Eine Schutthalde erhebt sich heute dort, wo diese Eiswände in den Himmel ragten. Große Gletscher wie der Kongsbreen- und der Monacogletscher zogen sich in den letzten 50 Jahren um viele 100 Meter, ja einige um Kilometer zurück. Die Verschmutzung der Meere mit Plastikmüll ist ein Riesenproblem. Durch den Golfstrom wird dieser Müll aus Europa und Amerika hierhertransportiert. Viele einsame Strände sind damit übersät. Wo bleiben die Demonstrationen dagegen?

KANADA – POLARFÜCHSE

Lichte Tage im Sommer, endlose Weiten über Tausende von Kilometern. Berge, Täler, Eisflächen, Sümpfe und Flüsse. Dies ist der Lebensraum der Eis- oder Polarfüchse. *Alopex lagopus* lautet ihr wissenschaftlicher Name. Im Winter, wenn es lang dunkel bleibt, trotzen sie der Kälte bis zu minus 60 Grad.

Als ich meinem Redakteur bei *National Geographic* versprach, eine Geschichte über Polarfüchse zu fotografieren, ahnte ich nicht, dass sich dieses Abenteuer über zwei Jahre hinziehen würde. Um die Füchse zu allen Jahreszeiten zu fotografieren, reiste ich an verschiedene Plätze in der kanadischen Arktis und nach Spitzbergen in Norwegen: per Hubschrauber, Flugzeug, Motorschlitten, Boot und ATV (All Terrain Vehicles).

Besonders erlebnisreich ist der Aufenthalt auf Victoria Island in der zentralen Arktis im Nordwesten Kanadas.

Mit meinem Freund Morris fahre ich seit mehreren Tagen mit

Ted Simon auf seiner legendären Triumph Tiger 500, mit der er vier Jahre lang um die ganze Welt reiste.

Kurze Pause in der Tanezrouft-Wüste: Als Tisch dient der Kofferraumdeckel des Peugeot 404.

Am Ufer des Niger findet in Ayourou der Sonntagsmarkt statt. Viele Besucher kommen mit der Piroge.

Spurenbündel in der Tanezrouft-Wüste. Sie sind auf weiten Strecken die
einzige Orientierungshilfe.

Rainer Falk in einem der bekannten Tuareg-Lederzelte bei Verkaufsverhand-
lungen mit einer Besitzerin.

Eine junge Pilgerin vor dem Jokhang Tempel hat ihre Haare zu 108 Zöpfen geflochten. Die Zahl gilt in der buddhistischen Himalajaregion als heilig.

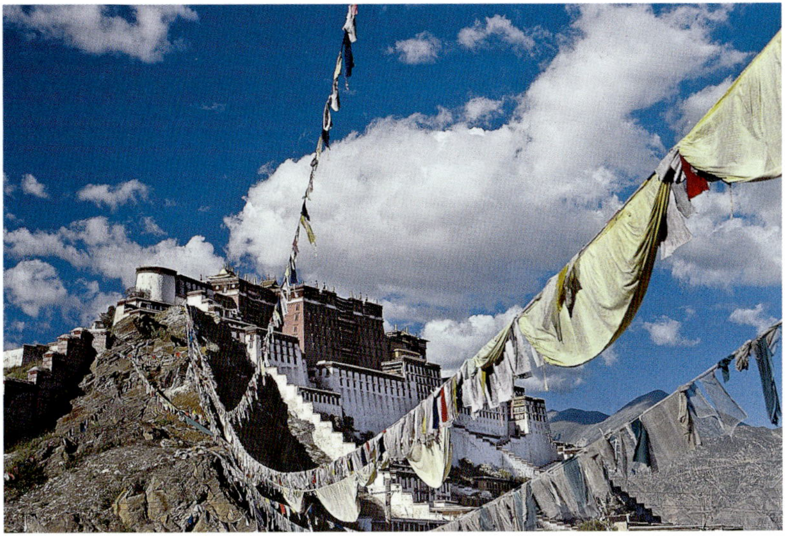

Der Potala – über Jahrhunderte Sitz der Dalai Lama. Heute »gekrönt« mit der chinesischen Flagge.

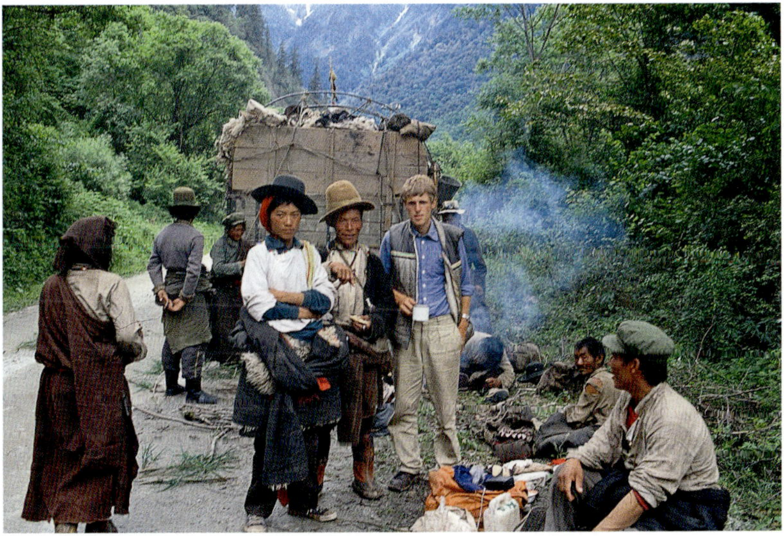

Mittagsrast auf halber Strecke: 1500 Kilometer von Lhasa entfernt. Peter Hinze mit tibetischen Pilgern unterwegs auf verbotenen Pfaden.

Fengshui-Aquarium in Hongkong: Die schwarzen Fische sollen Unglück aufsaugen, die Goldfische Glück bringen.

Blick über das Viertel Wanchai, in dem Karl Johaentges ein halbes Jahr einen verglasten Balkon in einer Wohnung von Freunden bewohnte.

Ein Bürogebäude entsteht: die Menschenleiter ersetzt in Vadodara, Indien, den Baukran für den Transport von mit Beton gefüllten Schüsseln.

Mit dem Gleitschirm sicher gelandet: Zwischenstopp auf einer winzigen Sandbank in der Weite des Indischen Ozeans vor den Malediven.

Zusammen mit seinem Freund Willi Ewig (rechts) bereitet sich Achim Mende für einen Motorgleitschirmflug über den Dünenkämmen der Namib vor.

Eine im Gleitschirm montierte Kamera blickt auf den Piloten Achim Mende, wie er in der kanadischen Arktis über eine bizarre Eislandschaft gleitet.

Im Winter 2010/11 fror der Bodensee teilweise zu. Vom Flugzeug konnte man diese Eisläufer auf der blank polierten Eisfläche ausmachen.

Von dem Wenigen, was in Afghanistan noch steht, sind die Moscheen am markantesten.

Frauen in Afghanistan: Ihr Antlitz muss bedeckt sein.

HOLGER FRITZSCHE

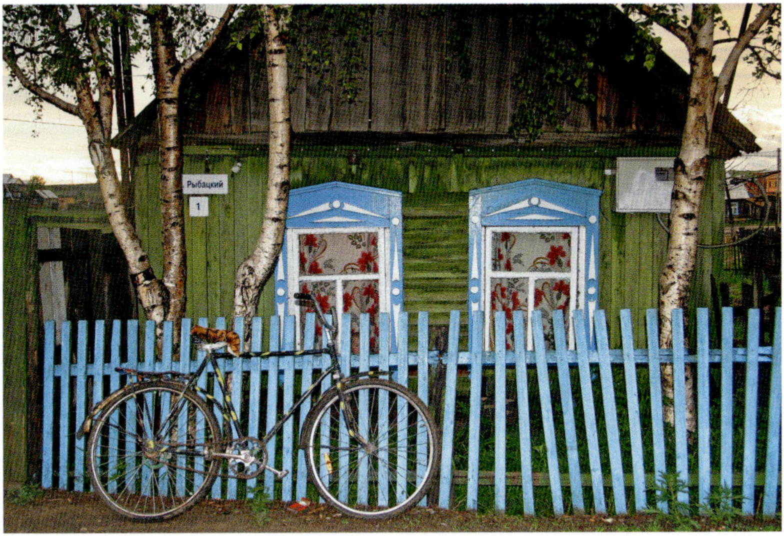

Russland besitzt die beiden wirklich harten Währungen dieser Welt: Atomwaffen und Rohstoffe. Aber nur wenige profitieren davon.

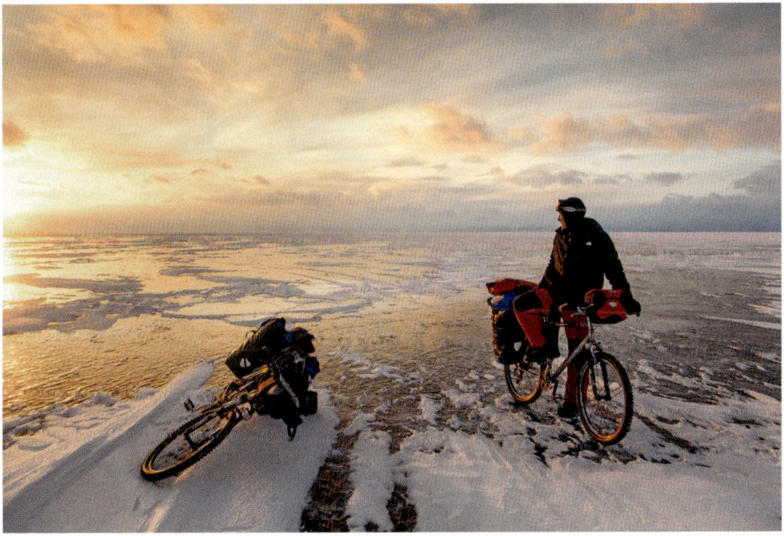

Der Baikalsee ist ab Januar auf seiner kompletten Länge zugefroren. An die Kälte kann man sich nicht gewöhnen, man muss lernen, sie zu akzeptieren.

Polarfüchse bewegen sich fast ununterbrochen, nur hin und wieder ruhen oder schlafen sie. Ihr Wandertrieb ist mehr als ausgeprägt.

Der Eisbär treibt auf seiner Scholle einer ungewissen Zukunft entgegen. Ganze Gletscherfronten verschwinden in der Arktis innerhalb weniger Jahre.

Carsten Peter vor einer riesigen Aschewolke am Krater des Stratovulkans Semeru auf Java, einem der gefährlichen, daueraktiven Vulkane weltweit.

Wilde Hetzjagd: Um seine Messgeräte in den Lauf eines Tornados zu bringen, muss man ihn erst einmal überholen.

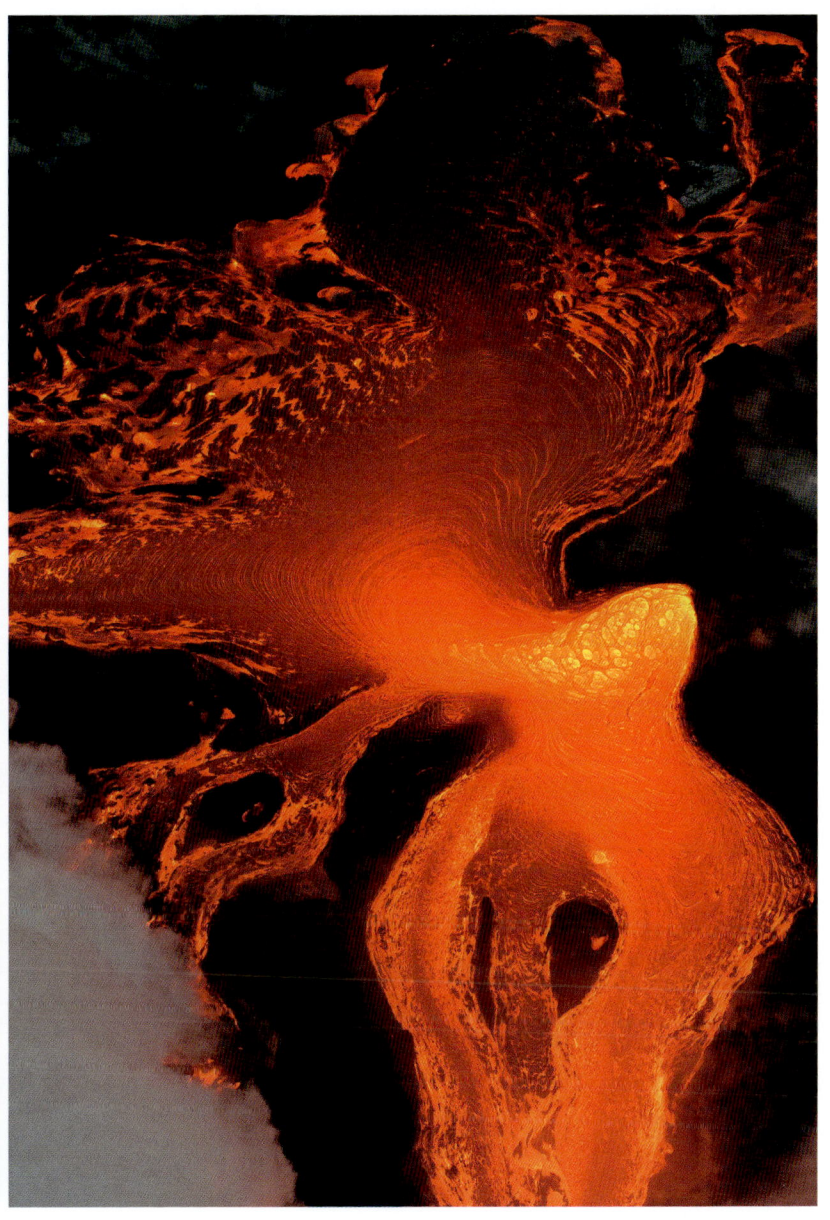

Ein Glutstrom fächert sich an seiner Mündung auf. Man sieht, wie sich das Magma unter Druck aufbäumt, bevor es sich auf dem Lavabalkon verzweigt.

CHRISTOPH BANGERT

Regenzeit in Namibia: Vom Aussichtsturm des Okaukuejo Camps im Etosha-Nationalpark lässt sich eine riesige Wolke beobachten.

Die Moschee von Djenné in Mali fasst bis zu 2000 Menschen und gilt als das größte Lehmgebäude der Welt.

Bergungsaktion mit einheimischer Hilfe in der Nähe von Kayes: Während der Regenzeit sind viele Wege und Flüsse Malis nahezu unpassierbar.

THOMAS ULRICH

Leere Landschaft: Thomas Ulrichs Freunde starren aus den Fenstern des Heli-
kopters, bis sie ihn in der kalten Eiswüste nicht mehr ausmachen können.

Warten im Nichts. Ein einsames kleines Camp, in dem Thomas Ulrich fünf Tage ausharrt und auf bessere Verhältnisse wartet.

Von der Niederlage zur Veränderung: Der missglückte Alleingang in der Arktis ist eine der wichtigsten Erfahrungen seines Lebens.

Drei Wochen fotografierte Bernd Römmelt nichts anderes als phantastisch eingeschneite Bäume in Schwedisch-Lappland. Bei weit unter -20° C ...

Moschusochsen sind in der Weite der Tundra Nordalaskas nicht leicht vor die Linse zu bekommen. Es brauchte vier Tage, um sie zu finden.

BERND RÖMMELT

Nordlichter sind wohl das spektakulärste Phänomen des Nordens. Hier flackern sie über der Brooks Range in Nordalaska.

Aus mehreren Hundert Kilometern Entfernung kommen die Nomaden zu den Brunnen im Bahr el Ghazal, Südsudan, um die Kamele zu tränken.

Wüstenkrokodil in der Schlucht des Guelta Archai, Sahara. Als sich das Land ringsum in Wüste verwandelte, blieben die Tiere in der Oase zurück.

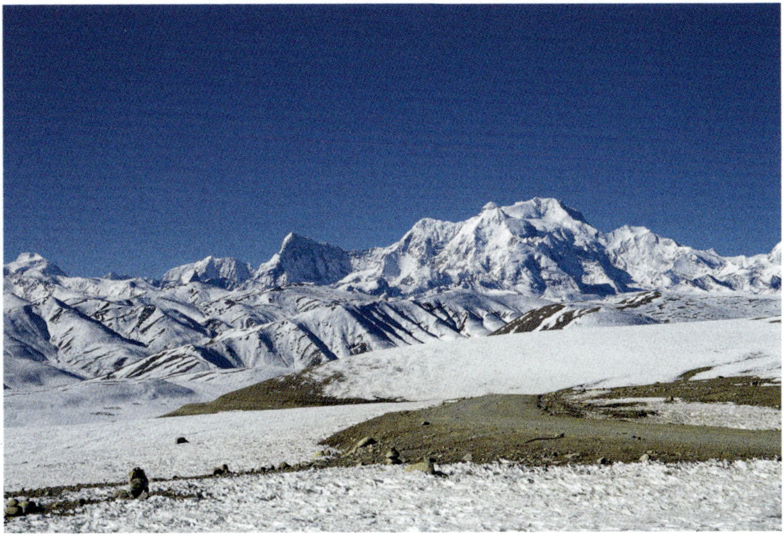

Die tibetische Seite des Himalaja. Durch diese Bergwelt müssen sich die Flüchtlinge auf ihrem Weg in ein besseres Leben kämpfen.

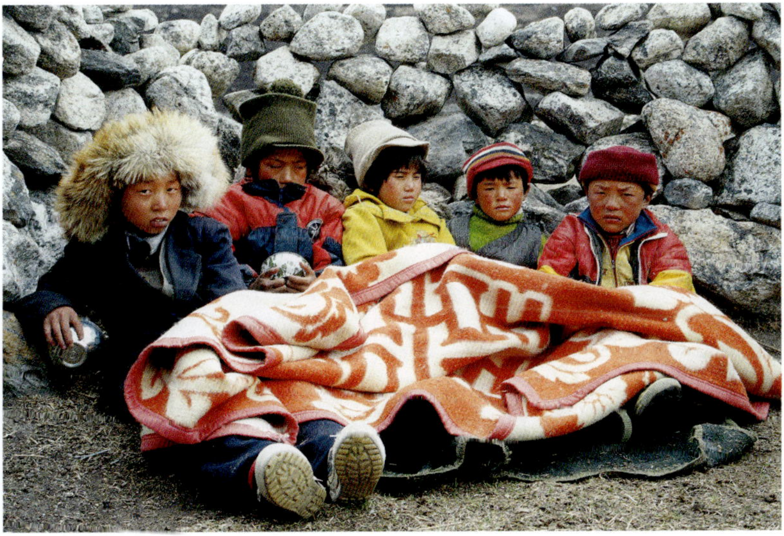

Tamding, Chime, Dolker, Little Pema und Dhondup windgeschützt bei einer Rast hinter einem Steinmäuerchen.

Stimmungsvolles Alaska: Die Farben des Sonnenuntergangs spiegeln sich im blanken Eis auf der Fahrbahn.

Geschafft! Doris Wiedemann auf dem gefrorenen Polarmeer in der Prudhoe Bay.

Schwerstarbeit im Team: Bach-Überquerung auf dem grönländischen Inlandeis.

Das 100 Jahre alte Grönland-Tagebuch von Stephan Orths Großvater auf dem Gipfel von Ficks Bjerg.

Die farbigen Ryolith-Berge von Landmannalaugar, Island, nahe des Hekla Vulkans nach einem Regenschauer.

Menschen unterwegs: ein Fahrradfahrer und eine Frau mit ihrem Kind auf einer Dorfstraße in Westbengalen.

Die Reisfelder vor Goa leuchten im letzten Abendlicht.

Jörg Reuther und Michael Martin haben ihr Lager in der Mongolei bei -40° C
aufgeschlagen – in eiskalter Nacht leuchtet im Januar das Sternbild Orion.

JÖRG REUTHER

Blaue Stunde: Michael Martin am Ufer des Gletschersees Jökulsárlón an der Südküste Islands, der mit 248 Meter Tiefe den Landesrekord hält.

Kamera und Motorrad: auch auf zukünftigen Reisen von Michael Martin zwei unverzichtbare Begleiter.

dem ATV über die einsame Tundra in der Nähe des Inuitortes Holman. Morris, einer der besten Jäger und Fallensteller im Ort, kennt jeden Fuchsbau im Umkreis von 50 Kilometern. Jetzt, Ende Juni, taut es gewaltig. Der Boden verwandelt sich in tiefen Schlamm, immer wieder bleiben wir stecken. Wir halten Ausschau nach Hügeln mit gelbem Gras. Es gedeiht dort besonders gut, wo viele Nitrate, wie sie zum Beispiel von Polarfüchsen ausgeschieden werden, den Boden düngen. Wir werden 20-mal fündig – aber die Bauten sind leer. Es ist ein schlechtes Beutejahr, weswegen die Füchse nur wenige oder keine Jungen zur Welt bringen. Wir suchen weiter. Am 2. Juli haben wir endlich Glück.

Der Bau ist so gut getarnt, dass ich ihn sogar mit dem Fernglas erst nicht ausmachen kann. Doch dann sehe ich die sieben Jungen, die davor spielen. Kurz entschlossen bauen wir hier unser Zelt auf: für Elli und mich für die nächsten sechs Wochen unser Zuhause. Morris wird uns mit Lebensmitteln versorgen. Von jetzt an sind wir allein mit unserer Eisfuchsfamilie. Die Kleinen sind noch sehr verspielt. Wir richten unseren Lebensrhythmus nach ihnen, schlafen tagsüber und sitzen von abends bis frühmorgens in der Nähe des Baus. Über die Tage gewöhnen sich die Welpen an uns, schon nach zwei Wochen werden wir sie nicht mehr los. Sie stibitzen unser Essen, zerren an den Rucksäcken, spielen miteinander im Zelt. Die Eltern sind sehr scheu und lassen sich nur selten sehen. Morris kommt immer öfter zu Besuch, um mit uns die Füchse zu beobachten. Wir erleben, wie schnell der Sommer übers Land zieht, Blumen blühen und verwelken. Anfang August werden die ersten Blätter bunt, die Jungfüchse sind kaum mehr von ihren Eltern zu unterscheiden. Diese nehmen sie jetzt auf stundenlange Ausflüge mit, um ihnen das Jagen beizubringen. Ich sitze meist mit Stativ und Kamera an einem Übersichtsplatz, um sie nicht zu stören. Mitte August ist der Abschied gekommen. Die Füchse kehren nur noch selten zum Bau zurück. Sie werden ihn aber immer wieder aufsuchen, auch im Winter.

Morris meint beim Abschied: »Ich habe viel gelernt bei euch mit den Füchsen. Sie verhalten sich wie Menschen in ihrer Familie. Die Eltern kümmern sich um die Kinder und sorgen sich um sie. Ich glaube, ich werde keine Fuchsfallen mehr aufstellen.«

Im Oktober komme ich noch einmal zurück. Wir finden den Bau sofort wieder. Die Sonne steht schon tief am Horizont und wirft lange Schatten auf den frisch gefallenen Schnee. Die Füchse sind noch da, überall sind Spuren. Sie haben die Gänge aber nicht mehr freigegraben. Zu gern hätte ich einen von ihnen wiedergesehen. Dass die Füchse gern an ihre Bauten zurückkehren, wissen auch die Jäger und bauen hier ihre tödlichen Fallen auf. In einem Winter werden oft mehrere 100 weiße Füchse mit makellosem weichen Fell gefangen. Noch ist ihre Population nicht bedroht.

11

Von **CARSTEN PETER** hörte ich zum ersten Mal Anfang der 1980er-Jahre. Ein Freund erzählte mir von den neuesten Abenteuern eines Kommilitonen, der als Biologiestudent regelmäßig in Höhlen unterwegs war. Auf der Heimfahrt von Jugoslawien war er nach einer weiteren Erkundungstour mit dem Motorrad verunglückt. Er hatte sich schwere Verbrennungen zugezogen, als er versuchte, seine belichteten Filme von der brennenden Maschine zu retten. Ein Rettungsflugzeug brachte ihn schließlich in eine deutsche Klinik. Ich war beeindruckt von so viel Mut und Konsequenz. Bald lernte ich Carsten Peter persönlich kennen, und in den Folgejahren begegneten wir uns immer mal wieder bei meinen Vorträgen. Ich verfolgte seine ersten Veröffentlichungen in *National Geographic,* die neben extremen Höhlenexpeditionen auch Bildreportagen über Vulkanausbrüche und die Jagd nach Wirbelstürmen umfassten.

Vor einigen Jahren formierte sich eine kleine Gruppe von Naturfotografen, die in Oberbayern leben. Wir treffen uns regelmäßig im Raum München, um über unsere Arbeit zu sprechen. Einer von etwa zehn Fotografen ist Carsten Peter, und so lernten wir uns bald besser kennen. Er war längst ein international gefeierter Profi, der seit vielen Jahren immer

wieder im Auftrag von *National Geographic* in die Welt aufbrach. Sein fotografisches Können, gepaart mit seinen sportlichen Fähigkeiten als Kletterer, Höhenbergsteiger, Gleitschirmflieger und Taucher, erlaubt ihm auch in Extremsituationen, im richtigen Moment den Auslöser zu betätigen. Hinzu kommt seine Beharrlichkeit, auch an kniffligen Aufnahmeorten fototechnische Lösungen zu finden. Zu seinen zahlreichen Auszeichnungen zählt der namhafte World Press Award und ein Emmy. Zukünftig wird er nun seine Arbeiten auch vor größerem Publikum live präsentieren. Wie gut und professionell er das macht, konnte ich im Mai 2012 auf der Internationalen Vortragsbörse erleben, als Carsten packend von seiner fotografischen Arbeit in dem vietnamesischen Höhlensystem Hang Son Doong berichtete.

Michael Martin

Carsten Peter

NATUR EXTREM

TORNADO ALLEY, USA

Tornados zu jagen: nicht zu wissen, was auf einen zukommt, und dennoch an den Parametern ihrer Entstehung zu rätseln. Das ist vielleicht das spannendste Kniffelspiel der Natur.

»Du hast den unmöglichen Auftrag«, sagt Gene Rhoden, ein erfahrener Tornadojäger, als National Geographic mich ins Tornado Alley schickt, einen breiten Streifen Grasland östlich der Rocky Mountains, in dem sich im Frühjahr und Frühsommer ein merkwürdig aggressiver Mix von Luftmassen gegenübersteht. Innerhalb weniger Stunden brauen sich hier die schwersten Gewitter der Erde zusammen. Wolken schießen explosionsartig an die Stratosphärengrenze, beulen sie aus, und als ob ihnen das nicht reichte, versuchen sie ihre Energie zu ballen und beginnen zu rotieren. Es entstehen gigantische Superzellen, eine Art Übergewitter – ein Sturm von einer Mächtigkeit, die es ihm ermöglicht, andere Stürme einzusaugen, regelrecht zu kannibalisieren. Aber nur weniger als fünf Prozent der Superzellen entwickeln einen Tornado und schicken diesen Fingerzeig des Teufels auf den Boden.

Nun sollte ich nicht nur einen Tornado fotografieren, sondern auch möglichst nah an ihn herankommen. Mit gepanzerten Kameragehäusen und Messgeräten diesen stärksten und schnellsten Stürmen der Welt ein paar ihrer Geheimnisse entlocken. Leichter geplant als getan. Das Assignment uferte aus.

Wir jagten Stürme von Arizona bis nach Kanada, ein Jahr wurde ans andere gehängt, streckenmäßig mehrfach die Erde umrundet, immer die Gewalten der Atmosphäre im Fokus. Auch das dritte Jahr schien ohne Erfolg vorüberzugehen. Es blieb ein schales Gefühl, den Auftrag nicht hinreichend erfüllt zu haben. Zwar konnte ich immer wieder mit Bildern überraschen, dennoch lastete das Budget auf meinem Gewissen. Der Druck war immens, allerdings auch die Unbill des Wetters, der wir ausgeliefert waren.

Für meinen Bildredakteur war es schwer, mir am Ende des dritten Jahres eine weitere Woche zuzugestehen. Als auch diese verronnen war, bat ich ihn flehentlich um einen weiteren Tag. Und es sollte der Tag der Tage werden.

Ein Tag in South Dakota, den ich nie vergessen werde. Ich war bestens vorbereitet, hatte sieben Kameraausrüstungen mit Filmen verschiedenster Emulsionen geladen und mit unterschiedlichen Brennweiten bestückt, außerdem eine Unterwasserausrüstung und ein Panzergehäuse mit zusätzlich drei Kameras und einer Videokamera im Einsatz. Ich hatte viel Lehrgeld gezahlt und war bestens vertraut mit den Umständen. Ich schoss, wann immer möglich, hängend aus dem fahrenden Auto, in nachtschwarzen Situationen, in Hagel und Platzregen. Dann endlich war es so weit.

Wie ein Elefantenrüssel schraubt sich unglaublich machtvoll die Wolke in den Boden. Alles wird niedergemäht, Bäume, Zäune, Telegrafenleitungen. Parallel verfolgen wir den Tornado, können aber nicht nahe genug herankommen. Dann Platzregen, kaum Sicht. Plötzlich reißt der Himmel auf – eine gewaltige *wedge*, eine Walze von einem 800 Meter breiten Tornado, malmt alles nieder, was ihr im Weg steht. Schnell biegen wir auf einen lehmigen Feldweg ab. Wir verfolgen das Ungetüm und werden

Zeuge, wie es ein Dorf ausradiert, wie Häuser vom Unterdruck und von Windscherungen quasi zerrissen werden. Wir können uns vor ihm positionieren und werden jetzt selbst zu Gejagten. Der Spin nimmt zu, und der Tornado dreht immer enger. Tim Samaras, der Sturmjäger, mit dem ich unterwegs bin, schafft es, in einem Sprint eine Probe zu legen, neben einem Farmhaus, das eine Minute später nicht mehr existiert. Unablässig fotografiere ich und kann mein Glück nicht fassen, so dicht an diesem Wutausbruch unserer Atmosphäre dran zu sein.

Eines aber vergesse ich nicht: Für die betroffenen Menschen ist so ein Tornado eine furchtbare Tragödie.

HAWAII, USA

Wenn es auf die Wildheit der Elemente ankommt, ist die Inselgruppe das pazifische Eldorado für den Naturfotografen. Es gibt wohl keinen zweiten Ort, an dem Feuer und Wasser so heftig aneinandergeraten. Und es ist das Land der Regenbögen, denn auch das Wetter hat – je nach Inselseite – alles zu bieten.

Im endlosen Blau des Pazifik scheinen die Hawaii-Inseln verloren wie eine kurze Perlenkette, doch sie ragen aus der Tiefe des Ozeans auf, als wollten sie den Mount Everest übertrumpfen. Sie sind ein Hotspot auf unserem Planeten im wahrsten Sinn des Wortes, ein magischer Punkt, an dem unmittelbar alle Elemente aufeinandertreffen: Erde, Feuer, Wasser und Luft. Im Lauf der Erdgeschichte glitt hier die Lithosphäre wie über einen Schweißbrenner und schuf ein 5800 Kilometer langes Band von Inseln und Seebergen. Nur auf Big Island ist der Schöpfungsprozess noch zu beobachten und zu fotografieren. Äußerst dünnflüssige Laven steigen hier auf und sind verantwortlich für die längste und verlässlichste Eruption auf Erden. Seit über 28 Jahren wechseln sich verschiedenartigste vulkanische Schauspiele ab: von mehr als 500 Meter hohen Feuerfontänen zu eindrucksvollen Lavafällen, von brodelnden Lavaseen bis zu Lavatunneln, die bis ans Meer vorstoßen. Hier messen sich die Kräfte von über 1000 Grad heißen Glutströmen mit den Wogen des Pazifik, die sich gewaltig an den Felsküsten brechen. In der Gischt ereignen sich gewaltige Explosionen, manchmal schwimmen Lavaplatten auf dem Wasser, getrieben von aufkochendem Meereswasser. Oder Wogen unterwandern einen Lavafluss, verdampfen schlagartig und blähen die glühende Steinmasse zu gigantischen Lavablasen auf, um sie in 1000 Stücke zu reißen. Es ist ein großartiges Erlebnis, dem Puls der Erde so nah zu sein.

Hawaii garantiert spektakulären Vulkanismus, wunderschöne Lavaformationen, speziell Pahoehoe-Laven, die das Land mit silbernen Strömen überschütten, die aussehen, als wären sie wirr miteinander verknotet, oder Stricklaven, die so fein von vulkanischen Glasen überzogen sind, dass sie in allen Regenbogenfarben schimmern. Aber es lauern auch Gefahren: Explosionen zum Beispiel oder die latente Bedrohung, in aktive Bereiche einzubrechen. Einige der aktiven Tunnel bemerkt man nicht unbedingt, mitunter können die Dächer sehr labil sein. An der Küste bilden sich an den Steilflanken ausladende Balkone aus erkaltetem Lavagestein, die sich immer weiter vorlagern, bis die Statik nicht mehr trägt. Es kommt vor, dass sie als gigantische Schollen von mehreren 100 Metern abbrechen und alles in ihrer Umgebung mit sich in die Tiefe reißen. Auf diese Weise sind schon Fotografen zu Tode gekommen. Da sich Wetterlage und Dünung ständig ändern, vertraut man sich am besten lokalen Führern an, denn sie wissen, wann mit Ausbrüchen zu rechnen ist. Die Infrastruktur ist für Fotografen ideal. Es gibt kaum ein Land, in dem es einfacher und günstiger ist, einen Helikopter zu mieten oder sich mit einem Boot den Glutfällen ins Meer anzunähern.

Überblickt man die aktiven Vulkanbereiche aus dem Hubschrauber, wird einem die massive Ausdehnung der Jahrzehnte währenden Ausbrüche bewusst. Pu'u 'O'o, der Krater und Ursprung der Eruption, der mehrfach auch Lavaseen enthielt, ist momentan teilweise kollabiert. Weiter östlich befindet sich das Hauptnährfeld der Lavaströme. Wie erkaltete Flussarme umschließen die Ströme aus Gestein sogenannte Kipukas – Inseln, die von der Lava verschont geblieben sind und in denen sich noch ursprüngliche Wälder halten können. An manchen Orten drängen sich hier die Farnbäume dicht an dicht, endemische Pflanzen- und Tierarten werden weiter isoliert.

Hawaii bietet erstaunliche Einblicke und Motive. Sie scheinen der Geburtsstunde unserer Erde entlehnt.

KAMTSCHATKA, RUSSLAND

Eine Urwildnis, in der Lachsschwärme durch klare Flüsse ziehen und riesige Kamtschatka-Bären ihnen nachstellen. Wo Säureseen das Land zerfressen und am Horizont immer einer dieser verwegenen, manchmal schneebedeckten Vulkankegel emporragt. Kamtschatka hat mich nie enttäuscht.

Es war zwischen 1975 und 1976, als im fernen Russland, am äußersten Südostzipfel des Landes, etwas sehr Nachhaltiges für meine Fotokarriere passierte. Ich war noch zu jung und unerfahren, um darauf reagieren zu können, und wurde viel zu spät informiert. Auch gab es da diesen Eisernen Vorhang, der die Sowjetunion hermetisch abschirmte und vollkommen unbereisbar machte. Ganz zu schweigen von einem Eindringen in ein militärisches Sperrgebiet, in dem sich die russische Atom-U-Boot-Flotte tummelte. Wie ein Fingerzeig deutet die Halbinsel Kamtschatka auf Japan und macht auch Ahnungslosen ihre strategische Position klar. Es war meine erste große Pattsituation. Ich spürte ein unbändiges Verlangen nach diesem Ort, und doch lag er unerreichbar fern und abgeschottet wie eine außerplanetare Gegenwelt.

Von den Medien praktisch unbemerkt, spielte sich gerade ein flammendes Inferno ab: die größte historische basaltische Eruption auf Kamtschatka, spektakulär, von unglaublicher Schönheit. Normalerweise gab es keine Bilder aus dieser Region, aber als die Aufnahmen eines russischen Fotografen nach Deutschland geschmuggelt und vom *Stern* in einer opulenten Reportage veröffentlicht wurden, war es um mich geschehen. Ich kam vom Aufmacherbild nicht mehr los. Der 3000 Meter hohe Vulkan Tolbatschik brannte sich in mein Gedächtnis ein. Eine verfinsterte Welt, in der ein Lichtstrahl frisch geborenes Land erhellte und eine alles dominierende Feuerfontäne gewaltigen Respekt einflößte. Der Vulkan und diese verwunschene Halbinsel wurden zu meiner Obsession. Und Vadim Gippenreiter, der russische Fotograf, zu meinem Ideal. Es war vermutlich der erste Blick für den Westen in eine Welt, die nicht einmal für den gewöhnlichen Festlandrussen zu bereisen war.

Es dauerte lange, über 15 Jahre. Ich hatte Freundschaften mit ukrainischen Bergsteigern geschlossen. Über den Umweg einer Expedition ins Franz-Josef-Land in der sowjetischen Arktis schöpfte ich erstmals Hoffnung. Immerhin schafften wir es als erste Westler in diese absolute No-go-Area, die ebenfalls militärische Sperrzone war. 1991 war es dann so weit. Meine Beharrlichkeit hatte sich ausgezahlt. Am Moskauer Flughafen ergatterten wir die heiß begehrten Tickets nach Petropawlowsk-

Kamtschatski, während unsere Freunde an den richtigen Stellen Bestechungsgelder zuschoben. Für nur 14 DM flogen wir quasi um die halbe Erde – unvorstellbar – in das Land meiner Träume.

Dieser Flug sollte mir in Erinnerung bleiben. Wir starteten in der Sowjetunion – und nur zwei Stunden später zerbrach das Riesenreich. Moskau versank im Chaos, während wir in Kamtschatka in einer anderen Zeitzone gelandet waren. Hier merkte man nichts vom politischen Umbruch, uns umgaben sowjetische Trägheit und Bürokratie, als ob Leim unsere Beweglichkeit verklebte. Die Illusion von unfassbaren Vulkanausbrüchen schmolz dahin. Doch nachdem wir uns einmal aus den Fesseln der heruntergekommenen Hauptstadt befreit hatten, erschloss sich eine gewaltige Natur: Vulkane dicht an dicht, wie pockennarbige Nähte aus dem All betrachtet, dazwischen wilde Wälder aus knorrigen Birken, Sümpfe und Moore, die im Frühherbst in Flammen zu stehen schienen, so loderte dort die knallrote Blätterwelt. Dazwischen kochte die Erde. Geysire schossen in den Himmel, und die Welt spielte verrückt, wenn ganze Gletscher von unten, von der Erdwärme aufgekocht wurden und sich atemberaubende Hohlräume bildeten. Es war ein Land, das mein Herz erobern musste. Ich besuchte es mehrmals, unter anderem mit einer größeren *National-Geographic*-Expedition, die ich leitete.

Ich habe einen motorisierten Gleitschirm für Luftaufnahmen eingepackt, aber nicht bedacht, dass die Halbinsel so frei zwischen dem Chinesischen Meer und dem Pazifik liegt, dass Windstille eher die Ausnahme ist. Das Land wird geradezu umtost von Winden. Ich versuche aus einer Depression heraus zu starten, eigentlich ein Fehler. Immer wieder bekomme ich eine Böe ab. Der Schirm klappt ein, wird weggeschlagen, manchmal förmlich zerknüllt und reißt mich nieder. Stürze über Stürze, ein

Fehlstart nach dem anderen. Kamtschatka bleibt abweisend. Ich kann mir nur ausmalen, wie schön alles aus der Luft aussehen würde. Ich riskiere meine Ausrüstung, aber nach ungezählten Crashs schaffe ich es dann doch, irgendwie abzuheben. Ein Mäander aus Rinnsalen zoomt von mir weg und verknotet sich zu einem fraktalen Gebilde. Ich fliege auf einen Vulkan zu, Bezymianny, ein Rebell, der es mit dem Mount St. Helens aufnehmen kann. Steile Kraterränder scheinen in messerscharfe Grate auszulaufen. In seinem Inneren schiebt sich majestätisch ein Dom empor, der alles andere überragt wie ein Zentralgestirn. Von diesem steilen Domkegel werden immer wieder Brocken ausgestoßen, oft von gigantischer Größe, die wie Einfamilienhäuser zu Tal kugeln. Bläuliche Gase steigen aus seinem Zentrum auf – ich werde den Blick wohl nie vergessen. Nach Osten ist alles freigesprengt. 1964 hat eine gigantische Eruption hier die Landschaft geräumt – der Berg erinnert dezent an sein unglaubliches Vernichtungspotenzial. Dahinter ragt ein Gigant auf, 4800 Meter, mehr oder weniger von Meereshöhe: Kljutschewskaja Sopka, eine klassische Vulkanpyramide, die so hoch ist, dass sie durch die Wolken stößt. Mächtig, alles beherrschend, symmetrisch wie aus dem Bilderbuch. Zu hoch für meinen Gleitschirm. Ich lande wieder in der Nähe unseres Camps, ich hatte zwar nicht das beste Licht, bin aber euphorisch über meine Ausblicke.

Den nächsten Versuch starten wir am Mutnowski-Vulkan. Leicht erreichbar, aber so exotisch, dass die Elemente fast widersprüchlich aufeinanderstoßen. Der Vulkanbau ist von einem ausladenden Gletscher bedeckt, Urgewalten arbeiten hier gegeneinander. Der Koloss ist zerklüftet von Séracs (Türme aus Gletschereis), und überall dampft es aus den Spalten. Wir versuchen uns mit Eiskletterwerkzeug einen Weg durchs Chaos der Eisblöcke zu bahnen und entdecken an der Grenzlinie zwischen warmer Erde und kaltem Eis eine Gletscherhöhle. Auch sie ist durchzogen von Zerklüftungen, sodass man ständig ein misstrauisches Auge auf die angeschmolzene Gewölbestatik werfen muss. Es kommt noch verrückter: Wir folgen einem unterirdischen Fluss, mäandrierend, immer tiefer. Dann stehen wir vor einem Wasserfall. Kalter Wind bläst uns die Gischt in die Augen. Sie röten sich, ein beißender Schmerz lässt sie uns instinktiv zusammenkneifen. Pure Säure, ein ätzendes Spray, vernebelt den Höhlenraum. Die Haut ist gereizt, und es ist nur eine Frage der Zeit, bis die Fotoausrüstung aufgibt.

Auf der Suche, woher der eigentümliche Wasserfall kommt, klettern wir auf den komplexen Vulkanbau aus mehreren Kratern, darunter eine Freisprengung, die erst kürzlich erfolgt ist. Leichter gesagt als getan. Die Wände sind so steil und rutschig, dass wir Steigeisen anziehen müssen, um in den Krater zu gelangen. Die Gase sind so dicht, dass sie uns komplett die Sicht und die Luft nehmen, ja selbst durch die Gasmasken schlagen. Ein Reizhusten überfällt mich – und die Frage, nach was wir hier suchen. Dann eine Windböe, und vor uns taucht eine stark qualmende Schwefelwand auf, in allen Changierungen zwischen Gelb und Rot. Ein unvergessliches Schauspiel und endlich ein ungewöhnliches, fast außerirdisches Motiv.

12

CHRISTOPH BANGERT begegnete mir in Erzählungen erstmals als einer der drei »Dauner Jungs«, einer von drei Fotografen aus Daun in der Eifel. Dann sah ich seine Bilder, harte und berührende Kriegsbilder, die anders waren als die Bilder, die ich von den Großen seiner Zunft wie Robert Capa, James Nachtwey oder Don McCullin kannte. Als ich 2009 mit meiner Tochter das Fotofestival Visa l'Image in Perpignan besuchte, trafen wir einige Kollegen meiner Fotoagentur. Wir gingen gemeinsam essen, und ich saß einem jungen, zurückhaltenden, ja fast schüchternen Fotografen gegenüber. Er erzählte mit leiser Stimme von Fotoaufträgen für die *New York Times* in Afghanistan und im Irak. Ich merkte, welche Leidenschaft, aber auch welcher Mut hier im Spiel war. Ich fragte nach seinem Namen – Christoph Bangert.

Wir blieben in Kontakt, und ich freute mich, dass er extra aus der Schweiz anreiste, um meine Vorträge in München anzusehen. Dann suchte ich für die Internationale Vortragsbörse der GBV, des Berufsverbandes der Vortragsreferenten, einen besonderen Fotografen, der von seiner Arbeit berichten sollte. Christoph zögerte lange, fürchtete, vor 200 Vortragsprofis rhetorisch nicht bestehen zu können. Ich konnte ihm seine Zweifel nehmen, und so stand er

im Mai 2012 neben der Leinwand und kommentierte seine Fotos. Es war der beeindruckendste Vortrag, den ich je gesehen habe. Berührende, oft kaum auszuhaltende Bilder aus den Krisengebieten der Erde, dazu die knappen Erzählungen von Christoph, vorgetragen in bescheidenem, mitfühlendem Ton. Im Saal herrschte für eine Stunde absolute Ruhe, die 200 Zuhörer waren ergriffen. Manch einer mag an diesem Abend geahnt haben, dass man kein »Lautsprecher« sein muss, um das Publikum zu erreichen. Und mir war klar, dass mit Christoph Bangert ein ganz Großer der Kriegs- und Reportagefotografie vor uns stand.

Immer dann, wenn er aber von den Krisenherden dieser Erde mal Abstand braucht, geht er mit seinem Landrover auf Tour. Seine letzte mehrmonatige Reise führte ihn einmal um den afrikanischen Kontinent herum.

Michael Martin

Christoph Bangert

AFRICA OVERLAND

Alles dreht sich. Meine Beine wollen mir nicht recht gehorchen, und meine Knie schmerzen vom langen Sitzen in dem winzigen Holzboot. Insgesamt neun Stunden verbringe ich gemeinsam mit drei senegalesischen Fischern auf hoher See. Auf Vermittlung von Finbarr O'Reilly, einem kanadischen Reuters-Fotografen, der in Dakar lebt und mit dem ich mich angefreundet habe, hat mich ein Übersetzer und Führer, ein *fixer*, mit ihnen bekannt gemacht.

Hinten am Außenborder steht Idrissa, der Steuermann. Er ist 25 Jahre alt, knapp zwei Meter groß und muskulös. Gemeinsam mit seinen beiden Brüdern fuhr er vor wenigen Monaten mit einem kleinen Fischerboot von Dakar bis zu den 1200 Kilometer entfernten Kanarischen Inseln, eine äußerst gefährliche, zehntägige Reise über den rauen Atlantik, die für Hunderte, vielleicht sogar Tausende Afrikaner jedes Jahr tödlich endet. Idrissa und seine Brüder hatten Glück und überstanden die Überfahrt unbeschadet, da sie im Gegensatz zu den meisten illegalen Einwanderern erfahrene Seeleute sind. Auf den Kanaren stellten sie sich den Behörden.

Heute, nach einem langen Tag auf See, erschöpft von harter körperlicher Arbeit, haben Idrissa und seine beiden Helfer lediglich einige Dutzend Fische gefangen. Sie sind so klein und wertlos, dass die Männer erst gar nicht versuchen, sie an einen der vielen Fischhändler am Strand von Dakar zu verkaufen. »Köder für morgen«, sagt Idrissa, als er sieht, dass ich seinen traurigen Fang begutachte. Und fügt hinzu: »Es gibt gute Tage und schlechte Tage.«

Für Idrissa und seine Kollegen gibt es in letzter Zeit mehr schlechte als gute Tage. Der Fischbestand in der Region geht seit Jahren zurück, weil gigantische russische, europäische und asiatische Fischtrawler die afrikanische Westküste systematisch mit Schleppnetzen leer fischen.

Die drei Fischer sind jung, selbstbewusst und ausgesprochen fleißig. Sie machen keinen armseligen, bemitleidenswerten Eindruck. Sie fürchten sich vor nichts. Was sie nicht haben, sind echte Perspektiven. Ich denke, dass die Hauptmotivation der meisten illegalen afrikanischen Einwanderer aus dem verzweifelten Bestreben kommt, der Aussichtslosigkeit zu entfliehen. Doch das ist nicht alles. Eine Mischung aus jugendlichem Abenteuersinn und Unternehmertum spielt eine Rolle. Dazu kommt der Wunsch, sich zu verbessern und aus den gesellschaftlichen und familiären Strukturen auszubrechen. Das sind Empfindungen, die auch junge Leute in Europa haben. Vielleicht sind wir uns oft ähnlicher, als wir meinen.

Idrissa wurde aus Spanien abgeschoben und ist nun zurück in seinem Leben als Fischer. Mit seinen beiden Kollegen lebt er in einer winzigen, gemieteten Holzhütte in der Nähe des Strandes. Seine Frau und seine kleine Tochter leben bei Verwandten in einem Dorf außerhalb von Dakar. Wenn er einmal Glück beim Fischen hat, kann er sich den Bus ins Dorf leisten und sie besuchen. In letzter Zeit kam das nicht oft vor. Ich frage ihn, ob er gerne Fischer ist, doch er versteht die Frage nicht so recht. Schließlich antwortet er, dass sein Vater und sein Großvater auch Fischer sind, als würde dies alles erklären.

DAKAR, SENEGAL, 23. JUNI [8750 KM]

Ich campe auf dem Parkplatz eines Restaurants mit Privatstrand etwas außerhalb vom Zentrum. Andere Overland-Reisende hatten mir diesen Tipp gegeben. Das Gelände ist von einer hohen Mauer umgeben. Ich bin der einzige Gast. Gerade sitze ich vorne in meinem Auto, habe meinen Laptop auf dem Schoß und arbeite. Es ist schon spät, draußen ist es dunkel und sehr still. Die einzige Lichtquelle ist der Monitor meines Computers. Ich bin tief in meine Arbeit versunken, als ich plötzlich das Gefühl habe, dass sich in meinem Augenwinkel etwas bewegt hat. Ich drehe den Kopf und blicke direkt in ein großes, dunkles Gesicht, das nur durch die Glasscheibe von meinem getrennt ist. Ein Augenpaar starrt mich an, ernst und durchdringend. Mir stockt der Atem. Es dauert einen Moment, bis ich den Nachtwächter des Privatstrands erkenne. Der riesige Mann, der einen langen schwarzen Ledermantel trägt und mit einer Steinschleuder bewaffnet ist, stellt seinen Plastikstuhl jeden Abend direkt neben meinem Auto auf. So verbringt er die Nacht. Schlafend.

DAKAR, SENEGAL, 24. JUNI [8750 KM]

Ich habe wieder so einen Moment.

Ich sitze in meinem Campingstuhl neben dem Auto und lese. Irgendwann lege ich mein Buch zur Seite und schließe die Augen. Verzweiflung und Trauer steigen in mir auf. Ich muss immerzu an den Irak denken. Ich werde das nicht los. Sobald ich die Augen schließe, kommen die Bilder. Ich trauere um die Menschen im Irak, ich trauere um die Soldaten. Was in diesem Land geschieht – ich habe dafür keine Worte.

Oft bin ich rastlos, kann mich nicht richtig konzentrieren. Ich gehe auf und ab, zucke bei lauten Geräuschen zusammen. Ich habe ein großes Bedürfnis, alleine zu sein. Dazu kommt mein Reizdarm. Erniedrigender, ständiger Durchfall. Bin ziemlich fertig. Es ist die Hölle.

Posttraumatische Belastungsstörung. Es braucht Zeit. Diese Reise ist bisher ein einziger Kampf mit den Erinnerungen. Aber vielleicht liegt darin der Sinn. Vielleicht ist gerade dies der eigentliche Grund für meine Reise: die Dämonen zu bezwingen.

DAKAR, SENEGAL, 7. AUGUST [9611 KM]

Khalid ist ermordet worden. Er wurde auf dem Weg ins Büro der *New York Times* in Bagdad aus nächster Nähe erschossen. Auf offener Straße exekutiert. Ich habe die Nachricht von Johan erhalten, er ist im Moment für die *New York Times* als Fotograf in Bagdad. Khalid war mehr als mein irakischer Übersetzer. Er verkörperte für mich den jungen, neuen Irak. Er interessierte sich obsessiv für die Welt außerhalb seines Landes, war praktisch 24 Stunden am Tag online und sprach Englisch mit einem breiten amerikanischen Akzent, den er sich aus Hollywoodfilmen abgeguckt hatte.

Khalid war 23 Jahre alt. Ich werde ihn vermissen.

IN DER NÄHE VON DIAMOU, MALI, 14. AUGUST [10 505 KM]

Wir brechen von Kayes in das 160 Kilometer entfernte Bafoulabé auf. Die Route gilt selbst in der Trockenzeit als schlecht passierbar, und ich bin mir unsicher, ob wir jetzt, während der Regenzeit, durchkommen werden. Es hat in den letzten Tagen und Wochen sehr viel geregnet. Die Flüsse und Bäche sind mit braunem, schlammigem Wasser gefüllt. Auf den Wegen und Straßen haben sich riesige Wasserlöcher gebildet. Manche sind so tief, dass das Auto halb darin versinkt.

Abends flüchten wir vor schwarzen Wolken von Moskitos in unseren Landrover. Hier sitzen wir und schwitzen. Es ist so feucht wie in einer Dampfsauna. Was würden wir jetzt für eine kalte Dusche geben.

Die flachen Savannen der Sahelzone sind zu dieser Jahreszeit sehr grün. Frisches, hellgrünes Gras bedeckt den sandigen Boden zwischen Dornbüschen und riesigen Baobabbäumen. Die Gegend ist sehr dünn besiedelt, so freut uns der Anblick der seltenen Dörfer besonders. Die Menschen leben in Ansammlungen von kleinen, mit Stroh gedeckten Rundhütten, die mit Mauern aus Lehm errichtet worden sind. Sie bauen Hirse an und halten Ziegen, Esel und Rinder.

IN DER NÄHE VON MADIBAJA, CA. 20 KM
VOR BAFOULABÉ, MALI, 16. AUGUST [10 602 KM]

Wir bleiben ständig stecken. Der Schlamm ist unglaublich, die Strecke kaum befahrbar. Wohin man blickt – Wasser. Es ist zum Verzweifeln. Wir verbringen viele Stunden mit Schaufeln. Der Schlamm ist nass und schwer. Hinzu kommt das tropische Klima, bei Temperaturen von bis zu 35 Grad sind wir schnell am Ende unserer Kräfte. Ohne unsere Seilwinde und die Sandbleche wären wir verloren. Je näher wir Bafoulabé kommen, desto schwieriger wird es. Wir besuchen Dörfer, die während der

Regenzeit völlig von der Außenwelt abgeschnitten sind. Die Einheimischen, die wir immer wieder nach dem Weg fragen und von denen wir Brot und Gemüse kaufen, erzählen uns, dass wir seit Monaten das erste Fahrzeug auf dieser Strecke sind.

Mit tatkräftiger Unterstützung von jungen Männern und Kindern durchqueren wir einen Fluss. Sie stammen aus einem nahe gelegenen Dorf. Alle schieben und ziehen und haben großen Spaß an der Gemeinschaftsaktion. Wir jubeln laut, als wir endlich das andere Ufer erreichen – unsere fröhlichste Bergungsaktion bisher.

Es ist paradox: Es regnet so viel, und die Landschaft wirkt grün und üppig, aber unsere Trinkwasservorräte gehen zur Neige. Wegen der Hitze und der körperlichen Anstrengung müssen wir mehr trinken als gedacht. Wir haben noch vier Liter Trinkwasser. Wir müssen Bafoulabé morgen unbedingt erreichen.

Bafoulabé. Der Ort scheint unerreichbar und bekommt fast einen mystischen Charakter. Wenn doch der Regen aufhören würde! Nur wenn es heute Nacht trocken bleibt, haben wir eine Chance.

ZWISCHEN MALIENA UND MASSANTALI, MALI,
17. AUGUST [10 653 KM]

Wir haben es geschafft! Völlig erledigt, verschwitzt, von oben bis unten mit Schlamm bespritzt und überglücklich erreichen wir Bafoulabé. Der winzige Ort ist der Ausgangspunkt einer befestigten Straße, die uns bis nach Bamako führen wird. In fünf Tagen haben wir nur 160 Kilometer zurückgelegt. Es wäre schneller gewesen, zu Fuß zu gehen.

Immer beherrscht uns große Ungewissheit. Und genau das ist

die Herausforderung auf einer solchen Reise. Natürlich sind die Löcher tief und der Schlamm schwer. Aber das eigentliche Problem ist die Ungewissheit.

Man kennt dieses Gefühl von Verwundbarkeit nicht, wenn man auf den Straßen Nordamerikas oder Europas unterwegs ist. Erst nachdem man einige Tage mit der Oberfläche der Erde gekämpft hat und mehrere Male kurz vor der Niederlage stand, erkennt man die eigene Schwäche. Die Reise ist dann nicht nur ein Abenteuer mit ungewissem Ausgang, sondern ein Erlebnis, das demütig macht. Eine echte Grenzerfahrung.

TIMBUKTU, MALI, 1. SEPTEMBER [12 721 KM]

Das Besondere an Timbuktu ist die Reise nach Timbuktu. Die sagenumwobene Stadt liegt nur wenige Kilometer vom Niger entfernt, genau an der Grenze zwischen der Steppenlandschaft der Sahelzone und den Sand- und Geröllfeldern der Sahara. Noch heute ist es eine Herausforderung, Timbuktu auf dem Landweg zu erreichen. Viele Reisende sind allerdings von dem Ort selbst eher enttäuscht. Es gibt keine Paläste, keine riesigen Moscheen, keine gigantischen Märkte mit edlen Tuareg, die auf ihren Kamelen umherreiten. Timbuktu ist heute ein kleiner staubiger Ort am Rande der Sahara, der mit Desertifikation sowie sozialen und wirtschaftlichen Problemen kämpft. Außer der Bibliothek und den Familienarchiven mit den wertvollen Manuskripten und Handschriften ist nur wenig zu sehen von der faszinierenden Vergangenheit der Stadt, die durch den Transsahara-Handel im 14. und 15. Jahrhundert zu großem materiellen und kulturellen Reichtum gekommen war. Dennoch genießen wir unseren Besuch. Das liegt wohl daran, dass wir unsere Erwartungen trotz der Legenden und Mythen, die diesen Ort umgeben, bewusst zurückgenommen hatten.

TIMBUKTU, MALI, 4. SEPTEMBER [12 721 KM]

Morgen fahren wir weiter in Richtung Gao. Wir haben uns entschieden, die wenig befahrene, aber landschaftlich schöne Route nördlich des Niger zu nehmen. Das Problem an dieser Piste ist, dass es dort immer wieder zu Überfällen durch bewaffnete Banden kommt. Wir reden mit Fahrern von Toyota-Pick-ups, die als Einzige regelmäßig auf dieser Strecke unterwegs sind, als Sammeltaxi oder mit Schmugglerware bepackt. Einige der Fahrer haben zwar Gewehre in ihren Autos, aber sie versichern uns, dass die Strecke nach Gao derzeit relativ sicher sei. Vorsichtshalber verstauen wir alle Wertgegenstände tief unten im Auto in unseren Alukisten und hoffen, dass es gut geht.

GAO, MALI, 6. SEPTEMBER [13 214 KM]

Die Piste von Timbuktu nach Gao ist sehr sandig und oft nur schwer zu finden. Wir begegnen kaum anderen Fahrzeugen. Vielleicht ist diese Piste im Moment so sicher, weil sie von so wenigen befahren wird? Wir sehen aber auch keine bis an die Zähne bewaffneten Banditen. Vielleicht haben wir einfach nur Glück. Hohe Sanddünen, Geröllfelder und mit Dornbüschen bewachsene Savannen wechseln sich ab. Morgen werden wir die Grenze zu Niger erreichen.

Heute morgen starker Durchfall. Gestern Nacht um drei Uhr fing
es an. Heute den ganzen Tag nichts gegessen. Am Morgen den
platten Reifen vorne rechts entdeckt. Rad gewechselt, Auto gepackt, Nonnen bezahlt. Im Dorf Grenzformalitäten erledigt. Ich
treffe José mit seinem Nissan – der erste afrikanische Überland-
reisende, dem ich begegne. Er ist Kongolese aus der Demokratischen Republik Kongo, Künstler, in Frankreich aufgewachsen.
Lasse den Reifen reparieren. Tanke voll. Kaufe Brot, Wasser und
Toilettenpapier. Schlechte Straße. Nach 50 Kilometern die
Grenze. Man verlangt 50 000 CFA-Francs von mir. Ich bezahle
nicht. Fahre weiter zum kongolesischen Grenzposten. Man verlangt 50 000 CFA-Francs von mir. Ich bezahle nicht. Ausführli-
che Kontrolle und komplette Durchsuchung des Autos durch
gabunisches Militär und kongolesische Polizei. Ich »spende«
eine Rolle Toilettenpapier. Kontrolle und Einreiseformalitäten
bei Grenzpolizei, Gendarmerie und Zoll. Man verlangt Geld von
mir. Ich bezahle nicht. Sehr unangenehme Beamte, sie drängen,
drohen und brüllen. Ich soll zwei der Soldaten bis zum nächsten
Dorf mitnehmen. Das ist ein Befehl. Ich lehne vehement ab.
Treffe José wieder. Er steckt an der Grenze fest, hat kein Visum
und wird ausgenommen wie eine Weihnachtsgans. Er ist nass
geschwitzt, als hätte ihm jemand einen Eimer Wasser über den
Kopf geschüttet. Er ist völlig überfordert. Ich helfe ihm, so gut
ich kann. Stundenlanges Diskutieren und Herumstehen. Er
muss 100 US-Dollar zahlen, der Idiot. Unvorbereitet, naiv, hilflos. Viel französisches Blabla, aber nichts drauf.

Endlich Weiterfahrt auf sehr schlechter Piste. Nach zehn Kilometern dasselbe Spiel: Polizeikontrolle. Umsonst für mich,

15 000 CFA-Francs für José, die Weihnachtsgans. Endlich weiter. Schlamm! José fährt sich fest. Es wird langsam dunkel. Nyanga ist noch knapp 30 Kilometer entfernt. Ziehe Josés Nissan mit einem Bergegurt aus dem Schlamm. Weiter durch die dunkle Nacht, und das im Kongo! Keine gute Idee. Der Weg wird besser. Wir fahren, so schnell wir können. Zu schnell für José, eigentlich. Dann endlich, endlich – Nyanga, ein kleines Dorf. Wir fragen nach der Mission. Es ist stockdunkel. Kein elektrischer Strom. Auch kein Wasser. Gar nichts. Eine handgroße Spinne auf der Toilette, die größte, die ich je gesehen habe. Der Pastor kündigt stolz das morgige Läuten der Kirchenglocke für 5.30 Uhr an! Wir campen in den Autos zehn Meter von der Glocke entfernt, direkt vor der Kirche. Ich bin völlig erledigt. Verfluchtes, wildes Afrika.

BRAZZAVILLE, REPUBLIK KONGO, 1. JANUAR [24 935 KM]

Ich verbringe Silvester mit meinem neuen Freund Peter. Ich habe ihn in der katholischen Mission kennengelernt, in deren Innenhof ich campe. In einem kleinen Restaurant gehen wir essen. Ich lade Peter ein, und zur Feier des Tages gibt es Steak und Pommes frites.

Peter Otim ist Lehrer. Er kommt aus Uganda und spricht ein sehr gepflegtes britisches Englisch. Sein Akzent erinnert mich an den von Kofi Annan. Wir sind beide froh, im frankophonen Kongo jemanden gefunden zu haben, der Englisch spricht. Nach und nach erzählt Peter mir seine Lebensgeschichte.

Während der Gewaltherrschaft Idi Amins in seiner Heimat Uganda flieht Peter in den 1970er-Jahren nach Khartoum im

Sudan. Als dort der Bürgerkrieg mit dem Südsudan ausbricht und es in Khartoum wiederholt zu Putschversuchen kommt, reist er nach Kinshasa im damaligen Zaire und arbeitet dort als Lehrer an der amerikanischen Highschool. Er führt ein komfortables Leben und gründet eine Familie. 1998 bricht der Zweite Kongokrieg aus. Präsident Laurent-Désiré Kabilas Armee-Einheiten, die von Truppen aus Angola und Simbabwe unterstützt werden, kämpfen gegen Rebellen im Osten des Landes, die von Uganda, Ruanda und dem Sudan unterstützt werden. Plötzlich befindet sich Peter als Ugander auf der falschen Seite. Er wird von Kabilas Leuten verhaftet und grausam gefoltert. Er fürchtet, als Spion des Feindes exekutiert zu werden, als ihn völlig unerwartet Vertreter des Roten Kreuzes retten und mit einem Boot von Kinshasa über den Kongo nach Brazzaville bringen. Seine Frau und seine sieben Kinder bleiben zurück. Kurz nach seiner Ankunft flammt der Bürgerkrieg in der Republik Kongo erneut auf. Große Teile Brazzavilles werden zerstört. Es ist, als würde der Krieg Peter Otim wie ein Fluch verfolgen, wohin er auch geht.

Seit acht Jahren lebt Peter in einer fensterlosen Garage hinter der katholischen Mission und wartet. Er ist Kriegsflüchtling und Ausländer und bekommt in der Republik Kongo keine Arbeitserlaubnis. Er hat keinen Pass. Er hat kein Geld. Er ist gefangen. Seine Familie befindet sich nur wenige Kilometer entfernt in der Demokratischen Republik Kongo, auf der anderen Seite des Flusses, doch ihnen wird die Ausreise verweigert. Sein einziger nennenswerter Besitz ist ein winziges, batteriebetriebenes Radio. Jeden Abend hört er den BBC World Service in seinem geliebten britischen Englisch.

Doch sein größter Schatz ist eine dunkelblaue Krawatte. Vorsichtig nimmt er sie aus einer Schachtel und zeigt sie mir. Er habe sie an dem Tag getragen, als er an der Makerere-Universität in Kampala seinen Universitätsabschluss machte. Seine Frau hat sie ihm vor einigen Jahren geschickt, damit er sie tragen kann, wenn er bei den ausländischen Botschaften der Stadt Asyl beantragt. Die Krawatte hat ihm anscheinend Glück gebracht, denn Schweden hat ihm auf Vermittlung der UN und nach jahrelangem bürokratischen Hin und Her gerade Asyl gewährt, und er soll in wenigen Wochen seine Familie wiedersehen und nach Schweden ausreisen dürfen.

Ich erlebe einen würdevollen, gebildeten Mann, der trotz unfassbarer Rückschläge nie den Mut und die Hoffnung verloren hat. Peter ist ein wahrer Lehrer. Ich bin sehr dankbar, dass ich ihn getroffen habe.

Persönliche Freiheit ist nichts Selbstverständliches. Ich denke über den deutschen Reisepass in meiner Hosentasche nach. Haben wir nicht geradezu die Pflicht, unsere immense Freiheit zu nutzen? Wenn wir nicht reisen, uns nicht für die Welt interessieren, obwohl wir es könnten – verhöhnen wir Menschen wie Peter Otim nicht fast?

»Happy New Year, Christoph!«, ruft er und lacht laut.

Peter Otim gibt nicht auf.

»Happy New Year, Peter!«

13

Einer meiner Lieblingsplätze auf der Erde war der
»Seewinkel« in Herrsching, ein lauschiger Strandab-
schnitt am Ostufer des Ammersees, an dem eine
improvisierte Bar stand. Diese Bar war den konser-
vativen Mitgliedern des Herrschinger Gemeinderates
schon lange ein Dorn im Auge. Um den einzigartigen
Platz zu erhalten, hatte sich der »Freundeskreis Seewinkel« gegründet, für den ich 2009 einen Benefiz-
vortrag halten sollte. Und so stellte mich der Wirt,
Roger Jürgens, einem der Vorsitzenden vor. **JÖRG
REUTHER** und ich waren uns auf Anhieb sympathisch. Jörg war ebenfalls Reise- und Abenteuerfoto-
graf. Auch sonst glichen sich unsere Biografien ganz
erstaunlich – er hatte Geologie studiert und lange
Zeit Autos in den Nahen Osten verschoben. Vor
allem stellten wir schnell fest, dass wir den gleichen
schwarzen Humor haben.

Bald ergab sich die Gelegenheit, gemeinsam nach
Island zu reisen. Ich war fasziniert, dass Jörg mit
der gleichen Konsequenz und Begeisterung fotografierte. Er versteht es nicht nur, Landschafts- und
Menschenbilder spannend zu gestalten, seine Meis-
terschaft besteht darin, Sport treibende Menschen
in freier Natur zu fotografieren. War er früher viel für
die Magazine *ski, surf* und *bike* unterwegs, fotogra-

fierte er mich auf dem Motorrad nun in einer Art und Weise, wie ich es noch nie erlebt hatte. Außerdem hatten wir einfach viel Spaß, Streit gab es nie.

Island war nicht nur die erste Etappe meines weltweiten Fotoprojektes »Planet Wüste« sondern auch der Beginn einer wunderbaren Freundschaft und Zusammenarbeit. Wir waren in den letzten Jahren auf der ganzen Erde unterwegs. Jörg mit seinen »Canons«, ich mit meinen »Nikons«, abends dann gemeinsam über die Bildschirme unserer Notebooks gebeugt. Jörg nahm mir die Angst vor der digitalen Fotografie und weihte mich in die Geheimnisse der digitalen Nachbearbeitung und Archivierung ein. Niemand kann glaubwürdiger von allen Generationen von Apple-Computern schwärmen als er. Am nördlichsten Ort der Erde, im grönländischen Qaanaaq, machte er sich unsterblich, als er die einzigen fünf Computer, allesamt defekt, wieder in Gang bringen konnte.

Michael Martin

Jörg Reuther

DAS PERFEKTE BILD

»*Stop! Please turn around!*« Der Taxifahrer steigt in die Bremsen und wendet den schwarzen Ambassador in einer Staubwolke. Es sind nur knapp 300 Meter zurück bis zu dem Strommasten, den wir eben passiert hatten. Genau da war er gewesen, dieser magische Moment, an dem alles passt: das satte Grün der Reisfelder, das warme Licht der Nachmittagssonne, die zarten Wolkenschleier am Himmel, die leuchtenden Saris der drei Frauen bei der Feldarbeit und die angedeutete Zuckerbäckersilhouette des kleinen Hindutempels im Hintergrund. Ich zücke die Kamera. Nur Minuten sind vergangen, es bietet sich immer noch ein schönes Motiv. Nur die Magie ist unwiederbringlich vorbei.

Wie damals 1988 bei der Goa-Reportage für das Reisemagazin *Traveller's World* ist die Suche nach diesem so raren einzigartigen, großen Augenblick der Treiber für mein Fotografendasein. Und dummerweise auch ein steter Quell für eine latente Unzufriedenheit, die sich als treuer Begleiter meiner Laufbahn erwiesen hat.

Der in einem Bild inszenierte Augenblick hatte mich schon immer fasziniert. Mit acht Jahren bekam ich von meinen Großeltern die erste Agfa-Box geschenkt. Durch sie konnte ich in eine für mich ganz neue, aufregende Welt schauen. Von da aus war es ein kurzer Weg, bis ich mir von meinem Taschengeld eine eigene Agfamatic, eine der frühen Instantkameras, und später dann eine Spiegelreflexkamera kaufte und alles knipste, was mir vor die Linse kam. Das Fotolabor war bei uns zu Hause auf dem Dachboden. Stunden über Stunden verbrachte ich im roten Licht und im beißenden Dunst des Fixierbades und war jedes Mal aufs Neue gebannt, wenn die Chemiebrühe aus dem Papier das Bild einer von mir erlebten Wirklichkeit sog. Etwas Wundersames geht für mich bis heute von einem Foto aus, auch wenn sich der Zauber vom dunklen Dachboden längst auf die Displays von Kamera und Computer verlagert hat.

Die mit dem Fotografieren verbundene Technik fasziniert mich. Sie ist es schließlich, die es uns ermöglicht, ganz eigene höchst subjektive Umweltwahrnehmungen festzuhalten und darüber sprechen zu können. Fotografie verstehe ich dabei immer als eine sehr persönliche Form des Geschichtenerzählens und des Dokumentierens von Situationen, Begegnungen, Gefühlen und Erlebnissen. Und sie ist zugleich ein Stück Kunst, auch wenn ich mich selbst nicht als Künstler verstehe.

Das haben auch andere nicht. Zum Beispiel die Zöllner in der Türkei. Ich hatte mir in den 1980er-Jahren mein Geologiestudium als Lkw-Fahrer finanziert. Zwischen Vorlesungen und Seminaren zog es mich von Schweden damals in den Irak, wo die Trucks ihre Abnehmer fanden. 1984 war es auf einem dieser Trips, als es auf einmal den türkischen Zöllnern einfiel, ein Auge auf meine Kameraausrüstung zu werfen. »Das ist verboten«, lautete die knappe Ansage, und schon war das Gehäuse mitsamt zwei hochwertigen Objektiven konfisziert. »Kameraschmuggel«, hieß es in der Anklage, ein Freund und ich wurden gleich einkassiert und vor ein Schnellgericht geschleppt. So ganz eindeutig war die Angelegenheit offenbar dann doch nicht. Der Richter wollte den Zöllnern aber offenbar nicht in den Rücken fallen und entschied salomonisch, dass wir wieder auf freien Fuß kommen. Die Fotoausrüstung würde ich zurückbekommen, wenn ich nachweisen könnte, dass deren Einfuhr in die Türkei legal ist. Das ganze Verfahren war jedoch alles andere als vertrauenserweckend, ich war froh, nicht hinter Gitter zu kommen. Die Kamera hatte ich abgeschrieben. Das Fotografieren war mir erst einmal völlig verleidet. »Ich höre auf damit, das bringt doch eh nichts, und wenn, dann nur Ärger«, entschied ich. Punkt. An den Zöllnern »rächte« ich mich auf meine Weise. Etwas »Bakschisch« beschleunigte auf dem Balkan die Grenzabfertigung. Genau zu diesem Zweck hatte ich immer ein paar Flaschen heiß begehrtes Weißbier an Bord, das ich beim Anfahren an der Grenzstation kräftigst durchschüttelte. Mit absolut überschäumendem Erfolg.

Meine Fotoabstinenz habe ich dann fast zwei Jahre konsequent gepflegt. Selbst die mir von meinen Eltern geschenkte Kamera konnte mich davon nicht abbringen. Bis zu diesem einen besonderen Tag auf den Kanarischen Inseln. Ich hatte meine Eltern dorthin in den Urlaub begleitet. Am letzten Tag unseres Aufenthalts kam vom Horizont eine außergewöhnliche Erscheinung auf uns zu: eine Windhose, wie ich sie noch nie gesehen hatte. Ich rannte ins Appartement, griff nach der Kamera und schoss aus dem Stand eine ganze Bilderserie. Mein Vater, selbst passionierter Segler, erklärte mir anschließend das Sturmphänomen anhand eines Hintergrundbeitrages in der Zeitschrift *Yacht*. Dort erfuhr man zwar alles über Windhosen, ihre Entstehung und ihre fatale Wirkung auf die Schifffahrt, nur wirklich gut zu erkennen war auf den Fotos nichts. Ich hatte jedoch jetzt knackscharfe Bilder im Kasten, anhand deren die Windhose und ihr Verlauf innerhalb der Wetterfront perfekt abzulesen war. Auf Drängen meines Vaters habe ich nach unserer Rückkehr in der *Yacht*-Redaktion angerufen und die Bilder dort angeboten. Die Redakteure waren begeistert – und ich hatte 1985 zum ersten Mal Fotos verkauft. Die Tür in die Professionalität war aufgestoßen. Ich musste nur noch durchgehen.

Mein Freund Thomas Kanzler war zu dieser Zeit als Motorradreiseleiter unterwegs und hatte sich hin und wieder als freier Foto- und Textjournalist für Motorradmagazine etwas dazuverdient. Im Februar 1986 rief er mich von Teneriffa aus an, wo er gerade eine Gruppe führte. »Du musst kommen«, sagte er über die knisternde Leitung. »Der Karneval auf der Insel ist der Hammer. So was hast du noch nie gesehen«, schwärmte er. Ich machte mich mit meiner Kamera auf den Weg und tauchte ein in eine gigantische Party, ein Meer von Farben, auf dem sich schöne Menschen ausgelassen treiben ließen. Natur und Kultur verschmolzen hier in Santa Cruz in einen emotionalen Rausch – südländisch, ja fast karibisch. Bilder im Überfluss – ein fotografischer Traum, großartiger Stoff für eine Reportage.

Mit Thomas Kanzler war ich seither als Bildreporter für Motorradmagazine in ganz Europa unterwegs. Vor allem in Spanien, Frankreich und Italien. Thomas war froh, dass er sich alleine aufs Texten verlegen und die Bilder mir überlassen konnte. Text und Bild, das haben wir beide so erlebt, speisen sich eben doch oft aus unterschiedlichen Quellen. Die Reportage lebt textlich von den Situationen, den Begegnungen mit Menschen und dem Erspüren der Hintergründe einer Story. Der Fotograf baut darauf auf, übersetzt die Inhalte in aussagestarke Bilder und sucht dazu – wie ich an jenem Tag in Goa – den ganz besonderen Augenblick, wo die Inhalte, das Licht und die Stimmungen perfekt zusammenfließen. Er wird ihn in der Regel nicht finden können, wenn er gleichzeitig auch noch im Gespräch die Persönlichkeit seines Gegenüber ausloten soll. Der interviewte Freibeuternachfahre beispielsweise würde vermutlich ziemlich irritiert schauen, wenn der Reporter ausgerechnet an der Stelle, an der sein Interviewpartner das seit 300 Jahren gehütete Geheimnis der Piraten lüften will, das Gespräch abwürgt, weil gerade vor dem Rathaus der Karibikinselhauptstadt ein üppig beladener

Obstkarren von einem dreibeinigen Esel vorbeigezogen wird, den der Reporter noch schnell ablichten muss.

Meine Erfahrungen mit den Motorradreportagen hatten mir Mut gemacht, mich auch bei anderen Reisemagazinen vorzustellen. Eines davon war *Traveller's World*, das Ende der 1980er-Jahre als der »Mercedes« unter den Reisemagazinen galt. Mit großen Reportagen, langen Bildstrecken und einer gepflegten Exklusivität. Große Fotografen, wie zum Beispiel der herausragende Anselm Spring, fanden hier eine sorgsam bereitete Bühne. Chefredakteur Claus Deutelmoser, den alle Welt nur kurz CD nannte, hatte den Ruf, auch junge, noch unbekannte Fotografen zu fördern. Das war günstig für ihn und bot den Fotografen ein Schaufenster, das von Verlagen und anderen Premiumhochglanzmagazinen als gute Referenz anerkannt wurde.

Ich hatte das Glück, meine Mastersheets in der *TW*-Redaktion zeigen zu dürfen. Bene Benedikt, der stellvertretende Chefredakteur und spätere *Globo*- und *Alpin*-Chef, gefielen meine Auswahl und die Bildsprache. Besonders eine Fünf-Seen-Land-Geschichte, die ich von meiner Heimat in Herrsching aus in vielen kleinen, feinen Erkundungen gemacht hatte. »Wir haben eine Fünf-Seen-Land-Geschichte in Planung«, meinte Benedikt. »Das muss der Chef sehen.« Der hatte aber keine rechte Lust, und nur nach einigem Nachbohren von Bene Benedikt ließ er sich erweichen, einen Blick auf meine Mastersheets zu werfen. »Dann kommt halt rüber«, bellte CD ins Telefon. Wir waren kaum in seinem Büro, da ging er hoch wie eine Rakete. »Fünf-Seen-Land? Das macht doch der Anselm Spring. Kein Bedarf.« Weil ich aber schon mal da war, wollte er wenigstens kurz über die Dia-Sheets fliegen. Ich weiß noch wie gestern, wie Deutelmoser mit dem Ärmel den mit Manuskripten und Dias vollbepackten Leuchttisch leer fegte, das Licht anknipste und meine

Bilder schnaubend in Augenschein nahm. Mir schwante nichts Gutes, aber Bene Benedikt warf mir einen beruhigenden Blick zu. Deutelmosers grimmige Mine hellte sich zunehmend auf, er erhob sich von seinem Leuchttisch, nickte mir zu und wandte sich an seinen Stellvertreter: »Bene, machen Sie Nägel mit Köpfen. Schicken Sie den in die Toskana.«

Ich war begeistert und sehr aufgeregt. Rita Balon von der TW-Redaktion begleitete mich auf der Reportage und machte mir Mut: »Wenn du das gut machst, bist du im Geschäft«, versprach sie. Aber das war alles andere als ausgemacht. Das Wetter in der Toskana als schlecht zu bezeichnen wäre eine Untertreibung gewesen. Es schüttete, zwischendurch Nebel, dann schüttete es wieder. Nur hin und wieder lichtete sich für einen kurzen Moment der Himmel. »Das war's«, dachte ich mir. Mit Ach und Krach bekam ich vier Sheets zusammen und präsentierte sie dem Chefredakteur. Ich rechnete mit einem Erdbeben am Leuchttisch. Aber von wegen. »Damit kann ich arbeiten«, meinte CD. »Als Nächstes fahren Sie für uns nach Indien.« Ich war erleichtert und begeistert.

Die nächste Produktion klang verheißungsvoll. Zumindest was die Wetteraussichten betraf. Sie führte nach Goa und auf die Lakadiven. »Laka… was?« Marcus Schick, der TW-Redakteur, und ich hatten von dem Atoll im Indischen Ozean noch nie was gehört. Wie auch. Die Inselgruppe vor der Küste Keralas war Terra incognita und bislang von der indischen Regierung für den Tourismus gesperrt gewesen. Jetzt, Ende 1988, sollte der Zugang erstmals möglich werden, und die Reisemagazine dieser Welt brannten darauf, den neuen »Geheimtipp« vorzustellen. Doch die Lakadiven setzten alles daran, ihr Geheimnis zu wahren. Nur eine der unbewohnten Inseln, Bangaram, öffnete sich für den Tourismus. Schon beim Anflug auf die Nachbarinsel Agattı schien es sich der Pilot beim Ausrollen anders überlegt zu haben, nach einer scharfen 180-Grad-Kehrtwende beschleunigte er noch einmal, als wollte er möglichst schnell wieder heimfliegen. Auf Bangaram selbst war für die Reporter nicht viel zu erkunden. Ein paar Bungalows, einige Boote und ansonsten viele Palmen, ein weißer Sandstrand und kristallklares Wasser. Ein Rundgang um die Insel war gefühlt in einer Viertelstunde zu erledigen. Von dem knappen Dutzend an Besuchern waren in diesen Tagen allein vier Reporter. Mit uns war ein Team des damals führenden italienischen Reisemagazins *Gente Viaggi* auf der Insel. Der Fotograf war schon einen Tag vor uns eingetroffen, ein netter Kerl und unglaublich emsig. Bevor ich selbst die Ausrüstung ausgepackt hatte, waren bei ihm schon 80 Filme durchgerattert. Er muss jede einzelne Palme abgelichtet haben. Die Reportage lief für ihn nebenher, ansonsten nutzte er jede Gelegenheit für Strand- und Badeklischees, viele kleine Details, die sich für die werbliche Weiterverwertung nutzen ließen. Eine Fotografie, die auf maximale kommerzielle Effizienz abzielte. Aber eine solche Fotografie war nicht das, worauf ich aus war.

Mein Thema, das wurde mir auf Bangaram noch einmal besonders klar, war und blieb die »klassische« Fotoreportage: die Story rund um die große Natur mit ihrer einzigartigen Strahlkraft, das Spiel von Licht, Farben und Stimmungen und darin der Mensch, der mit seiner Persönlichkeit, seinem Ausdruck und seiner Dynamik in einer individuellen Beziehung zu seiner Umwelt steht. Bangaram war vor diesem Hintergrund sehr schön und auf seine Art feinsinnig, aber andererseits doch ein Kunstprodukt, zu dessen Vermarktung wir als Reporter auserkoren waren. Kein Versprechen einer neuen touristischen Offenbarung, wir mussten uns vielmehr die Frage stellen, wie viel Bekanntheit diesem Naturkleinod überhaupt guttat.

In der Reisefotografie ist man überwiegend auf gute Stimmung gebucht. Die Bilder sind an die Sehnsüchte der Betrachter adressiert, wollen sie begeistern und ihnen ein Tor in eine für sie möglicherweise bis dahin völlig unbekannte Welt öffnen. Aus dem Sucher erschließt sich ein Motiv dabei immer selektiv. Der Bildaufbau, die Ausschnitte, das Licht ... das alles ist nicht nur Dokumentation, sondern kann auch sehr direkt oder subtil eine Botschaft vermitteln. Damit unterliegt sie einer besonderen Verantwortung des Fotografen. So hatte ich auf einer meiner Reisen in Indien einmal Kinder fotografiert, die auf einer Müllhalde wertvollen Elektroschrott und Medizinabfälle sammelten. Ein Drecksgeschäft, das die armen Kreaturen mit ihrer Gesundheit bezahlen. Sie freuten sich, dass sie fotografiert wurden, und strahlten in die Kamera. Die Bildästhetik funktioniert dabei genauso wie bei den stimmungsvollen Strandszenerien. Die emotionale Wirkung ist nicht minder intensiv, nur zielt sie in eine andere Richtung. Für Kinderschutzorganisationen beispielsweise werden Bilder wie diese dann zu einem tauglichen Instrument, Empathie zu erzeugen und ihren Förderern zu vermitteln, dass ihre Spenden und Zuwendungen an die richtigen Stellen fließen. Dafür lohnt es sich zu fotografieren – allerdings sind bezahlte Jobs in diesem Umfeld leider rar gesät.

Dass ich anspruchsvoll fotografieren konnte, hatte ich vor allem Anne Hamann zu verdanken. Sie hatte eine kleine, feine Premiumbildagentur in München und arbeitete nur mit einer Handvoll, dafür aber hochkarätigen Fotografen zusammen, darunter Thomas Höpker, Anselm Spring, Guido Mangold, Dr. Georg Gerster oder Stefan Moses. Zu ihren Kunden gehörten in den 1990er-Jahren die renommiertesten Hochglanzmagazine der deutschen Verlagslandschaft. Dass Anne meine Fotos als gute Ergänzung ihres Angebotsportfolios sah, hat mich sehr stolz gemacht. Rückblickend kann ich sagen, dass ihr Rat und ihre weitreichenden Kontakte meine Fotografenlaufbahn entscheidend geprägt haben. Anne Hamann hat mich auf diesem Weg immer wieder ermuntert und unterstützt, meine eigene Bildsprache zu entwickeln und zu pflegen. Dafür bin ich ihr bis heute dankbar.

Weil ich selbst gerne in der Natur aktiv bin, hatte ich mich schon sehr früh auf Ski- und Bikereportagen spezialisiert. Der Mensch in seiner Beziehung zu der erhabenen Natur ist für mich ein bestimmendes Thema geworden. Dazu gehören auch Bewegungslinien, wie etwa Spuren im Schnee. Sie hatte schon der britische Maler und Kunstphilosoph William Hogarth im 18. Jahrhundert als »the line of grace and beauty« ausgemacht. In der Schönheit von geschwungenen Linien in der Fläche und im Raum hatte er eine Art tiefenpsychologischen Reiz ausgemacht, dem sich ein Bildbetrachter nicht entziehen kann und der seinerseits eigene emotionale Schwingungen auslöst. Diese Erkenntnis aus der Zeit des Rokoko hallt in der Ski- und Bikefotografie weiter nach. Eine Tiefschneeabfahrt oder eine sommerliche Gratbefahrung mit dem Mountainbike sind für mich immer wieder fotografische Highlights, die mit ihrer eigenen Linie eine herausragende Story erzählen können – eben in »the line of grace and beauty«.

In vielen Skigebieten geht aber genau diese Einzigartigkeit immer öfter verloren. Leider. Die Pistenpräparation richtet sich nach Maschineneffizienz, Fahrkomfort und Sicherheit, typische Geländeeigenheiten sind maschinell optimierten Planierungen gewichen. Kein Platz für den Schwung im unberührten Schnee. Im Vordergrund steht vielmehr – auch aus gutem Grund –, dass möglichst viele Sportler sicher und mit minimalen Wartezeiten auf ihre Kosten kommen. Auch viele Hotels, Gaststätten und

Einkehren sind heute einem geschmacklichen Mainstream angepasst. Die regionale Orientierung fällt dann schwer, genauso wie
die Möglichkeit, individuelle Geschichten im Bild zu erzählen.
Wie schön war es da einmal in Wagrain, einem Skidorf im Salz-
burger Land. Wieder einmal hatte tagsüber das Wetter nicht mit-
spielen wollen. Es schneite ohne Unterlass, die weiße Pracht
türmte sich meterhoch, die Hand vor Augen war nicht zu sehen,
an Fotografieren gar nicht zu denken. Außer am Abend, bei einer
Travestieshow. Ein ehemaliger Wiener Burgschauspieler hatte
abseits des Dorfes nahe der Bundesstraße ein Zimmertheater
etabliert, irgendwann aber die Lust daran verloren, sodass zwei
örtliche Travestiekünstler dort ihre Bühne fanden. In den traditi-
onell geprägten Berggemeinden war allein das Ansinnen zweier
junger Männer, in Frauenkleidern aufzutreten, schon ein starkes
Stück. Dass aber der eine von ihnen auch noch der Herrgott-
schnitzer von Wagrain war, der tagsüber in Lederhosen und
Trachtenjanker aus Holz Kruzifixe und Madonnenfiguren mo-
dellierte, war den Einheimischen dann doch schon sehr suspekt.
Das Publikum war folglich überschaubar. Neben uns hatten sich
ein paar Touristen ins Theater verirrt. Da konnten die Show und
die Kostümierung so großartig sein, wie sie wollten. Nach der
Aufführung und dem Fotoshooting gingen wir mit den Akteuren
noch in eine Bar, wo sich auch noch die örtliche Wahrsagerin zu
unserer Runde dazugesellte. Sie hatte ihren Ruf als »Hexe« weg
und konnte gut damit leben. Das eigenwillige Dreigestirn war für
unsere Geschichte wie ein »Geschenk«. Denn es öffnete an diesem Abend auf eine sehr sympathische Art eine eigene Perspektive auf die Skigebietsgeschichte. Menschen, Landschaft, Kultur
und Bewegung bildeten hier eine eigene, unverwechselbare und
gleichzeitig sehr authentische Story. Großartig zu fotografieren
und zu erzählen.

Eine solche Begeisterung kann für den Fotografen manchmal allerdings auch zum Problem werden. Wie bei einer Reportage in Belize, dem ehemaligen British Honduras in der Mitte Mittelamerikas. Weil die Reise über Weihnachten und den Jahreswechsel ging, waren meine Frau und meine anderthalbjährige Tochter Luca dabei. Den Jahreswechsel wollten wir gemeinsam in Guatemala feiern, in Tikal, wo die größte präkolumbianische Maya-Pyramide der westlichen Hemisphäre steht. Allerdings hieß es, dass der Weg von Belize dorthin in diesen Tagen nicht ganz ungefährlich sei. Die örtlichen Bandidos hatten nach den Festtagen augenscheinlich Kassensturz gemacht und festgestellt, dass ihnen die Barschaft ausging. Daher warnten die Behörden eindringlich davor, die Straße in der Dämmerung oder gar in der Nacht zu befahren. Wir hatten daher mit einem Freund verabredet, dass er mit meiner Familie schon gegen Mittag vorfahren sollte, wir wollten dann, nachdem ich noch antike Maya-Ruinen in Belize fotografiert hatte, am Nachmittag nachkommen. Gesagt, getan. Nur die Maya-Fotos zogen sich hin. Das Licht wurde am Nachmittag immer besser, hier noch eine Einstellung, da noch eine Perspektive … Es dauerte bis kurz vor fünf, ehe wir uns auf den Weg machen konnten. An der Grenze war es schon fast finster. Ich saß auf der Pritsche des Pick-ups. Mit einem mehr als mulmigen Gefühl rumpelten wir dem vermeintlichen Verderben entgegen. Von meiner Kameraausrüstung hatte ich mich gedanklich schon verabschiedet, wenigstens die Filme hatte ich in einer Abfalltüte unter dem Beifahrersitz in Sicherheit gebracht. Die Nacht war schwarz, auf der schlechten Piste kamen wir nur schleichend voran. Doch das einzig »Gefährliche« war eine dicke Vogelspinne, die den Weg überquerte und im Scheinwerferlicht kurz stoppte und dann eilends in der Böschung verschwand.

In Tikal nahmen wir meine Familie in Empfang. Alle waren heil angekommen. Aber: »Wir sind überfallen worden«, sagte meine Frau Christine. Unterwegs hatten sie eine Senke passiert, wo unten zwei Autos standen. Ein bärtiger Mann im Tarnanzug stand davor und deutete auf seine erhobene Hand. Unsere kleine Luca war begeistert: »Mann, Mann«, rief sie. Bei näherer Betrachtung zeigte er auf eine Handgranate, das unmissverständliche Zeichen, hier anzuhalten. Freundlich wurde die Reisegesellschaft gebeten, ihre Wertsachen abzugeben, was diese auch bereitwillig tat. Glücklicherweise durfte sie wenigstens Ausweise und Scheckkarten behalten. Es ging ja, wie gesagt, bei der Wegelagerei in diesen Tagen vor allem um Bares und Sachwerte, die man versilbern konnte. Eben all das, was wir in unserem verspäteten Fotografen-Pick-up geladen hatten.

Gesundheit und Unversehrtheit sind unterwegs immer das höchste Gut. Ein *worst case* ist für mich als Fotograf immer der Verlust von Bildern. Sei es, dass die Kamera ins Wasser oder die Gletscherspalte fällt oder Filme rettungslos beschädigt werden. Da bieten die Digitalisierung und die damit verbundene Datensicherung heute ein beruhigendes Back-up-Szenario. Zugegeben: Anfangs war mir das Thema sehr suspekt. Meine Filme konnte ich einschätzen, das Druckergebnis erschien mir immer kalkulierbar. Claus Deutelmoser, der neben *Traveller's World* auch über viele Jahre die Chefredaktion der Zeitschrift *ski* innehatte, bestand allerdings schon früher als andere in der Verlagsbranche darauf, dass die Fotografen ihre Ergebnisse digital ablieferten. Allerdings war die Technik Anfang und Mitte der 1990er-Jahre sehr dürftig, die Qualität und Bildauflösung ließen oft zu wünschen übrig. Computer-to-Plate-Druck – mit alleiniger Bildbearbeitung durch Fotografen und Grafiker – war ein Abenteuer mit oft ungewissem Ausgang. Anfangs fotografierte ich daher die

Aufmacher noch analog und nur kleinformatige Details digital. Bei Produktfotos für einen Skischuhtest durchbrachen wir dann mit der Redaktion *ski* dieses Gesetz. Das »Unmögliche« gelang. Die digitalen Aufmacher lieferten ein prima Druckergebnis. Ich habe daraufhin komplett auf digitale Fotografie umgestellt und die Datenerfassung und -optimierung zu einem festen Bestandteil meiner Arbeit gemacht. Ich brauchte dieses positive Aha-Erlebnis, um die Möglichkeiten statt der Grenzen der digitalen Fotografie zu erkennen.

Heute erscheint mir ein anderes Arbeiten im professionellen Bereich kaum noch vorstellbar. Das Zeitalter der Digitalisierung durchzieht mit großer Selbstverständlichkeit und immer größerer technischer Raffinesse die Fotografie. Gewiss, Bilder erzählen noch immer vorrangig Geschichten. Doch die haben längst eine ganz andere Grundgeschwindigkeit.

Nach dieser Umbruchphase begegnete ich Michael Martin. Erstmals trafen wir uns an einer Strandbar am Ammersee in Herrsching. Wir waren uns auf Anhieb sympathisch. Er erzählte mit der ihm eigenen Begeisterung von seinen Reisen und den Dia-Vorträgen, mit denen er durchs Land zog. Anfangs konnte ich damit gar nichts anfangen. Vorträge waren einfach nicht das Medium, das ich für meine Fotografie auf dem Radar hatte. Weil Michael aber einen Open-Air-Diavortrag bei uns am Ammersee plante, entschloss ich mich, hinzugehen und mir das Ganze dann doch einmal anzuschauen. Ich war restlos begeistert. Ich hatte ja vorher nicht annähernd eine Idee davon, wie Michael aus der Verbindung von Bilderfolgen, Erzähltem und Musik ein so packendes Erlebnis machen konnte. Kein Wunder, dass seine Auftritte große Hallen füllen. Da er in diesen Abenteuervorträgen sowohl als Fotokünstler, Chronist und motorradfahrender Hauptdarsteller gefragt ist, erkundigte er sich eines Tages, ob ich ihn auf seinen Reisen für ein neues Projekt nicht fotografisch unterstützen könne. »Ach«, dachte ich mir, »eigentlich bist du Einzelkämpfer. Kann man überhaupt im Team fotografieren?« Ich habe es einfach darauf ankommen lassen. Unsere erste gemeinsame Reise führte nach Island. Im gecharterten Flugzeug saß Michael an der Seite des Piloten und machte seine Aufnahmen. Und wenn's richtig spektakulär wurde, bat er ihn, noch mal eine Schleife zu drehen, damit auch ich mit der Kamera auf meine Kosten kam. So habe ich unsere Zusammenarbeit von Anfang an immer als extrem kollegial und sympathisch erlebt. Abends machten wir dann gemeinsam die Bildauswahl für den Blog auf SPIEGEL ONLINE. Das ging von Tag zu Tag schneller. Unsere Bild- und Motivideen passten einfach zu gut zusammen. Dieses kongeniale Miteinander empfinde ich seither als einzigartigen Glücksfall.

Im Laufe unserer gemeinsamen Reisen haben wir das Erzählen von Geschichten in Bildern kontinuierlich fortentwickelt. Wir haben unsere Technik verfeinert und extremen Bedingungen angepasst. So erlebe ich Fotografie – und mittlerweile auch das Bewegtbild – immer wieder in neuen, oft überraschenden Dimensionen. Das ist Quell und Ansporn für weitere Bildgeschichten. Keine Frage: Die Suche nach dem einzigartigen magischen Moment und dem perfekten Bild geht weiter. Die kreative Unruhe steigt. Die Begeisterung auch. Und das nach all den Jahren ...

14

Unsere oberbayerische Fotografenrunde hatte sich mal wieder in einem Lokal am Ammersee versammelt. Neu am Tisch saß **BERND RÖMMELT**. Mir fiel sofort auf, mit welcher Begeisterung er von seinen Buch- und Fotoprojekten erzählte, die ihn vor allem durch die Alpen und in die Arktis führen. Ihm scheint kein Berg zu hoch, keine Inuitsiedlung zu entlegen zu sein, um an seine Bilder zu kommen. Wie oft habe ich später erlebt, dass er nach Festen noch spät in seine geliebten Alpen aufgebrochen ist, um nachts den Berg zu besteigen, von dem aus er am nächsten Morgen den Sonnenaufgang fotografieren wollte.

Seine Bilder sind dann auch von einer Qualität, die auf dem heutigen Bildmarkt ihresgleichen sucht. Sie leben oftmals von besonderen Lichtstimmungen, vor allem seine Tieraufnahmen zeigen immer den richtigen Moment. Für beides braucht man viel Geduld, eine Eigenschaft, die man bei dem immer energiegeladenen Bernd kaum vermuten würde. Was mir bei Bernd ebenfalls gleich auffiel, ist seine Offenheit im Umgang mit Geheimtipps. Anders als viele andere Fotografen gibt er bereitwillig seine ganzen Erfahrungen an uns Kollegen weiter und hat mir damit schon viel geholfen.

Ich bewundere Bernd dafür, dass er es schafft, so

viel Zeit mit der Kamera in der Natur zu verbringen und trotzdem zahlreiche Projekte parallel voranzutreiben. Dass er dabei nicht immer jede Verwertungsmöglichkeit seiner Bilder ausschöpfen kann, nimmt er gerne in Kauf. Wir treffen uns von Zeit zu Zeit zum Mittagessen, und jedes Mal berichtet er dann von neuen Reisen und neuen Buchprojekten. In den letzten Jahren hat Bernd Römmelt begonnen, auch Vorträge zu halten. Waren es zunächst nur einzelne Veranstaltungen für Greenpeace, hat er schnell weitere Buchungen bekommen, denn seine Begeisterung und Ausstrahlung, die jeden Zuhörer am Kneipentisch gefangen nimmt, übertragen sich auch unmittelbar von der Bühne auf sein Publikum.

Michael Martin

Bernd Römmelt

ABENTEUER DALTON HIGHWAY

Anfang Februar in Alaska. Ich stehe 70 Meilen nördlich von Fairbanks vor dem Straßenschild mit der Aufschrift »James Dalton Highway«. Die Temperaturanzeige meines Autos zeigt minus 35 °C. Weit und breit ist keine Menschenseele zu sehen. Ich komme ein wenig ins Grübeln: »Soll ich es wirklich wagen? Im tiefsten Winter den Dalton Highway zu befahren?« Selbst manch Einheimischer hat mir davon abgeraten. Im Winter können auf Alaskas einziger Piste, die über den Polarkreis hinaus bis an den Arktischen Ozean führt, die Temperaturen auf weit unter minus 40 °C absinken. Darüber hinaus sind Blizzards besonders in der kalten Jahreszeit keine Seltenheit. »Ich muss aber da hinauf«, schießt es mir durch den Kopf. Ich will in der arktischen Tundra Moschusochsen fotografieren – für mich gehören sie gemeinsam mit dem Eisbären zu den Königen der Arktis. Ich bin den James Dalton Highway in Alaska schon oft gefahren. Im Sommer, im Frühling und auch im Herbst. Immer waren diese Touren wahre Abenteuer. Die Motivfülle ist unglaublich. Tundra, Berglandschaften und eine phantastische nordische Tierwelt. Mit gemischten Gefühlen fahre ich doch los. Mit im Gepäck zwei große Benzinkanister, extra Proviant und eine große Schaufel. Wichtige Utensilien für den Notfall. Schon nach 30 bis 40 Kilometern Fahrt sind meine Zweifel verflogen. Die Winterlandschaft raubt mir den Atem. Die Bäume sind dick eingepackt von Eis und Schnee. Wie Wesen aus einer anderen Welt ragen sie in den stahlblauen Himmel Nordalaskas. Das Licht ist unglaublich.

Im Februar sind die Tage kurz. Lediglich für fünf bis sechs Stunden zeigt sich die Sonne am Himmel und zaubert schräges, rotoranges Licht auf die Landschaft. Ich komme kaum voran. Immer wieder bleibe ich stehen, schnalle meine Schneeschuhe an und tauche ein in diese Zauberwelt, fotografiere wie ein Besessener und vergesse so langsam Zeit und Raum. Insbesondere der Faktor Zeit ist hier im hohen Norden von Bedeutung. Nachtfahrten sollte man möglichst vermeiden. Die Temperaturen sinken dann noch weiter ab, was zu ernsthaften Problemen mit dem Motor führen kann. Entlang des Highway gibt es lediglich nach etwa 300 Kilometern auf halber Strecke in Coldfoot oder ein paar Kilometer weiter nördlich in Wiseman eine Unterkunftsmöglichkeit – zwei kleine Orte, mitten in der Brooks Range gelegen. Um 15 Uhr bricht die Dämmerung herein. Ich fotografiere weiter und merke allmählich, dass meine Chancen mittlerweile schlecht stehen, einen der beiden Orte noch vor Einbruch der Dunkelheit zu erreichen. Ich beschließe, die Nacht im Auto zu verbringen. Mit einem guten Schlafsack ist das kein Problem. Immer wieder muss ich das Auto für einige Zeit laufen lassen, damit der Motor nicht einfriert. Ich stelle mir stündlich den Wecker. Die Nacht wird endlos. Endlich, 15 Stunden später, beginnt es zu dämmern. Ich starte das Auto und werde von einem phantastischen Sonnenaufgang belohnt. Die Temperatur ist auf minus 42 °C abgesunken. Millionen von Eiskristallen fliegen durch die Luft und werden von der Sonne angestrahlt. Links und rechts der Sonne entstehen sogenannte Sonnenhunde, Regenbögen aus Eis. Was für ein Schauspiel. Langsam fahre ich weiter. Der Highway ist im Winter in sehr gutem Zustand. Der Schotter und die vielen Schlaglöcher, die mir im Herbst und im Sommer immer schwer zu schaffen gemacht haben, sind nun mit einer Schicht aus Eis und Schnee bedeckt. Es ist eine regelrechte Autobahn auf Schnee entstanden. Knapp 700 Kilometer führt die Piste gen Norden – fast alles reiner Schotter. Der Highway verdankt seine Existenz den Ölfunden am Arktischen Ozean bei Prudhoe Bay. Mitte der 1970er-Jahre begann man dort, Öl zu fördern, und baute eine 1300 Meilen lange Pipeline, die von den Ölfeldern am Arktischen Ozean bis zum eisfreien Hafen nach Valdez im Süden des Landes führte. Als Folge des Pipelinebaus wurde die Haul Road errichtet, als Versorgungsstraße für die Ölfelder im Norden. Lediglich sechs Monate dauerte der Bau im Jahr 1974. Lange Zeit war die Haul Road für den privaten Verkehr gesperrt, nur die Fahrzeuge der Ölgesellschaften durften die Piste benutzen. Das änderte sich 1991. Seitdem tummeln sich auch immer mal wieder waghalsige Touristen auf dem Dalton Highway. Bis heute wird die Fahrt auf dem Highway aber von den meisten Autoverleihern verboten – ein zu großes Risiko für das Fahrzeug. Wer sich trotzdem auf die Straße traut, der verliert jeglichen Versicherungsschutz, was teuer werden kann, denn die Abschleppkosten betragen etwa fünf US-Dollar pro Kilometer. Auch ich bin wie immer mit einem nicht versicherten Mietauto unterwegs. Nach knapp 186 Kilometern überquere ich den Polarkreis – diese magische Linie, wo die Sonne nördlich davon im Winter für ein paar Wochen nicht mehr aufgeht und im Sommer auch nachts nicht mehr vom Himmel verschwindet. Jetzt ist es nicht mehr weit. Langsam tauchen am Horizont die ersten Ausläufer der Brooks Range auf, dieser wilden, ungezähmten 1300 Kilometer langen Gebirgskette, die den ganzen Norden Alaskas von Ost nach West durchzieht. Für mich ist die Gebirgswelt der Brooks Range der Inbegriff von Wildnis. Hier streunen noch unzählige Grizzlys, Luchse, Vielfraße, Elche und Karibus durch die Wälder und Gebirgstäler. In den letzten 20 Jahren habe ich schon viele Tage in dieser wilden Gebirgswelt verbracht, habe unzählige Karibus auf ihren langen Wanderungen beobachtet, bin in der Früh vom Heulen der Wölfe geweckt worden und habe neugierige Bären von meinem Zelt vertreiben müssen. Jetzt im Winter sind Bären keine Gefahr, sie schlafen in ihren Höhlen und tauchen erst im April wieder auf.

Am späten Nachmittag erreiche ich Coldfoot. Dieser mitten in der Brooks Range gelegene kleine Ort – eigentlich ist Ort nicht die richtige Bezeichnung, hier gibt es lediglich ein kleines Hotel, eine Raststätte mit angeschlossener Tankstelle und ein Postamt – ist mir über die Jahre richtig ans Herz gewachsen. Ich genieße meinen Aufenthalt dort. Im kleinen Diner trifft man viele Truckfahrer, die unnachahmlich lautstark und lebendig von ihren Abenteuern auf dem Highway berichten. Mit einem großen Burger und Pommes frites feiere ich meine Rückkehr nach Coldfoot. Dieses Mal zieht es mich nach ein paar Stunden Pause aber doch noch ein Stückchen weiter. Mein Ziel: Wiseman. Ein weiterer kleiner Ort etwa 20 Meilen nördlich von Coldfoot. Wiseman ist ein »Überbleibsel« aus der Goldgräberzeit. Heute leben dort 22 Aussteiger, vier von ihnen kommen aus Bayern: Uta und Berni Hicker und ihre zwei bezaubernden Kinder. Seit mehr als 20 Jahren lebt die Familie nun schon in der Wildnis. Die beiden Kinder sind hier im hohen Norden geboren und echte Alaskaner mit bayerischen Wurzeln. Gibt es etwas Besseres? Berni geht auf die Jagd, Uta führt die schönste Bed-and-Breakfast-Pension nördlich des Polarkreises. Eigentlich will ich bei den Hickers nur eine Nacht bleiben, denn mein Ziel sind ja die Moschusochsen in der arktischen Tundra. Aus einer Nacht werden schließlich sieben Nächte. Ich kann mich ganz einfach nicht von den Hickers trennen, der wunderbar gemütlichen kleinen Hütte, in der ich untergebracht bin, von der Brooks Range, den Elchen, die ich jeden Tag vor der Haustür beobachte. Bereits die allererste Nacht, die ich bei den Hickers verbringe, ist voller Magie. Die Temperatur sinkt auf minus 45 °C, es ist sternenklar. Um neun Uhr abends beginnt das Schauspiel. Ein schwacher grünlicher Bogen taucht am Himmel auf. Ich weiß sofort, was das bedeutet. Ich ziehe meine wärmste Kleidung an, stecke noch einige Reserveakkus in meine Jackentasche und mache mich auf: Ich bin auf Nordlichtjagd. Nach 30 Minuten Fahrt erreiche ich den Sukakpak Mountain, einen wunderbar geformten Berg, der zu einem Wahrzeichen der Region geworden ist. Ich stelle mein Stativ auf. Genau über dem Berg zieht sich jetzt der Nordlichtbogen entlang. Ich beginne zu belichten. Ein Bild ums andere. Die Nordlichter werden immer stärker, wahre Explosionen, der ganze Himmel scheint in Bewegung zu geraten. Ein unglaubliches Schauspiel. Immer wieder muss ich meine Kamera aufwärmen, bei minus 45 °C spielt die Elektronik verrückt. Ich spüre weder meine Nase noch meine Hände, auch meine Füße nicht mehr. Schwerst- »Arbeit«! Dennoch halte ich die ganz Nacht durch und kehre erst gegen fünf Uhr morgens in meine warme Hütte zurück. An Schlaf ist jetzt nicht zu denken, zu aufgewühlt bin ich. Die Nordlichter tanzen immer noch vor meinem geistigen Auge. Die nächsten sieben Tage verbringe ich mit wahrer Genussfotografie. Ich erkunde die Gegend mit dem Auto, unternehme lange Wanderungen mit meinen Schneeschuhen und fotografiere und erlebe diese einzigartige Gebirgswelt der Brooks Range. Ich sehe Luchse, Schneehühner und Elche. Stress und Hektik fallen von mir ab. Ich passe meinen eigenen Rhythmus dem der Natur an. Es ist schwer zu beschreiben, aber meine innere Uhr beginnt ganz anders zu ticken. Es ist wie eine Verwandlung. Ich tauche ein in die Wildnis, vergesse für Tage meine Probleme des normalen Lebens, höre nur den lockeren Schnee, den ich mit meinen Schneeschuhen auf die Seite schiebe. Mir wird eines wieder klar: Man kann nur dann wirklich gut fotografieren, wenn man sich auf die Region, die man sich als Projekt ausgesucht hat, einlässt. In sie eintaucht, sie lieben und auch hassen lernt.

Für mich gibt es nur zwei Regionen weltweit, die mich derart einnehmen: Das sind die Alpen und der hohe Norden. Die Alpen liebe ich, weil ich mit den Bergen aufgewachsen bin, dort nicht nur Fotograf bin, sondern auch Bergsteiger, Genießer. Im hohen Norden sind es die Weite der Landschaft, die Einsamkeit, das magische Licht, die unglaubliche Tierwelt, die netten, hilfsbereiten, manchmal kauzigen, aber immer liebenswerten Menschen. All das fasziniert mich und zieht mich in seinen Bann. Vor Jahren hatte ich mal den Auftrag, in Andalusien zu fotografieren, und bin dabei gnadenlos gescheitert. Ich konnte einfach keine innere Beziehung zu diesem Landstrich aufbauen.

Während der sieben Tage in der Brooks Range wird mir wieder so richtig bewusst, welch privilegiertes Leben ich doch führe. Ich erfülle mir mit meinem großen Arktisprojekt einen Lebenstraum. Regionen wie Grönland, Spitzbergen oder Nordrussland, die ich bisher lediglich aus dem Fernsehen kannte, erlebe und fotografiere ich plötzlich selbst – unglaublich.

Nach einer Woche muss ich mich schweren Herzens von den Hickers und der Brooks Range trennen. Ich will weiter Richtung Norden. Der Highway führt direkt durch die Bergwelt der Brooks Range. Ich muss mich ein wenig beeilen, denn die nächste Übernachtungsmöglichkeit gibt es erst wieder in Deadhorse am Arktischen Ozean, und bis dahin sind es nochmals etwa 310 Kilometer durch unberechenbare, arktische Wildnis. Ich überquere den Atigun-Pass, den mit 1415 Meter höchsten Pass Alaskas, und kämpfe mich bei Windgeschwindigkeiten von mehr als 100 Stundenkilometern weiter Richtung Norden. Die Landschaft ändert nun ihr Gesicht. Es ist kein Baum mehr zu sehen. Ich befinde mich in der absoluten Hocharktis. Ich lasse die Bergwelt der

Brooks Range langsam hinter mir, vor mir breitet sich die arktische Tundra Nordalaskas aus. Das Gebiet nördlich der Brooks Range wird in Alaska als North Slope, die nördliche Senke, bezeichnet und ist wirklich eine ganz eigene Welt. Auch die Tierwelt ist eine andere. Hier tauchen die Tiere der Arktis auf wie der Polarfuchs, die Schneeeule oder der Gehrfalke. Ich bin aber auf der Suche nach Moschusochsen. Es ist gar nicht so leicht, die Tiere zu finden. Mit ihrem dunklen Fell heben sie sich zwar gut vom weißen Schnee ab, dennoch ist es eine sprichwörtliche Suche nach der Nadel im Heuhaufen. Immer wieder glaube ich etwas zu erkennen, was sich bei näherer Betrachtung dann doch als dunkler Felsen herausstellt. Vor lauter »Moschusochsen schauen« verliere ich kurz den Überblick und komme von der Straße ab. Ich stecke fest. Ich packe meine neue Schaufel und versuche das Auto frei zu schaufeln. Ohne Erfolg. Zum Glück befinde ich mich in Alaska, denn innerhalb der nächsten 20 Minuten halten zwei große Trucks an, und die Fahrer streiten sich fast darum, wer mich nun aus meiner misslichen Lage befreien darf. Typisch Alaska, typisch hoher Norden, denke ich mir. Die Menschen hier oben sind einfach aufeinander angewiesen und deswegen überaus hilfsbereit. 30 Minuten nach meinem Missgeschick sind mein Auto und ich wieder fahrbereit. Die letzten 100 Kilometer bis nach Deadhorse führen durch eintönige, flache arktische Tundra. Das Wetter wird immer schlechter. Wind verfrachtet den Schnee auf die Piste, jetzt ist höchste Konzentration erforderlich. Endlich nach knapp 700 Kilometern Fahrt erreiche ich die Ölfelder von Prudhoe Bay. Ich habe zwiespältige Gefühle, als ich die kleine »Ölstadt« Deadhorse mit all den riesigen Fahrzeugen, Gerätschaften und Ölpipelines erblicke. Einerseits bin ich froh, bei den jetzigen Wetterverhältnissen Zivilisation zu sehen. Andererseits empfinde ich tiefe Abneigung gegenüber dem »Treiben« hier. Für die empfindliche Natur der Arktis ist die Ölförderung eine einzige Katastrophe. Hier wird seit über 30 Jahren in einer der empfindlichsten Regionen Alaskas nach Öl gebohrt. Hier an der Küste bringen die Eisbärenmütter ihre Jungen zur Welt, hier gebären die Karibus, und hier brüten jedes Jahr im Sommer Millionen von Zugvögeln. Und genau hier wird nach Öl gebohrt? Es ist nicht nur die Gefahr einer Ölkatastrophe, sondern alleine die Anwesenheit des Menschen, der Lärm, das ständige Kommen und Gehen der riesigen Trucks, der Flugzeuge, was stört. Und jetzt planen die großen Ölfirmen auch noch, offshore zu bohren, also vor der Küste Alaskas, im Arktischen Ozean. Ein Unterfangen, das noch höhere Risiken birgt. Eine Ölkatastrophe wie die im Golf von Mexiko ist nur eine Frage der Zeit. Schon heute kommt es immer wieder zu »Zwischenfällen«, also Ölaustritten, im Pipelinenetz von Prudhoe Bay.

Ich muss vier Tage in Deadhorse verbringen, da ein Schneesturm den Highway unpassierbar macht. Endlich nach vier Tagen zwischen Ölfördertürmen und Pipelines bessert sich das Wetter. Sofort mache ich mich auf Richtung Süden. Ich habe die Hoffnung noch nicht aufgegeben, doch noch Moschusochsen zu finden. Ich bekomme schließlich von einem Trucker einen Tipp. Kurz vor der Pump Station 3 hat er eines der Tiere gesehen. Ich kann es nicht erwarten, drücke ein wenig mehr aufs Gas. Und plötzlich steht er vor mir: ein großer Moschusochsenbulle direkt neben der Straße. Sofort stelle ich mein Auto ab, schnüre meine Schneeschuhe, packe meine Fotoausrüstung ein und mache mich auf den Weg. Ich darf nichts überstürzen, muss mich langsam nähern. Ich habe schon einmal schlechte Erfahrungen mit einem alten Moschusochsenbullen gemacht. Vor Jahren habe ich mich lediglich mit einem großen Sprung in mein

Auto retten können, bevor der angriffslustige Bulle mit voller Wucht gegen mein Auto gelaufen war. Ich habe meine Lektion gelernt. Dieses Mal überstürze ich nichts. Überlege mir jeden Schritt, mache mich ganz klein, damit ich keine Gefahr für das Tier darstelle. Ich nähere mich langsam. 15 Meter vom Bullen entfernt lege ich mich auf den Bauch und fotografiere, was das Zeug hält. Was für ein Erlebnis. Vor mir ein großer, wunderschöner Moschusochsenbulle inmitten der tief verschneiten arktischen Tundra. Die Sonne lugt für ein paar Minuten durch die tiefen Wolken und zaubert schönstes Licht auf das Tier – Fotografenherz, was willst du mehr. Ich bleibe etwa 30 Minuten bei dem Bullen, dann wandere ich weiter auf einen kleinen Hügel. Ich traue meinen Augen kaum. In einer Senke steht eine ganze Herde. Es müssen 30 bis 40 Tiere sein. Langsam steige ich hinab zu ihnen. Natürlich hat mich die Herde längst bemerkt, und die Tiere machen sofort das, was sie immer tun, wenn sie Gefahr wittern. Sie bilden eine Wagenburg, einen Abwehrring. Die stärksten Tiere stehen ganz vorne und nehmen die schwachen, jungen und alten Tiere in ihre Mitte. Ein unvergleichlicher Anblick. Moschusochsen sind perfekt an die harten Bedingungen der Arktis angepasst. Unter ihrem zotteligen Überfell tragen sie eine bis zu zehn Zentimeter dicke Wollschicht und darunter noch mal eine ebenso dicke Fettschicht. Auch die Augen sind etwas ganz Besonderes. Um in den Phasen der Dunkelheit sehen zu können, verfügen die Tiere über eine hochempfindliche Netzhaut. Moschusochsen waren um die Jahrhundertwende in Alaska ausgerottet. In den 1930er-Jahren siedelte man Tiere aus Grönland wieder in den Weiten Nordalaskas an. Mit Erfolg. Heute sind wieder mehrere Tausend Tiere in der arktischen Tundra zu bewundern. Leider macht den Tieren heute der rasante Klimawandel zu schaffen. Regenfälle im Winter führen dazu, dass sich über den für die Moschusochsen lebensnotwendigen Moosen und Flechten nach wieder einsetzender Kälte eine Eisschicht bildet, die sich auch durch das Scharren mit den Hufen nicht entfernen lässt. Die Folge: Viele der Tiere verhungern. Ein Problem, mit dem übrigens auch viele Karibus zu kämpfen haben. Ich bleibe nur etwa 45 Minuten bei den Tieren. Ich will die Herde nicht weiter stören und keinem weiteren Stress aussetzen. Langsam und höchst zufrieden stapfe ich zu meinem Auto zurück. Was für ein Erlebnis.

Langsam, aber sicher mache ich mich auf den Weg Richtung Süden. Überquere die Brooks Range und verbringe noch ein paar Tage bei den Hickers. Drei Wochen bin ich im Februar in Nordalaska geblieben. Es war ein Traum. Trotz der phantastischen Zeit, die ich hatte, sind meine Gedanken getrübt. Wie lange wird die Arktis noch so sein, wie ich sie in den letzten 20 Jahren erlebt habe? Der Klimawandel hat den hohen Norden voll im Griff. Die Arktis wird sich dramatisch verändern. Die Tierwelt, aber auch die Menschen des hohen Nordens werden sich an die neuen Gegebenheiten anpassen müssen. Es liegt an uns Menschen, besonders uns in den Industrienationen, wie stark die Veränderungen ausfallen werden. Wenn wir es nicht schaffen, unseren CO_2-Ausstoß zu reduzieren, dann werden wir eine der schönsten, ursprünglichsten Regionen der Welt – die Arktis – verlieren. 2012 war ein weiteres trauriges Rekordjahr. Die Packeisausdehnung nach einem »langen« Sommer erreichte ihr absolutes Minimum. Noch nie wurde eine so geringe Packeismenge festgestellt wie im September 2012. Eigentlich müssten wir die Polargebiete (also die Arktis wie auch die Antarktis) aus reinem Selbstzweck erhalten, funktionieren diese Regionen doch als eine Art Kühlschrank für das Weltklima. Ohne diese natürliche Klimaanlage werden wir in den nächsten Jahrzehnten einen gewaltigen Temperaturanstieg erleben, der auch in unseren Breiten zu dramatischen Veränderungen führen wird.

Ich werde in den kommenden Jahren die Arktis weiter fotografieren und dokumentieren und versuchen, mit meinen Fotos und Geschichten die Menschen für die Arktis zu begeistern. Noch ist es nicht zu spät …!

15

Als ich **THOMAS ULRICH** das erste Mal sah, lud er gerade eine großkalibrige Pistole. Unsere Begegnung fand auf einer Eislandebahn am 89. Breitengrad bei minus 40 °C statt. Thomas war gerade im Begriff, zum Nordpol aufzubrechen, der noch einen Breitengrad entfernt lag. Der Revolver sollte ihn und seine Begleiter vor Eisbären schützen. Ich wollte noch ein paar Tage im Barneo-Camp verbringen, das von Russen jeden April auf dem Arktischen Ozean errichtet wird. Tage später flog ich mit dem russischen Guide im Hubschrauber Richtung Nordpol, um unsere Wegstrecke zu verkürzen. Wir erreichten den Nordpol nach drei Tagen auf Skiern und hatten eben die Zelte errichtet, als ich vier winzige Punkte am Horizont entdeckte. Eine Stunde später stand Thomas vor mir, in Begleitung eines Kollegen und zwei schöner Frauen. Einer deutschen Journalistin aus München und einer Geschäftsfrau aus London, gebürtig in Sambia. Sie wollte die erste schwarze Frau sein, die auf Skiern den Nordpol erreicht, und hatte Thomas als Polarführer engagiert. Bald saßen wir zu fünft im winzigen Tunnelzelt von Thomas. Als Schweizer ließ er es sich nicht nehmen, Raclette auf dem fauchenden Benzinkocher zuzubereiten.

Thomas Ulrich gehört zu den großen Persönlich-

keiten in der kleinen Szene der Polargeher. Ihm gelangen spektakuläre Routen über den gefrorenen
Arktischen Ozean. So ist er gemeinsam mit Borge
Ousland auf den Spuren von Fridtjof Nansen vom
Nordpol zur Northbrook-Insel unterwegs gewesen.
Zwischen den Expeditionen arbeitet er als Outdoor-
und Bergfotograf. Sein großer Traum ist es aber
immer noch, den gesamten Arktischen Ozean von
Sibirien aus über den Nordpol nach Kanada zu über-
queren – *unsupported*. Seinen ersten Versuch 2006
musste er leider abbrechen. Tosende Stürme und
das plötzliche Aufbrechen der Eisdecke machten die
Situation absolut lebensbedrohlich. Aber auch im
Scheitern liegt für ihn eine positive Erkenntnis.

Michael Martin

Thomas Ulrich
ARCTIC SOLO

Endlich: Am Morgen des 27. Februar starten wir mit einer von einer anderen Expedition gecharterten Antonov nach Sredny. Die Maschine ist völlig überheizt – wir erleben bei minus 30 °C Außentemperatur den heißesten Flug unseres Lebens! »Die Polarniks, die Bewohner des Nordens, haben eben kein Problem mit der Hitze«, erklärt uns einer unserer russischen Begleiter lachend. In der kleinen Maschine sind 16 Hunde, Tonnen von Material und etwa 20 Personen zusammengepfercht – die Crew, Mitglieder von vier Expeditionen und ihre Begleiter. Die mit allen Wassern gewaschenen Piloten landen bei sehr schlechter Sicht auf einer sehr kurzen Piste in Sredny ... Hier holen uns die Betreiber der Wetterstation Golomyannyi mit den in Russland überall präsenten Ural-Lastwagen ab.

Unser Ziel, die 1954 eröffnete »Polarnaja Stanzija Ostrov Golomyannyi«, liegt im nördlichsten Winkel Sibiriens auf 79.33 Grad Breite auf der gleichnamigen Insel. Die Flugpiste gehört zu einer alten, nach der Perestroika größtenteils aufgegebenen Militärstation. Als wir aussteigen, bin ich richtig fröhlich: Mir geht es gut, ich bin froh, endlich die Luft des hohen Nordens zu schnuppern. Die Kälte, die Sonne, das Licht – so liebe ich die Arktis!

Am 28. Februar haben alle vier hier anwesenden Expeditionen eine Besprechung mit Viktor Bojarsky: Thema ist das Eis vor dem Kap Arctichesky, das schlechte Verhältnisse aufweist. Vor allem der Start wird schwierig sein. Die Satellitenbilder zeigen, dass die ersten 20 Kilometer Eis vor der Küste beim Sturm der letzten

Woche aufgebrochen sind. Deshalb ist auch noch nicht klar, wer wann und von wo aus – direkt vom Festland oder weiter draußen von einer soliden Eisplatte nach einem Helikoptertransport über die ersten heiklen Kilometer – starten wird.

GEDANKEN ...

Ich mache mir so meine Gedanken. Es ist ein spezielles Gefühl, jetzt bald aufzubrechen, nachdem ich zwei Wochen immer Leute um mich herum gehabt habe. Ich frage mich, wie es sein wird, wenn ich plötzlich allein dort draußen stehen werde. Und ob ich alles berücksichtigt habe, um meine Chancen für ein Durchkommen so hoch wie möglich zu halten. Allein ist alles anders und unvergleichlich schwieriger.

Man muss alles dabeihaben. Gegen die Bären habe ich für unterwegs den Revolver dabei. Die größte Gefahr sind aber offene Rinnen im gefrorenen Polarmeer und dünnes Eis, das brechen könnte. Vor der Kälte kann man sich hingegen einigermaßen schützen.

Ich fühle mich bereit. Die Expedition hat begonnen, als ich daheim die Türe schloss. Freuen kann ich mich nicht; ich spüre eine enorme Anspannung, auch wenn ich nach außen überraschend ruhig bin. Gleich die ersten Kilometer werden die Schlüsselstelle sein. Die mentale Belastung wird dadurch nicht kleiner.

Ich will unbedingt vom Festland aus starten, also vom Kap Arctichesky aus. Dahinter steckt meine Auffassung von sportlicher Ethik, und es ist für mich der einzig faire Weg. Das bedeutet konkret: Wenn die Verhältnisse am Kap nicht gut sein werden, werde ich am Ufer warten. Ich habe, abgesehen von meiner eigentlichen Expeditionsnahrung, Lebensmittel für zehn zusätzliche Tage dabei. Die Satellitenbilder, die in der Startphase täglich in meinem Büro in Interlaken eintreffen, sind wichtig, um mir bei der Wahl des richtigen Zeitpunkts für den Aufbruch aufs Treibeis zu helfen. Hans Ambühl wird mir aufgrund der Bilder sagen können, wie das Eis auf den ersten, gefährlichen Kilometern ausschaut. Auf den Bildern erkennt man die offenen Wasserstellen, die Dicke des Eises und seine Drift – in den letzten Tagen bewegte es sich fast einen Kilometer pro Stunde! Satellitenbilder hin oder her: Sie sind nur eine Hilfe. Das Gelände beobachten und Entscheidungen treffen werde ich letztlich immer allein müssen.

FRÜHLINGSANFANG AUF RUSSISCH

Am 1. März feiern unsere russischen Freunde den Frühlingsanfang – na ja, es ist ja auch wirklich tolles Wetter, allerdings bei minus 28 °C ... Ein Eisbär dreht seine Runden ums Haus. Zwei Expeditionen werden heute zum Kap Arctichesky gebracht; beim damit verbundenen Erkundungsflug wird klar, dass das Eis auf den ersten 20 Kilometern vor dem Kap wirklich sehr dünn ist – eine Folge des starken Südwinds und der zu warmen Temperaturen bei der letzten Schlechtwetterfront, die uns bei der Anreise tagelang blockiert hat.

Am 2. März treffe ich letzte Vorbereitungen: Ich packe meinen Schlitten und fülle 30 Liter Benzin ab. Am Tag darauf werde ich mit den anderen noch verbliebenen Expeditionen mit zwei Helikoptern der Gesellschaft »Taymir«, einem MI 8 und einem MI 8 MTV, zum Kap Arctichesky geflogen. Ein anderer Alleingänger gibt bereits dort auf, und drei von insgesamt fünf Expeditionen lassen sich 70 Kilometer weit über die kritische Zone hinaus auf das sichere, alte Eis fliegen. Das kommt für mich, wie erwähnt, nicht infrage. Ich will eine sportlich korrekte Durchquerung von Sibirien nach Kanada machen. Es geht los.

ALLEIN AM KAP

Da stand ich nun, nachdem der Helikopter mit meinen Freunden abgehoben hatte, mutterseelenallein zehn Kilometer südöstlich vom Kap Arctichesky. Ich blickte in eine eisig kalte, weiße Wüste, in der verschneites Land und gefrorenes Meer ineinanderfließen. Das Auge sucht Halt in der Leere der Landschaft. Noch nie hatte ich mich in meinem Leben so unendlich einsam gefühlt. Noch nie hatte ich in einer Ödnis gestanden, die derart den Elementen ausgesetzt war.

Wahnsinn und Wirklichkeit liegen manchmal sehr nahe beieinander. Ich musste meine Psyche an die kurze Leine nehmen wie einen unruhigen Hund, um nicht mental die Orientierung und damit den inneren Halt zu verlieren. Es ist eine absolute Grenzerfahrung, plötzlich allein an diesem Ort zu stehen; er kam mir vor wie die kahle Glatze der Erde. Dennoch fühlte ich mich recht gut: Mit der Vorbereitung auf diesen Augenblick hatte ich mich monatelang auseinandergesetzt. Endlich fühlte ich mich frei. Noch am gleichen Tag brach ich mit dem Zugsegel zur Küste auf und baute mein Camp 500 Meter vor dem Packeis auf.

Dann kamen fünf lange Tage des Wartens auf bessere Eisverhältnisse vor dem Kap. Das Wetter änderte sich ständig. Ich harrte aus: Sobald ich draußen war, ging es mir gut, doch im Zelt wurde ich mir meiner Einsamkeit bewusst. Es braucht Zeit, bis man als Alleingänger seinen Rhythmus findet und mit dem Alleinsein zurechtkommt. Aber insgesamt war meine Psyche stabil.

Am 6. März unternahm ich einen ersten Ausflug auf das Eis. In Küstennähe war das Wasser eben erst frisch zugefroren. Das zehn bis 20 Zentimeter dünne, junge Polareis würde aber mich und meinen Schlitten tragen, wenn es nicht durch Wind und Strömung auseinandergerissen würde. Deshalb musste ich die kritische Zone bei ruhigem Wetter und möglichst schnell hinter mich bringen, um auf die angepeilte Platte aus einjährigem, solidem Eis zu kommen. Am Tag darauf erhielt ich den ersten Besuch eines Eisbären, den ich mit einer Signalrakete problemlos vertrieb. Meine Moral war gut, die Temperaturen sehr kalt, minus 35 °C; für den Tag darauf war Nordwind angesagt, der das gute Eis noch näher zur Küste treiben und die offenen Wasserstellen schließen sollte. So beschloss ich, am 8. März frühmorgens die Küste zu verlassen.

AUFBRUCH AUFS PACKEIS

Als ich am 8. März 2006 um 7:30 Uhr morgens sibirische Zeit (1:30 Schweizer Zeit) das Festland verließ, wusste ich, was mich erwartete: eine sehr heikle Zone von zehn bis zwölf Kilometer neu formiertem, dünnem und zerrissenem Eis; bis zum mehrjährigen Eis musste ich eine Distanz von knapp 40 Kilometern überwinden. Am ersten Tag wollte ich bis zu einer großen Platte gelangen, etwa zwölf Kilometer vom Ufer entfernt, die Hans auf den Satellitenbildern schon seit Wochen beobachtete und die sich in dieser Zeit als nicht sehr dick, aber stabil erwiesen hatte. Am zweiten Tag wollte ich dann das sichere alte Eis erreichen. An meinem Ausgangspunkt sah die Lage gut aus; leichter Nordwind herrschte, der das Eis weiter an die Küste pressen würde, und am Himmel war kein schwarzer Widerschein zu erkennen, der auf große offene Wasserstellen gedeutet hätte. Ich startete mit zwei Schlitten, in denen ich meine 170 Kilogramm Ausrüstung, Essen und Treibstoff minutiös verstaut hatte. Dann hatte ich ein Gummiboot und zusätzliches Benzin und Essen dabei. Damit kam ich insgesamt auf rund 200 Kilogramm.

Als ich meine Schlitten aufs Eis zog, war es zu warm – die Temperatur lag bei zu milden minus 10 bis minus 15 °C. Ich begann zu schwitzen und musste Kleider ausziehen. Nach drei Stunden und fünf Kilometern, die ich nach Nordosten gegangen war, erreichte ich eine von Hans auf dem Satellitenbild vom Vortag erkannte Wasserrinne. Sie verlief von Nordwesten nach Südosten; im Nordwesten war sie zu breit für eine Querung. Ich wandte mich deshalb nach Südosten und folgte ihrem Rand etwa einen bis eineinhalb Kilometer. Später sollte sich herausstellen, dass diese Wende nach Südosten verhängnisvoll war. Ich beschloss, die Rinne im rechten Winkel, also nach Nordosten, zu überqueren. Dazu stieg ich, geschützt von meinem wasserdichten Schwimmanzug, etwas weiter nördlich ins Wasser, weil ich wusste, dass mich die Strömung leicht gegen Südosten treiben würde.

Nach etwa 50 Metern, die ich paddelnd im Gummiboot mit den nachgezogenen zwei Schlitten überwand, steckte ich plötzlich fest – auf dem Wasser lag eine dünne Eisschicht, die mich nicht trug, aber gleichzeitig so fest war, dass sie das Gummiboot blockierte. So stieg ich ins Wasser, spielte Eisbrecher und machte den Weg frei für mein Boot und die Schlitten. Ich war sicher eine Stunde im eiskalten Wasser. Als ich nach weiteren 100 Metern die angepeilte Platte erreichte, war ich körperlich fertig und verspürte zudem Schmerzen in der Leistengegend – die Folgen eines kurz vor der Expedition erlittenen Leistenbruchs. Ich ging auf der Platte nach Nordosten weiter und suchte einen Durchgang, um die noch fehlenden fünf bis sieben Kilometer auf das bessere Eis zu überwinden.

Nach etwa 300 bis 400 Metern gelangte ich aber auf der anderen Seite der Scholle wieder zu einer schlechten Eiszone; sie war von Salzwasser überspült, das das Eis oberflächlich schlammig werden lässt, und von offenem Wasser durchsetzt. Ich wusste, dass ich mit der ersten Querung sehr viel Energie verbraucht hatte und in diesem Zustand nicht in diese Eiszone gehen konnte – ich war kaputt, hatte zehn Stunden gekämpft, so sehr, dass ich an diesem Abend ins Tagebuch schrieb: »So eine Überquerung werde ich sicher nicht mehr machen.«

Ich konnte aber auch nicht mehr zurück. Also baute ich mein Camp auf der Platte auf. Sie maß etwa 300 auf 400 Meter. In der Mitte wies sie eine glatte Fläche auf, die etwa so groß wie ein Fußballfeld war, an den Rändern begann sie allerdings sichtbar abzubröckeln. Die wenigen Schneereste auf dem Eis, die ich hier fand, waren von Salzwasser durchtränkt, und mein Abendessen war entsprechend salzig. Zudem hatte ich bemerkt, dass der Teil der Rinne, den ich überwunden hatte, sich in der Zwischenzeit weiter geöffnet hatte und breiter geworden war.

GEFANGEN AUF DER SCHOLLE

8. März, 22 Uhr sibirische Zeit (16 Uhr Schweizer Zeit). Ich erkenne allmählich, dass ich auf meiner noch recht großen Eisscholle wie auf einer Insel in einer ziemlich offenen Wasserrinne nach Südosten abtreibe. Beim abendlichen Gespräch mit Hans stellt sich heraus, dass das Satellitenbild heute wegen einer technischen Panne ausgefallen ist; es hätte uns bei der Beurteilung

des Weiterwegs helfen können. Er teilt mir weiter mit, dass ich in einer schlechten Eiszone sei und warten solle, bis wieder ein Bild eintreffe oder die angesagten Nordwinde meine Scholle an eine größere Platte nach Südosten treiben würden.

Am Donnerstagmorgen, den 9. März, bestimme ich meine Position: Meine Scholle ist in der Nacht mit einem Schnitt von 500 bis 1000 Metern pro Stunde rund zehn Kilometer nach Südosten und Osten abgetrieben! Die Wasserrinnen hinüber zum stabilen Eis Richtung Nordosten oder zurück zum Festland sind mittlerweile viel zu breit, um sie noch überqueren zu können. Ich sehe keinen möglichen Weiterweg und richte mich auf einen Wartetag ein. Es ist kälter geworden, was an sich positiv ist. Meine Moral ist nicht über alle Zweifel erhaben, zudem habe ich Durchfall, den ich mir vermutlich mit dem versalzenen Wasser vom Vorabend eingehandelt habe.

An diesem Tag notierte ich in mein Tagebuch: »In der Nacht zehn Kilometer nach Südosten getrieben. Nach meiner Schwimmtour von gestern todmüde. Zelt aufgebaut, am richtigen Ort. Platte ist immer noch o.k., nichts gebrochen. Ich musste im Zelt bleiben, um mich herum nur offenes Wasser. Drifte nun etwa 500 Meter pro Stunde nach Osten. Liege im Zelt und warte. Habe die aufgerissene Schlittenabdeckung heute Morgen geflickt, ich nähte bei minus 25 Grad.« Und weiter: »Habe einen Notfallrucksack bereit, falls ich das Camp verlassen muss.«

Um acht Uhr abends schrieb ich weiter: »17 Kilometer Drift, seit ich das Camp aufgebaut habe! Südost bis Ost. Bin am Heizen, die feuchte Kälte geht durch alles. Ich sitze immer noch auf der Insel, habe sie heute zweimal umrundet, scheint sich nichts verändert zu haben. Gott sei Dank habe ich hier Camp gemacht und bin nicht weitergegangen! Dank des leichten Sturms in dieser ersten Nacht konnte ich wieder Schnee gewinnen und zwei Thermosflaschen mit Wasser füllen. So musste ich nicht das Salzwasser trinken.« Dann noch ein Tagebucheintrag: »Ich sitze, glaube ich, schon ein bisschen in der Scheiße.«

Im Laufe des immer noch gleichen Tags erkennen wir – Hans und ich, der sich seinerseits mit Viktor abgesprochen hat –, dass dieser Startversuch abgebrochen werden muss. Ein Notfallsignal einer anderen Expedition eröffnet mir die Möglichkeit, mich gemeinsam mit der anderen Expedition ausfliegen zu lassen. Doch der Notruf stellt sich gegen 22 Uhr sibirische Zeit (16 Uhr Schweizer Zeit) als Fehlalarm heraus. Eine weitere Option wäre, hier zu warten und sich in ein paar Tagen ausfliegen zu lassen, wenn am 15. März der geplante Versorgungsflug für zwei andere Expeditionen durchgeführt werden wird. Ich fühle mich in Sicherheit auf meiner Scholle; ein paar Nächte hier zu warten scheint möglich, sofern keine gravierende Veränderung eintritt. Die Helikopter würden mich, so sieht der Plan aus, zurück an Land bringen. Sobald es die Verhältnisse zulassen, würde ich von dort aus nochmals starten.

DIE EREIGNISSE ÜBERSTÜRZEN SICH

Das war der Stand der Dinge um 18:30 Uhr Schweizer Zeit (0:30 sibirische Zeit) am 9. März: Alles lief auf eine Evakuierung mit dem für zwei andere Expeditionen vorgesehenen Versorgungsflug vom 15. März hinaus.

Doch nur eineinhalb Stunden später beschließen wir – Hans, Viktor und ich – meine Evakuierung. Meine Position im Eis mit viel offenem Wasser rundherum erweist sich als immer gefährlicher, meine Scholle driftet immer schneller ab und legt bis zu vier Kilometer in der Stunde zurück, eine Verbesserung ist nicht in Sicht, und dazu kommen noch die Probleme mit dem alten Leistenbruch.

Um 20 Uhr Schweizer Zeit (2 Uhr am 10. März sibirische Zeit) – ich bin immer noch mit Hans am Telefon und bespreche das weitere Vorgehen – überstürzen sich die Ereignisse: Ein Sturm kommt auf, es sind nicht wie angesagt Nordwinde, sondern überaus heftige Westwinde. Der Wind dreht, das Zelt steht völlig falsch im Wind, der Sturm bläst seitlich gegen den Eingang und würde das Zelt beim Öffnen wie ein Segel mitreißen. Plötzlich rumpelt und kracht es draußen. Ich stürze ins Freie, der Wind erfasst das Gummiboot, das ich als zusätzliche Verankerung für das Zelt eingesetzt habe, die Leinen verheddern sich. Ich muss das Boot wegschneiden, um wenigstens das Zelt zu retten. Das Boot fliegt weg. Der Sturm wird immer heftiger, ich wage es nicht, in meinen Schlafsack zu kriechen, sondern sitze voll ausgerüstet im Zelt. Der Rucksack, den ich bereits am Nachmittag mit Satellitentelefon, Ersatzbatterien und -kleidern, Notfallsender, Verpflegung, Kocher und Benzin für drei Tage gepackt habe, liegt in Griffweite.

Mitten in der Nacht, etwa um halb vier Uhr morgens sibirischer Zeit, weckt mich ein heftiges Schaukeln aus dem Halbschlaf. Sofort verlasse ich das Zelt, den Rucksack mit der Notausrüstung auf mir, und erschrecke gewaltig: Ein Meter neben dem Zelt klafft ein Riss, auf der anderen Seite öffnet sich der nächste, dann der dritte, der vierte. Die Scholle zerbricht in unzählige Puzzleteile – und die einzelnen kleinen Stücke tanzen im Sturm wie verrückt. Das Eis schaukelt auf dem bewegten Meer über einen Meter auf und ab, wird vom Salzwasser überströmt, taucht ins Wasser ab und wieder auf.

Verzweifelt beginne ich, von einem dieser Mosaiksteine aus Eis zum nächsten zu springen, und werde dabei nass. Ich schneide den Schlitten vom Zelt weg und leere ihn aus. Er könnte mir im äußersten Notfall als Rettungsboot dienen. Der Wind reißt das Zelt mit sich. Um 22:03 Schweizer Zeit, bei mir ist es 4 Uhr morgens, aktiviere ich den Notfallsender. Die Natur tobt um mich herum, alles ist in Aufruhr. In Panik telefoniere ich mit Hans und schildere die Situation; doch das Telefon ist vorher ins Schlammwasser gefallen und funktioniert nur lückenhaft. Die Verbindung bricht immer wieder ab. Ich bin völlig von der Rolle und in diesem Moment sicher, dass ich nicht überleben werde. Im fetzenhaften Gespräch mit Hans schließe ich mit meinem Leben ab, sage ihm, er solle meine Familie informieren, da ich meine Frau in dieser Situation nicht anrufen könne, entschuldige mich für meine Dummheit, überhaupt zu dieser Expedition aufgebrochen zu sein …

Ich hätte mit Åsta in jenem Moment nicht telefonieren können – vielleicht weil ich meine ganze Kraft für mein eigenes Überleben einsetzen musste. Die Gedanken an die Familie gaben mir aber auch Halt: Plötzlich sah ich Bilder meiner Beerdigung vor mir, weinende Freunde und Angehörige, dann jagten mir weitere Gedanken durch den Kopf: «Das kann nicht das Ende sein, reiß dich zusammen, kämpfe um dein Leben!» Daheim leitete Hans über Viktor den sofortigen Beginn der Rettung ein, und Christine Kopp reiste von ihrem Wohnort in Italien in mein Büro nach Interlaken, während meine Familie noch von nichts wusste und ruhig schlief.

10. März, 14 Uhr (8 Uhr morgens Schweizer Zeit): Die Situation hat sich etwas beruhigt. Ich bin durch das Auf und Ab des

Eises aber offenbar seekrank geworden. Ich wandere immer wieder von einem Riss zum anderen, mache Markierungen, um zu sehen, ob sich die Situation weiter verändert. Genau dort, wo mein Zelt gestanden ist, hat sich der größte Riss geöffnet. Auf einer Luftaufnahme könnte man sehen, dass die Scholle wie ein Puzzle in kleine Teile zerstückelt ist und ich keine größere zusammenhängende Platte mehr zur Verfügung habe. Als ich mich etwas gefangen habe, beginne ich, mein wild auf dem Eis zerstreutes Material zusammenzusammeln. Ich hole den zweiten Schlitten, Essen, den Schlafsack; dieser ist patschnass und damit unbrauchbar. Ich finde auch das Paddel des Gummiboots und improvisiere vorsorglich einen Katamaran mit den zwei Schlitten, die ich zusammenbinde.

Doch dann nochmals ein Schreckensmoment: Plötzlich sehe ich am Horizont eine Brandungswelle, die konstant auf das Eis bricht und dieses unter sich begräbt. Wenn diese Welle es schafft, bis zu mir zu kommen, ist alles aus. Es ist etwa 10 Uhr morgens.

In diesem Augenblick schnitt ich die auf den Stoff des Innenzelts gemalten Zeichnungen und Worte meiner Kinder und meiner Frau heraus und zerstörte das Zelt damit. Ich war überzeugt: Wenn mich diese Welle überrollt, ist mein Leben beendet. Sollte diese Situation eintreffen – und dessen war ich mir fast sicher –, wollte ich die Zeichnungen bei mir haben. Ich hatte das Gefühl, sie würden mich vielleicht heil heimbringen. Wenn nicht, dann wollte ich sie bei mir tragen, wenn alles auseinanderbrechen sollte und ich ums Leben käme. Sicher handelte ich in diesem Moment nicht rational. Aber für mich stimmte meine Entscheidung.

Stunden später telefoniere ich zum ersten Mal mit meiner Familie. Ich bin erschöpft und emotional ausgelaugt. Åsta ist von Christine auf die Situation vorbereitet worden; meine Frau ist stark, positiv und motiviert mich. Bei den nächsten Anrufen fasse ich mich zusehends. Ich habe nun regelmäßigen Kontakt mit Hans, Christine und meiner Familie. Dazwischen versuche ich, mich so gut wie möglich auf der etwa sieben mal sieben Meter großen Scholle aus dickerem Eis einzurichten, die mir geblieben ist. Benzin habe ich genug, so versuche ich, mich und meine kalten Füße zu wärmen und ein Paar Socken zu trocknen. Ich bin überzeugt, dass die Retter spätestens am Abend eintreffen werden.

DAHEIM: DER MEDIENRUMMEL

Zu meiner Überraschung teilen mir Hans und Christine mit, als es mir etwas besser geht, dass daheim ein wahrer Medienrummel losgegangen sei: Die Meldung meiner Notsituation ging am Morgen von der MTSCHS-Zentrale im sibirischen Krasnojarsk über die russische Agentur Interfax in die ganze Welt hinaus. Am Nachmittag beißen sich die Journalisten zahlreicher Schweizer Medien – Radio, Fernsehen, Zeitungen – so richtig an der Geschichte fest: Die Vorstellung vom Abenteurer, der wie der kleine Eisbär Lars auf seiner Scholle durch den tobenden Arktischen Ozean hilflos gen Süden driftet, verheißt natürlich fesselnde Storys ... Das hat mir gerade noch gefehlt!

Am Abend wird mir klar, dass das russische Rettungsteam zwar bereit ist, aber wegen des schlechten Wetters heute nicht gestartet ist. Ich verliere den Mut wieder. Zudem stelle ich gegen 10 Uhr abends fest, dass sich westlich von mir erneut ein Riss im Eis geöffnet hat. Ich muss das Zelt verlassen, habe aber auch keine Energie mehr, es zu verschieben, obwohl ich weiß, dass es eigentlich zu nahe bei diesem Riss ist. Ein unangenehmer Husten plagt mich. Er rührt wohl daher, dass ich mich stundenlang am Benzinkocher zu wärmen versuchte und mir so eine leichte Kohlenmonoxidvergiftung zugezogen habe. Ich weiß nicht, wie ich die nächsten Stunden überstehen soll. Von daheim aus versuchen Christine und Hans, mich zu motivieren. Sie verlangen von mir, dass ich mich jede Stunde bei ihnen melde. Viktor hat mir mitgeteilt, dass die Helikopter keinesfalls vor dem nächsten Morgen starten werden. Ein weiterer Dämpfer für meine fragile Moral. Um Mitternacht finde ich in meiner Ausrüstung Kaffee, der mich aufmuntert. Ich bin wieder optimistischer gestimmt und erzähle Christine, dass ich an diesem langen Tag auch noch einen Eisbären verscheucht habe. In meiner Notlage hatte ich überhaupt keine Angst, ich ging bis auf zehn Meter an den Bären heran. Er merkte offenbar, dass ich andere Sorgen hatte, und ließ mich sofort in Ruhe!

ENDLOS LANGE STUNDEN

In der Nacht wird mir immer kälter. Ich sitze auf einer mit Isolierband verstärkten Styroporschachtel, die mein Vater als Schutz für die Batteriepacks von Videokamera und Satellitentelefon angefertigt hatte. Vor mir am Boden ein kleiner See, alles ist durch und durch nass. Das Salzwassereis gefriert bei Temperaturen über minus 15 °C nicht richtig, sondern ist schlammig wie Sulzschnee in der Frühjahrssonne.

Dann nicke ich kurz ein, und als ich nach einer Viertelstunde aufschrecke, komme ich mir vor, als wäre ich im völlig falschen Film. Den vorderen Teil meiner Füße spüre ich zwischendurch nicht mehr. Ich versuche, sie am Kocher zu wärmen. Am frühen Morgen versuche ich, meine Schuhe zu trocknen, und bin mit dieser Arbeit eine ganze Weile beschäftigt. Dann nehme ich Aspirin zur Blutverdünnung und zum Schutz vor Erfrierungen. Ich habe noch eine halbe Thermosflasche mit einigermaßen salzfreiem Wasser, aber ich habe Durchfall und Probleme mit dem Salzwasser. Ich will durchhalten, habe aber immer mehr Angst vor einer weiteren Nacht.

Endlich eine positive Nachricht: Die zwei Rettungshelikopter sind am 11. März um 13 Uhr sibirische Zeit (7 Uhr Schweizer Zeit) in Norilsk Richtung Sredny gestartet! Sie haben nun eine Strecke von 1400 Kilometern vor sich. Nach etwas weniger als der Hälfte werden sie in Dikson zum Tanken zwischenlanden. Die Ankunft in Sredny ist für 21 Uhr vorgesehen. Das Wetter ist gut, es ist fast windstill, und die Temperaturen sind etwas gesunken, es herrschen frostige minus 23 Grad.

An diesem Nachmittag geht es mir recht gut, ich muss ja nur noch auf die Ankunft der Helikopter warten – so meine ich wenigstens. Mir geht viel durch den Kopf. Ich empfinde die gescheiterte Expedition als sinnloses Projekt, schelte mich als Idioten, frage mich, ob solche Dinge zu groß für mich seien und weshalb ich eigentlich den Abenteurer spielen müsse. Zweifel, Ängste und die ganze, breite Palette von Gefühlen holen mich ein. Erfolg, Ruhm und Ehre interessieren mich in diesem Moment herzlich wenig. Es wird mir bewusst, wie sehr mir die Familie fehlt, sobald ich unterwegs bin. Vielleicht bin ich gar nicht für den Alleingang geschaffen, brauche zu sehr den Austausch mit anderen Menschen, auch wenn ich die technischen und sportlichen Fähigkeiten für eine solche Soloexpedition hätte. Mich überrollen die Gedanken wie eine Lawine. Die Natur hat sich beruhigt, heute ist es wunderschön hier draußen, so wie ich mir die Arktis immer vorgestellt hatte. Schließlich bin ich einfach traurig, dass alles schiefgelaufen ist.

11. März, 22 Uhr sibirische Zeit. Die Ereignisse spitzen sich nochmals zu: Die Helikopter landen auf dem Militärflugplatz Sredny 150 Kilometer südwestlich von mir. Nun sollen sie aber heute keine Starterlaubnis mehr für den Nachtflug bis zu mir erhalten. Meine Familie, Hans und Christine sind am Verzweifeln und bestürmen Viktor, der alles von St. Petersburg aus koordiniert, das Unmögliche zu vollbringen, auch wenn wir alle wissen, dass er sowieso tut, was er kann. Zusätzliche Erschwernis: Es ist Samstagabend, und in St. Petersburg ticken die Uhren nochmals anders – sibirische Zeit minus vier Stunden, während der Unterschied zwischen meiner Zeit und der Schweizer Zeit sechs Stunden beträgt.

Viktor hat plötzlich keine Zeit mehr, mit uns zu reden, er hängt offenbar an verschiedenen Telefonapparaten und lässt die Leitungen in Russland heiß laufen, ist von Journalisten umgeben und ringt mit höchsten Instanzen der Armee. Es scheint, dass sich auch die Retter für eine Flugbewilligung einsetzen. Ich beginne allmählich, mich zu verlieren, habe auch einen kurzen Aussetzer – ich dämmere ein und wache völlig verwirrt wieder auf.

DIE RETTUNG

1:14 sibirische Zeit am 12. März: Das Wunder tritt ein: Ich werde mitten in der Nacht gerettet! Viktor hat es irgendwie geschafft, eine Bewilligung für den Flug zu erhalten. Er wird mir später erzählen, er habe dem Militär gedroht, die Sache würde dem Ruf Russlands schaden, falls die Erlaubnis zum Start in der gleichen Nacht nicht erteilt würde, da die Geschichte in Westeuropa bereits in allen Medien sei. Übrigens wird ihm nach der Rettung das Handy abgestellt, da seine hohen Gesprächskosten dieser Tage irgendwelchen Obrigkeiten suspekt sind ...

Der 1950 geborene Viktor Bojarsky hat selbst an zahlreichen Arktis- und Antarktisexpeditionen teilgenommen, 17 Skiexpeditionen zum Nordpol geführt und bei 13 Nordpolreisen als wissenschaftlicher Referent gearbeitet. Er ist Gründer und Direktor der Reiseagentur VICAAR und Leiter des Arktis- und Antarktismuseums in seiner Heimatstadt St. Petersburg. Viktors Zeit als Wissenschaftler und Polarfahrer hat sein Beziehungsnetz begründet, das Funktionäre in Politik, Militär und zivilen Institutionen auf höchster Ebene umfasst. Ohne diese Kontakte läuft in Russland wenig. Dies bekamen wir bei meiner Rettung zu spüren: Ohne Viktor, der zudem auch noch über eine gute Portion Schläue und Originalität verfügt, hätten wir die nötigen Bewilligungen kaum rechtzeitig erhalten.

In der letzten Stunde vor der Rettung telefoniere ich alle zehn Minuten mit Viktor, um über ihn den Kontakt zur Besatzung der Hubschrauber aufrechtzuerhalten und ihm jeweils meine aktuelle Position durchzugeben. Rechtzeitig mache ich mein Material bereit und verlasse dann das Außenzelt, das mir geblieben ist. Ich zünde Ausrüstung an, die ich nicht mehr brauche, und feuere mehrere Signalraketen ab, sobald ich die nahenden Helikopter höre. Die schweren Maschinen fliegen gerade auf mich zu, dann aber über mich hinweg – einen Moment lang befürchte ich, sie hätten mich nicht gesehen! Panisch lasse ich weitere Signalraketen ab. Dann kommen die Helikopter zurück, die Piloten haben sich nur zuerst orientieren müssen.

Und dann geht alles blitzschnell, fast unwirklich schnell: Der vordere Helikopter schwebt in meiner unmittelbaren Nähe, die Leute vom MTSCHS ziehen mich und meine Schlitten hinein. Um 1:14 sibirische Zeit, 19:14 Schweizer Zeit, schalte ich den

Notfallsender aus. Dann gehe ich ins Cockpit und bedanke mich bei der großartigen Crew. Wie ich später höre, stößt gleichzeitig in meinem Büro in Interlaken meine Frau Åsta mit Hans und Christine und weiteren Freunden auf meine Rettung an. Natürlich mit Wodka, der auf Hans und Christine, beide völlig erschöpft, eine zünftige Wirkung hat ...

16

JEAN MALAURIE und ich sind uns nur einmal begegnet, aber diese Begegnung werde ich nie vergessen. Am Rednerpult der Royal Geographical Society in London stand der große alte Mann der Arktisforschung und bedankte sich für die Verleihung der Patron's Medal, des Preises, mit dem sein Lebenswerk ausgezeichnet wurde. Er sprach nach eigenem Bekunden mit einem schweren *»gallic accent«* über die Inuit, für deren Rechte er als Wissenschaftler seit über 50 Jahren kämpft. Da sprach kein kühl analysierender Wissenschaftler, sondern ein Mann, der bereits früh ahnte, welche Veränderungen auf die zirkumpolaren Völker mit der Entdeckung der arktischen Rohstoffe zukommen würden. Jean Malaurie gehört für mich zu den letzten Universalgelehrten, die ein enorm tiefes wie auch breites Wissen in Ethnologie, Geologie und Geografie besitzen und diese Erkenntnisse in den Dienst der erforschten Völker und Landschaften stellen.

Da ich an diesem Tag selbst mit der Cherry Kearton Medal vom Präsidenten der Royal Geographical Society ausgezeichnet wurde, hatte ich Gelegenheit, Jean Malaurie beim anschließenden Empfang und Dinner näher kennenzulernen. Sosehr er auch von den geladenen Gästen umschwärmt wurde,

so gelassen und freundlich blieb dieser beeindruckende Mann. Am nächsten Morgen begegneten wir
uns beim Frühstück im Hotel wieder und redeten
lange über die Arktis, aber auch über die Wüsten. Wir
stellten fest, wie viele Gemeinsamkeiten, aber auch
Unterschiede zwischen beiden Naturlandschafts-
zonen existieren. Damals kam mir zum ersten Mal
der Gedanke, dass ich mich in einem neuen Projekt
mit dem Vergleich der Polargebiete mit den Trocken-
wüsten beschäftigen könnte. Ich fragte Jean Malaurie zum Abschied, ob ich ihm die französische Aus-
gabe meines Buches »Die Wüsten der Erde« schicken
dürfe. Seinen handgeschriebenen Dankesbrief be-
wahre ich bis heute in einer Schublade auf.

Michael Martin

Jean Malaurie

EINSAMKEIT IN KRAVDLUNALIK

Erst gegen vier Uhr am Nachmittag des nächsten Tages, Montag, 2. April 1951, verlassen wir mit unseren Schlitten endlich Etah.

Das Wetter hat sich beruhigt. Am Ende des Fjords, hinter den Eisbergen im Westen, geht die rote Sonne hinter Nebelschleiern in einem fahlrotgestreiften Himmel unter.

»Adglane – vor langer Zeit hätte jemand beim Anblick dieses Himmels gesagt, ein Mensch ist gestorben oder kann noch sterben«, bemerkt Kutsikitsok beiläufig. Er hat einen ausgeprägten Sinn für treffende Bemerkungen.

Niemals würde man denken, daß gestern noch der Sturm diese Gegend verheerte. Ungewöhnliche Stille.

Auf dem glattgefegten Meereis kommen die Schlitten schnell vorwärts.

Vor Taserartalik: Krilavik; das Meer, das freie Meer. Wir halten uns dicht an der Küste, um längs der Eisbank weiterzukommen. Im Gänsemarsch laufen wir auf einem Eisrand von knapp drei Meter Breite. Zur Rechten Felsen; zur Linken schwarzes, feindliches Wasser mit Eisschollen darauf. Unter uns hören wir die Dünung rollen. Wir bewegen uns mit äußerster Vorsicht und halten Abstand voneinander, damit unser Gewicht und unsere Schlitten nicht plötzlich die Eisbank einbrechen lassen. Jeder Schlittenführer klammert sich an die Naparaya, den hochstehenden Holm hinten am Schlitten, mit dessen Hilfe man das Gefährt leichter lenken kann. Wir müssen uns durch die von der Klippe herabgerollten Blöcke winden. Das ist schwierig und erfordert

Geschicklichkeit und einen schnellen Blick. Die Hunde sind aufgeregt, sie werden aneinandergedrängt und können sich in der
Enge nicht fächerförmig verteilen. Alle Augenblicke bleiben sie
stehen. Ihre Leinen kommen durcheinander. An einem kriti-
schen Engpaß fällt mir plötzlich wieder eine Begebenheit ein,
von der mir Krakutsiak kürzlich erzählt hat. Auf einer englischen
Expedition brach die Eisbank unter seinem mit Konserven,
Lebensmitteln und Patronen beladenen Schlitten ein. Er hatte
kaum Zeit, die Leinen seines Gespanns zu zerschneiden, da fiel
die Ladung ins Meer. Die Hunde konnten aber frei im Wasser
paddeln, während die Last im Ganzen senkrecht absank.

Ich erkenne die Spitze der kleinen Insel Littleton, die in der
Polargeschichte als »Briefkasten« für zahlreiche Polarexpeditio-
nen seit der von Kane im Jahre 1853 berühmt geworden ist;
berühmt ist sie auch bei den Eskimos, weil sich die See-Elefanten
hier häufig zu friedlichem Schlaf niederließen. Kratanguars-
suak, Kakordlek – die Küste gleitet vorüber. Wir wollen gerade
Kap Ohlsen umfahren, als mir Kutsikitsok heftig zuwinkt und
seine Hunde anhält.

»Paralu! Paralu! Avek. Achtung, ein Walroß!«

Auch Krakutsiak hält an. Nur mühsam bringen wir die Hunde
zum Schweigen, damit sie das Tier nicht aufwecken. Aber da ruft
Krakutsiak mit seiner näselnden Stimme:

»Ayornara, da ist nichts zu machen! Kisiani Anore – wegen
des Windes.«

Das war für Kutsikitsok. Wenn das Tier für uns auch in Schuß-
weite ist, so ist es tatsächlich zwecklos zu feuern. Ob es nun ver-
wundet oder getötet würde, der Wind würde es aufs offene Meer
hinaustreiben. Wir setzen unseren Weg fort, und am frühen
Morgen erreichen wir Point Cairn, wo das erste Lebensmittel-
depot eingerichtet werden soll. Wir bringen es solide auf einem

Felsen unter Steinplatten unter, um es gegen einen etwaigen Angriff von Bären oder Füchsen zu schützen. Sechs Stunden Schlaf. Am nächsten Tag brechen die Eskimos wieder nach Etah auf, um die zweite Ladung zu holen, die sie ohne große Schwierigkeiten an die gleiche Stelle bringen. In nur 18 Tagen wird das gesamte Depot nach Aungnartok verlegt sein.

Auf diesen Fahrten sehe ich von weitem zwischen Kap Hatherton und der Insel Littleton zwei Täler, von denen eines recht breit ist und als Arbeitsgebiet dienen kann. Große Sandsteinplateaus, von gewaltigen Schutthalden umsäumt, ein schmaler Uferstreifen; zwei Vermessungsachsen führen zum Gletscher. Sogleich mache ich mich zu diesem Tal und einer Gruppe kleiner Inseln auf: Kekertarak, das untere Land. Am Fuße einer dieser Inseln, die durch eine schmale Landbrücke mit der Küste verbunden ist, will ich mich niederlassen. In dieser endlosen Runde von Fels, Schnee und Eis werde ich also fast eine Woche lang allein bleiben. Wenn die Eskimos nach Etah zurückgekehrt sind, werden sie dort am offenen Meer jagen, um das Futter für die Hunde sicherzustellen. Als wir Kekertarak erreichen, bleibe ich nach kurzer Prüfung bei meiner Wahl. Die Hunde legen sich auf der Eisbank nieder, und wir bauen den Iglu. Auf dem Festland, einige Schritte von der Eisbank entfernt, dem Gebirge und dem Gletscher zugekehrt, liegt es durch die Felsen vor dem Westwind geschützt. Lebhaft wie immer prüft Krakutsiak den Schnee des Ufers mit der Harpune: nicht zu weich und nicht zu hart. Namatok – genau richtig! In einiger Entfernung markiert er ein Stück, wo die Blöcke herausgesägt werden sollen. An der Stelle, an der der Iglu – genauer: der Igluliak – errichtet werden soll, gibt er schwungvoll mit seinem Messer den Umriß an. In 20 Minuten sägen Kutsikitsok und ich abwechselnd etwa 50 rechteckige Blöcke aus. Krakutsiak schrägt sie oben ab und baut daraus sorgfältig eine kreisförmige Mauer. Er steht in der Mitte und arbeitet schnell – nach etwa 50 Minuten schließt sich die Kuppel über ihm. Noch ein möglichst großer Block, und der Iglu ist gedeckt. Säuberlich schneidet Krakutsiak mit seinem Messer unten in die Mauer einen Ausgang. Das wird die Tür. Wie ein Affe klettert er dann aufs Dach, glättet es und baut um das Luftloch in der Mitte – das Krignak oder die Nase des Iglu – eine kleine Schutzmauer. Abschließend stopft er die Fugen mit weichem Schnee zu und tritt einen Pfad um den Iglu. In einer Nacht wird Eis das ganze Gebäude überziehen und für lange Tage widerstandsfähig machen.

Bleibt noch die Innenausstattung. Das Iglerk, die Schlafstätte, nimmt die Hälfte des Iglus ein. Es wird aus Schneeblöcken von 40 Zentimeter Höhe gebaut. Zwei Seehundfelle werden als Unterlage darübergebreitet, dann ein Karibufell und zwei Decken, schließlich der Schlafsack. Wenn man hereinkommt, stehen rechts von der Tür die Vorräte und der Primus; links ein Schneevorrat für Trinkwasser, ein Messer, eine Säge, eine Axt; auf einem Wandbrett aus Schnee die Sturmlaterne. Schließlich wird das Tilugtut, ein Holzmesser zum Ausklopfen der schneebedeckten Kleider, in die Wand gestoßen, und man schlägt einige Stangen beim Ofen ein, um Handschuhe und Taschentücher darauf zu trocknen. An der Tür (die von einem großen Schneeblock verschlossen ist) lehnt das Gewehr.

Gleich werde ich die beiden Eskimos nach Etah zurückschicken. Ich habe ihnen alle meine Hunde außer einem anvertraut, da ich sie hier nicht brauche. Nach einem letzten gemeinsamen Tee schütteln wir einander die Hände. Peitschen knallen, Hunde heulen. Am Rande der Eisbank bleibe ich wie betäubt auf einem Reservekanister sitzen und sehe zu, wie sich die beiden entfernen. Nach und nach durchdringt mich die Kälte. Nachdem ich mich bisher mit tausend Kleinigkeiten und Empfindlichkeiten beschäftigen mußte, finde ich endlich wieder innere Ruhe.

Gleich läßt die Spannung nach! Diese Geschöpfe, die unentwegt auf der Lauer liegen, lasten nicht mehr auf mir. Ich komme wieder zu mir, wie ich Büchsen hin- und herstoße, eine Kanne nach rechts setze, um sie dann wieder nach links zurückzustellen. Zwanzigmal schüttele und überprüfe ich meine Kamikschnüre; kaue ein Stück gefrorenes Fleisch. Kein Laut. Nicht der leiseste Widerhall. In diesem Augenblick werde ich mir plötzlich meiner Lage klar bewußt. Ich habe erreicht, was ich mir seit Jahren brennend wünschte, was mir viele neiden werden: völlige Isolation im Eiszeitalter. Nachdem ich das Eskimoleben inmitten einer Gruppe miterlebt habe, beginnt für mich eine neue Erfahrung: Ich werde dieses Leben nun allein leben.

Was hat mich hierhergetrieben? Der Wunsch einer Rückkehr zu einem härteren Leben, so wie Malraux es fordert: »Das Wagnis allein ist noch nicht das Abenteuer.« Und doch empfinde ich tiefe Freude darüber, unter riskanten Bedingungen zu arbeiten. Ein Leben als Entdecker befriedigt mich andererseits nur, wenn es einer bestimmten Forschungsaufgabe dient. Ich erinnere mich der Äußerung eines französischen Gelehrten, dem ich nach der Rückkehr von einer meiner Saharareisen von verschiedenen Schwierigkeiten erzählte, von Hitze, Durst, krepierten Kamelen, jammernden Eingeborenen. »Sehr gut, mein Freund, sehr gut. Wir haben das alle erlebt. Aber sagen Sie mir: Was bringen Sie uns mit?« Das zwecklose Abenteuer genügt manchen Menschen nicht und entspricht nicht allen Lebensbedingungen. Ich brauche nicht zu sagen, wie berechtigt sie die neue Form der Forschungsreisen um bloßer Popularität willen verachten, die Kommerzialisierung des Abenteuers, die Prostitution heroischer Anstrengungen!

Ich sprach eben von dem Wunsch nach innerer Sammlung. Aber läßt sie sich unter so schwierigen Lebensbedingungen überhaupt erreichen? Ich fürchte, in dieser Einsamkeit schließen die tausend materiellen Aufgaben, zu denen dieses erbarmungslose Klima zwingt, einen echten Rückzug auf sich selbst aus.

Ich laufe auf der Eisbank entlang. Mechanisch ritze ich mit dem Messer tiefe Spuren in den Schnee. Der Iglu, der Hund, ich selbst – alles verliert sich in dieser außerordentlichen Stille. Den kleinsten Laut würde man hier als Wohltat empfinden. Es ist spät, die Dunkelheit kommt. Ich krieche in den Iglu und verschließe den Eingang sorgsam mit einem Schneeblock. Ich zünde die Laterne an. Bei ihrem gelben Licht zeigt sich meine Behausung weiß, sauber, unpersönlich. Einige Tropfen Petroleum, ein Streichholz zischt, und der Ofen, diese tägliche Versuchung, surrt wieder. Von minus 35 °C komme ich binnen kurzem auf minus 5 °C. Die wohltuende Wärme steigt. Ich möchte mich der süßen Betäubung hingeben, die der Ofen ausströmt. Aber ich habe ja wieder eine Arbeit vor mir: Essen. Einen Topf ansetzen, den Schnee nach Bedarf beim Schmelzen zerkleinern, damit er nicht schlecht schmeckt. Seehundsfleisch mit der Axt abschlagen. Schnell koste ich die gefrorenen Lachsstücke; das Fleisch zerschmilzt im Munde.

Eine Fingerspitze Tee, drei Hände voll Milchpulver, ein Stück Seehund. Mein reichliches Abendessen ist gesichert. Ich ziehe meinen Wecker auf. Sein gleichmäßiges, freundliches Ticken trägt auch dazu bei, daß meine Umgebung einen Hauch von Vertraulichkeit bekommt. Auf dem Iglerk sitzend, ziehe ich meine Nano, die Bärenfellhose, die am Körper klebt, und meine Krulitak aus und lasse die Pelzstiefel unter meinen Schlafsack gleiten. Sorgsam nehme ich das Heu heraus, damit es trocknen kann. Der Primus steht in Reichweite, die nötigen Streichhölzer und das Gewehr auch. Nackt vergrabe ich mich in den doppelten Schlafsack, rolle mich zusammen und warte, daß sich die Luft darin erwärmt. Mit dem Rücken an die Wand gelehnt, schreibe ich einige Worte in mein Tagebuch, sehe auf die Uhr, den Wecker, vergleiche die Zeit. Es ist halb elf. Ein Tag ist zu Ende gegangen. Ich versuche einzuschlafen, höre die Wände unter dem Frost ächzen, den Wind um den Iglu streichen; höre, wie mein Hund an der Wand kratzt und brummend herumläuft. Minus 10, minus 20, minus 30, minus 35 °C. Von allen Seiten dringt der Frost ein, von oben durch den Krignak, durch den Boden, durch die Wände. Ich streiche ein Zündholz an, um mich zu vergewissern, daß ich nicht vergessen habe, den Tag auf meinem Kalender durchzukreuzen. Ein solcher Irrtum könnte schwerwiegende Folgen haben. Drei Minuten lang vergegenwärtige ich mir, was ich getan habe. Nein ... Aber ja, ich habe die Zahl doch ausgestrichen. Natürlich, ganz bestimmt. Ich erinnere mich. So saß ich, als ich das Datum ausstrich. Ich stecke den Kopf wieder in den Sack, krieche noch mehr in mich zusammen und verstopfe sorgsam alle Öffnungen. Wie ein Mantel liegt die Kälte über mir.

Am frühen Morgen milchige Helle, die von den Wänden des Iglu gedämpft wird. Von der Decke, die jetzt von schwarzen Streifen durchzogen ist, hängen Stalaktiten – Atemhauch, den die Kälte gerinnen ließ. Bei Tageslicht stelle ich fest, daß ich dreißig Jahre älter geworden bin: Haare und Augenbrauen sind weiß vom Reif, die Nase leuchtet rot, meine Haut ist schmutzig. Instinktiv sehe ich auf den Wecker. Vergeblich. 0.30 Uhr ist er stehengeblieben, sicher eingefroren. Ich blicke hoch, durch das Loch des Krignak sehe ich blauen, sonnigen Himmel. Hier drinnen droht der Tod. Das Leben ist draußen, in Tätigkeit und Bewegung.

Ich schüttele mich und den Primus, ehe ich ihn anzünde. Das Petroleum ist bereits am Einfrieren und hat sich in weiße Brühe verwandelt. Drei endlose Minuten, dann surrt der Ofen wieder. Schnell aus dem lauwarmen Sack heraus, Stiefel und Hosen geschmeidig gemacht, die am Vorabend von der Berührung mit dem Körper feucht geworden und über Nacht gefroren sind. Sich anziehen und schließlich hinauskriechen. Ein Klaps auf den Rücken meines Hundes, der freudig brummt. Ein neuer Tag beginnt.

Schnell richte ich eine kleine meteorologische Beobachtungsstation (für Temperatur, Windrichtung und Luftdruck) ein, die möglichst bis zu meiner Abfahrt funktionieren soll. Dann nehme ich meinen Rucksack. Es geht los. Es ist schön. Wenn man schnell ausschreitet, fühlt man, wie sich die Muskeln entspannen und der Atem tiefer wird. Der ganze Körper wacht auf und erschauert im Licht nach den langen Wintermonaten. Den ganzen Nachmittag marschiere ich mit Bleistift und Schreibtafel von Hügel zu Hügel, befehlend und manchmal laut mit mir selbst redend, vor der sehr grob angefertigten Küstenkarte Lauge Kochs, auf die ich mich stütze. Immer wieder bleibe ich lange stehen, um mit Kompaß oder Gewehr zu visieren, eine Skizze anzufertigen, Höhen mit dem Barometer zu ermitteln oder zu berichtigen.

Das Vergnügen, eine Karte aufzunehmen? Alle Kartographen kennen es. Mit wirklicher Befriedigung sieht man nach einem Marsch nach und nach etwas auf dem Papier entstehen. Hauptzüge einer Landschaft ordnen sich, die am Abend zuvor noch unbekannt oder unverstanden war. »Dieser Bach da – der Hügel hier – nun vorwärts zu dem dort! Liegt zu weit nördlich, diese Insel ...« Wegradieren und neu zeichnen. Zehn, fünfzehn Kilometer schaffe ich am Tag, manchmal auch mehr.

Felsen. Schnee. Hier »zieht einen nichts an, und doch hält einen alles fest«, wie Romain Rolland sagte. Vielleicht weil dieses harte Land sich mit unvorhersehbarer Plötzlichkeit mal so feindselig, mal so freundlich erweist?

Der Hund liegt vor meinen Füßen. Ich liebe sein rostbraunes Fell. Ich habe Caporal im September absichtlich ausgewählt, als mir eine gute Hündin einen Wurf von acht Welpen schenkte. Als einziger hat er überlebt. Er folgt mir. Bleibe ich stehen, so bleibt er ebenfalls stehen, wühlt sich in den Schnee, rollt sich zusammen und schläft ein. Nach einiger Zeit hebt er seinen kleinen spitzen Kopf und sieht mich mit seinen karamellfarbenen Augen sanft an. »Geht es jetzt weiter?« Die Andeutung einer Bewegung, und er springt freudig auf und jagt japsend den Abhang hinunter. Caporal ist glücklich. Er geht im Schnee »auf Entdeckung« aus.

Die Tage vergehen. Die Sonne erhebt sich jetzt drei Finger hoch über den Horizont. Die regelmäßige Arbeit hat mich wieder gepackt. Auch die Härte des Lebens im Freien. Mit der Unruhe eines Bauern wittere ich das Wetter. Das Land gehört mir allein, und vom Morgengrauen an koste ich die Frische der rauchenden Sonne. Die leisesten Geräusche sind bedeutsam. Ein dumpfer Laut? Das ist ein Felsen, der sich von der Klippe löst. Ein ersticktes Echo? Ein Schneefeld rutscht ab. Dieser gleißende Firn? Nach Möglichkeit umgehen, dort ist der Schnee weich. Schwarzes Eis? Vermeiden, es wird unter dem Fuß einbrechen. Das weiße Eis ist gut und dick. Ich kenne auch den Schrei der Ammer, den unheilverkündenden Ruf des Tuluak, das durchdringende Pfeifen der Tatseras. Ich beobachte, wie sich die Schneehühner von Hügelkuppe zu Hügelkuppe jagen. Die Luft braust, der Frühling ist nahe.

Die Abhänge sind freilich noch mit Schnee bedeckt, aber man erkennt schon da und dort Flecken in seltsamen Farben. Der

Schnee weicht zurück, schmilzt zusammen. Von einer Woche zur anderen kann sich das Bild völlig ändern. Mehr als anderswo ist hier der Frühling ein Erwachen im Licht, eine Metamorphose. Der Eisüberzug der Felsen schmilzt langsam ab und verschwindet. Nur noch kurze Zeit, und die Farben, die eilenden Bäche, Tausende von Seen werden der Landschaft die Weite, das Relief, den Zauber wiedergeben, die in Schnee und Halbdunkel des Winters verlorengingen. Ein durchscheinendes, glitzerndes Licht.

Der Frühling kommt hier um so überraschender, als er keine Gerüche kennt. Nicht der leiseste Duft kündigt die kommende Jahreszeit an. Unter der Hülle des Schnees liegen jedoch schon Nachtviolen, Silberwurz und Niviarsiak, Steinbrech, Lichtröschen mit purpurnen Blütenkronen und -blättern; und die Hungerblümchen, das Löffelkraut und die Zwergweiden, die über den Boden kriechen, selbst die elende, wirre schwarze Flechte. Das lange gelbe Gras trinkt aus torfhaltigem Schlamm reichlich Wasser. Die Spalten sucht die Natur mit einigen ausgewählten Büscheln in den seltensten Farben zu schmücken. Es ist ein Durcheinander von Gold, Blau und Malvenfarbe. In einigen Tagen werden die Knospen der bescheidensten Blumen schließlich aufbrechen. Eine farbige Welt wird sich der Sonne öffnen. Dann wird der Frühling vorübergehen. Noch einige Monate, und die von der Sonne losgerissenen Eisberge treten ihre plätschernde Fahrt nach Süden an.

So träume ich. Aber noch sind wir im April. Arkrajourssaua, die Sonne ist heiß. Um mich herum regt sich auch die Fauna. Die Schneegänse sind aus ihren Löchern hervorgekommen und betrachten mit erstaunten, leeren Blicken die großen weißen Flächen. Über den Strand laufen Vogelspuren und Fuchsfährten wie Muster. Von Fels zu Fels hüpft der lustige Krupanuk, der

Schneesperling, der bald trillern wird. Heute morgen habe ich drei Schneehasen auf einer Böschung laufen sehen, berauscht von Licht und Wärme, spielten sie miteinander.

Wie gern man sich diesen jugendlichen, prächtigen Stunden hingeben möchte, diesen ersten Frühlingstagen.

Aber schon bezieht sich der Himmel im Süden wieder. Ein bleierner, niedriger Himmel. Über die Klippenränder fegt ein Südoststurm. Schlechte Zeichen! Nach der Insel Littleton zu habe ich Nebel über dem Meer aufsteigen sehen. Das hätte mich mißtrauisch machen müssen. Seit heute früh arbeite ich in der kleinen verlassenen Life Bay Cove, wo 1872 die Überlebenden der »Polaris« überwinterten – Kapitän Buddington, Bessels, Bryan, Chester –, während ihre 19 Kameraden in tiefer Polarnacht auf einer Eisscholle eine dramatische Drift von 1300 Meilen machen mußten, die sie im April 1873 an die Küste von Labrador führte, wo sie von der »Tigress« gerettet wurden. Ich suche noch unter dem Schnee in einem Haufen von Schrott und Maschinenteilen nach Erinnerungsstücken, da schlägt das Wetter plötzlich um.

Ich bin zwei Marschstunden von meinem Iglu entfernt. Schleunigst muß ich dorthin zurückkehren. Seit einer Viertelstunde bin ich unterwegs, aber der Wind ist zur Bö geworden, die Bö zum Sturm. Unmöglich, etwas deutlich zu erkennen und sich zu orientieren. Ich kann nur dem Ufer folgen und mich von Stein zu Stein vorwärtstasten. Unter mir wogt die Eisbank auf der hohen Dünung. Dumpfe Laute, unheilverkündendes Knirschen. Das Eis bricht auf. Stellenweise reißt es vom Ufer los. Immer wieder halte ich die behandschuhte Hand vors Gesicht, um es vor dem Sturm zu schützen. Auf den Backenknochen, über den Augenbrauen, am Kinn spannt sich die Haut und springt auf wie altes

Leder. Etwa alle 20 Meter muß ich mich umdrehen, um wieder Atem zu schöpfen. Der Sturm heult. Ich verirre mich zwischen den Schollen. Unruhig kehre ich zu dem vorherigen Wegzeichen zurück. Ich kann es nicht wiederfinden. Unter meiner Kapuze perlt der Schweiß. Einen Augenblick bekomme ich es mit der Angst zu tun. Dann gelingt es mir, ein neues Merkzeichen zu finden, und nun stoße ich systematisch von diesem Mittelpunkt nach allen Seiten vor. Durch reinen Zufall erkenne ich schließlich meinen Weg, als es für eine Minute aufklart. Ich setze mich mit dem Rücken zum Wind und zaudere weiterzugehen, so schrecklich ist der Sturm. »Und wenn ich mir nun hier eine Zuflucht baute?«

Eine Sekunde bin ich unsicher – dann gehe ich wieder los. Das ist meine Rettung. Der Sturm dauerte zwei Tage mit unverminderter Stärke an. Ohne Heizung und Nahrung hätte ich meine vorübergehende Schwäche sicher teuer bezahlt. Unablässig hefte ich den Blick auf meine Uhr, um nicht am Iglu vorbeizulaufen. Zusammengekrümmt, oft rückwärts gehend, bewege ich mich vorwärts. Jeder Schritt ist eine Anstrengung. Caporal wirft sich vor meine Beine. Ich glaubte, noch zehn Minuten von meiner Behausung entfernt zu sein, da stoße ich plötzlich auf vereisten Kot. Noch einige Meter, und ich schlüpfe erschöpft und betäubt in mein Eisgehäuse.

Die ganze Nacht hindurch peitscht der Sturm meine Zuflucht in wilden Stößen, die auf die Wand drücken. Ich habe den Lärm satt und verstopfe den Krignak mit einem Handtuch.

Am nächsten Morgen versuche ich hinauszugehen. Gewiß, die Aufnahme von Kekertarak ist in großen Zügen vollendet, aber zwei oder drei zweifelhafte Punkte in der Nähe des Tales A gilt es noch klarzustellen; die Höhen der herausragenden Uferlinien sind noch zu messen und im Vorbeigehen versteinerte

Muscheln zu sammeln. Der Wind treibt Schneewolken vor sich her. Die Flocken verkleben die Augen und die Nasenlöcher. Beim besten Willen kann ich heute nichts Brauchbares schaffen. In der Sonne wird mein Papier feucht und klebt an der Tafel an. Der Strich läuft aus wie auf Löschpapier. Wenn ich trotzdem weiterzeichne, entsteht ein richtiger Mehlbrei. Nach vielen Versuchen beschränke ich mich bei meinem Ausgang darauf, die Höhe von zwei Uferstellen zu bestimmen. Sehr ermattet kehre ich heim, werfe mich auf mein Bett und bleibe dort ausgestreckt liegen. Während ich meine vergilbten Notizen vom Januar durchblättere, meine Skizzen mit Bleistift nachziehe und nach den Beobachtungen der Woche meine Karte korrigiere, wird mir klar, wie groß die Aufgabe ist, die noch vor mir liegt, werde ich genügend Zeit dafür haben? Die Arbeit, die ich mir vornahm, erscheint mir plötzlich recht lächerlich, wenn ich die Mittel bedenke, die ich dazu gewählt habe. Ist es nicht absurd, in unserem Jahrhundert ein so riesiges und schwer zugängliches Land jetzt mit Hilfe der eigenen Arme und Beine zu kartographieren, wenn in fünf oder sechs Jahren zweifellos die Karte dieser gewaltigen Hochflächen in einigen Stunden vom Flugzeug aus photogrammetrisch aufgenommen sein wird? Natürlich ist aber die unmittelbare Beobachtung für den Naturforscher unersetzlich. Die Karte, die ich aufnehme, der täglich wachsende Blätterstoß in meinem Sack mildern dieses Gefühl des Sinnlosen, ohne es ganz und gar auszulöschen.

Tägliche Riten: beim Schlafengehen den Primus nachfüllen, Streichhölzer in Reichweite, das Reisetagebuch weiterführen, den Kalender ausstreichen.

Zwei Uhr morgens. Ich wache im Dunkeln auf. Seit einigen Augenblicken habe ich das Gefühl, um mich herum eine ungewohnte Spannung zu verspüren. Ich lausche. Läuft draußen nicht jemand? Ich wickle mich aus meiner Decke. Unruhig hebe ich den Kopf. Nein, nichts weiter. Ich will mich gerade wieder in meinen Sack verkriechen, als ich zu meiner Linken Caporal heulen höre. Ein gewaltiges Brummen antwortet ihm. Dann höre ich einige Meter vor meiner gebrechlichen Schneewand schwere Tritte. Ein Bär! Ein Satz: Um jeden Preis heraus aus diesem Loch! Wenn der Bär, vom Seehundfleisch angelockt, mein Obdach mit einer Tatze streift, wird der Iglu wie ein Kartenhaus über mir zusammenbrechen. Ich zittere vor Kälte, als ich in die Hosen und in die Stiefel steige, die vom Eis steif wie Blech geworden sind. Zwei Minuten später bin ich mit dem Gewehr und einer Sturmlaterne draußen. Der Sturm braust in Schneewirbeln. Die Lampe verlöscht. Aber vorher kann ich noch riesige Spuren erkennen. Das ist vielleicht ein Bär! Aber mein Himmel, wo ist er denn? Im Augenblick herrscht völlige Stille. Ich lasse den Finger am Abzug. Sehe einfach gar nichts. Ich wende mich in jede Richtung. Kein anderer Laut als das Pfeifen des Sturmes und das Krachen der Eisbank. Ich erwarte jeden Augenblick, an der Schulter gepackt zu werden wie von einem alten Freund.

Plötzlich bellt mein Hund in etwa 300 Meter Entfernung wieder. Ein Brummen antwortet ihm, aber es scheint sich zu entfernen. Auf gut Glück schicke ich einige Schüsse in die Richtung, wo das Tier sein muß, 60 Zentimeter über den Boden ziele ich, um den Hund nicht zu treffen. Ganz sicher vergebliche Schüsse. Ich wage mich auf die Spur. Es ist idiotisch. In einer solchen Nacht werde ich nichts ausrichten und mich höchstens verirren. Also gehe ich wieder hinein, setze noch einmal den Primus in Betrieb. Eine halbe Stunde später kommt Caporal sehr aufgeregt zurück. Die Augen des Hundes flackern. Japsend gibt er tausend Freundschaftsbeweise. Er rollt sich zwischen meine Beine, liebkost meine Handschuhe mit seiner warmen Zunge. Beim Licht meiner Lampe stelle ich fest, daß der Bär auf allen vieren um den Iglu herumgelaufen war, bis er auf meinen jungen Gefährten stieß.

Ich lege mich wieder hin, aber der Schlaf kommt nicht. Ich wälze mich von einer Seite auf die andere. »Und wenn er nun wiederkommt? ... Diesmal vielleicht nicht allein?« Die unwahrscheinlichsten Geschichten vom Kapitän Hatteras kommen mir in den Sinn. Noch ganz unter dem Eindruck des Erlebnisses, ganz in meinen Schlafsack verkrochen, fange ich an zu essen: Seehund, Lachs, Nudeln, Tee, Nougat. Übersättigt döse ich bis zum Morgengrauen.

Zwei Tage schönes Wetter und intensive Arbeit. Aber am Morgen des 8. April ist es wieder grauenhaft. Caporal ist völlig unter dem Schnee verschwunden. Ich fange an zu lesen. Aber ich schlage die Seiten um, ohne daß ich mich auch nur einen Augenblick auf das Gelesene zu konzentrieren vermag. Bei jeder Zeile schweifen meine Gedanken ab. Ich denke an Etah. Die Lebensmittel, das Petroleum gehen zur Neige. Ich will das Datum festlegen, an dem ich diesen Bau verlassen muß, falls meine Begleiter länger ausbleiben. Der Tag ist grau und trübselig. Einer der unheimlichsten, die ich erlebte. Die Widerwärtigkeiten folgen einander auf dem Fuße. Ich liege noch keine Viertelstunde in meinem Schlafsack, da hat der Primus einen Defekt. Nun ja, ein Stäubchen, sage ich mir. Das ist Augenblickssache. Ich steche eine Nadel in das Zuleitungsrohr; aber ausgerechnet diesmal bricht die Spitze im Hals des Apparates ab. Sofortige Reparatur ist notwendig. Im Finstern durchwühle ich meinen Sack nach einer Zange. Der Apparat wird auseinandergenommen. Trotz der Pelzkleidung beginnt mein Körper vor Kälte zu erstarren. Ich lasse mich auf die Knie nieder, um es bequemer zu haben. Meinen klammen Fingern entfällt die Zange. Fettflecken verderben meine Notizen. Ich keuche wie ein Verdammter. Die Haut der Finger klebt am Metall fest. Die geringste Hantierung dauert ewig lange. Ich muß mich einige Augenblicke an der Sturmlaterne erwärmen.

Nach 20 Minuten ist der Primus schließlich montiert und surrt wieder. Es ist Zeit zum Kochen geworden. Ich hole den Topf. Aber der Schneevorrat ist verbraucht! Ich ziehe eine Krulitak über, schlüpfe durch das Eingangsloch und stehe zögernd im Sturm. Als ich mit dem Schnee beladen zurückkomme, muß ich aufpassen, daß der Hund nicht mit hineinschleicht. Ich hauche mir die Finger an und lasse mich wieder nieder. Während der Duft der guten, heißen Suppe den Iglu erfüllt, nehme ich mir meine Notizen von neuem vor, nachdem ich das Geschirr von gestern abend gesäubert habe. Zehn angenehme Minuten. Aber wie warm es ist! Ich ziehe einen Sweater nach dem anderen aus. Eine Wolke von Ausdünstungen umgibt mich jetzt. Tropf, tropf, tropf … Meine Schneebank, mein Iglu beginnen zu schmelzen … Noch einmal aufstehen, den Druck des Primus verringern, mit dem Messer das Luftloch erweitern, dann die feuchten Mauerfugen mit frischem Schnee ausstopfen. Die Temperatur sinkt sehr schnell. Den Primus wieder hochpumpen und dabei darauf achten, daß der Aufziehknopf auch senkrecht bleibt … Den Tank auffüllen, in dem das Petroleum zur Neige geht. So vergehen die Stunden.

Es ist neun Uhr abends. Draußen faucht der Sturm heftiger denn je. Von allen Seiten rütteln die Windstöße an den Mauern. Bei den stärksten wird der Iglu in seinen Grundfesten erschüttert. Man hört das Meereis unheimlich krachen, die Schollen reiben gegeneinander. Ich versuche, mir die Züge und den Gesichtsausdruck meiner Gefährten ins Gedächtnis zu rufen, und verscheuche den absurden Gedanken, sie könnten mich im Stich lassen. Aber nach einer Stunde bin ich schon wieder überzeugt, sie würden nicht kommen.

8. April, 18 Uhr. Ein schrecklicher Lärm. Kutsikitsok und Natuk sind da. Sie sind die ganze Nacht hindurch gefahren, um rechtzeitig einzutreffen. Ich höre die laute Stimme Kutsikitsoks, der seine Hunde anbindet. Der Sturm verschlingt die Satzenden. Wieder ein Gruß; ich antworte nicht. Natuk tauscht ein paar schnelle Worte mit ihrem Mann. Die beiden sind noch zu weit entfernt, als daß ich ihre Worte verstehen könnte. Kutsikitsok stürzt auf die Hütte zu, schlägt mit der Faust gegen die Mauer.

»Kroyonna! Danke!« sagt er zu sich selbst. »Hahinang! – Sei gegrüßt! Ich wußte doch, daß es nur ein Spaß war … Pissortut, offenbar«, murmelte er, »warst du bei solchem Wetter nicht draußen. Kroyonna.«

Ich betrachte ihn. Der Frost hat sein bereiftes Gesicht geschwärzt und gezeichnet.

»Natuk hat tatsächlich geglaubt, du wärest tot. Ich auch, aber nur ein ganz kleines bißchen.«

Die tapfere Natuk kommt bald herbeigelaufen.

Sie säubert den Iglu. Wir setzen uns auf die Schneebank. Meine Freunde sind erschöpft. Während sie essen, was ich noch habe, erzählen sie mir die Neuigkeiten:

»Schrecklich war der Sturm in Etah. Der Iglu zitterte. Und hier? Alle sagten, der Kralunak müßte erfroren sein. Itah hat den Nuak, die Grippe. Sie glauben, daß Inugtek Thule angesteckt habe, als er die Post von Tasiussak brachte. Ayor, ayor – wie unangenehm. Nukapianguak ist wieder nach dem Süden zu seinem Sohn Sakaeunguak aufgebrochen, um Hunde zu holen. Die Jagd ist gut gewesen. Pissortut. Wir sind bereit, wieder aufzubrechen. Angutitt pissortutt! Was sind wir doch für Männer!«

Ich erläutere ihnen schnell meine Arbeit, zeige ihnen meine

Kartenskizzen. Sie lassen ihre Finger über das Millimeterpapier gleiten, folgen den Konturen des Ufers. Viel Aufmerksamkeit, kein Kommentar!

»Wir werden sofort nach Etah aufbrechen«, sage ich, »und das übrige Gepäck holen. Ich fürchte, es gibt bald wieder einen Sturm. Mit drei Schlitten geht es dann zurück zum Depot. Hier gibt es nichts mehr zu essen.«

Zwei Stunden nachdem sie angekommen sind, gehen die beiden Eskimos mit größter Selbstverständlichkeit darauf ein, trotz des Sturmes diesen schrecklichen Weg noch einmal zu machen. Zu dritt auf einem Schlitten, verlassen wir schließlich diesen Ort. Peitschengeknall. Ich drehe mich um. Meine Behausung hebt sich noch im Schnee ab. Ich will die Tage in Kraslunalik meinem Gedächtnis einprägen als Erlebnisse, an die man sich gern erinnert.

Ein Stück des Rückweges schneiden wir ab, indem wir durch das Gebirge fahren. Die erregten Hunde ziehen gut. Im Sturm kämpfen wir uns vorwärts. Ich zweifle, ob es möglich wäre, ohne einen ortskundigen Eskimo im Schneesturm einem so schlechten Weg zu folgen. Geröll tritt zutage und liegt überall frei. Wie ein Schuttkarren schlurrt der Schlitten über die Steine. Abstieg über einen Geröllhang mit fast 30 Grad Gefälle. Wir landen auf dem Fjord. In Schneewolken gehüllt, halten wir uns an der Narapaya an, reißen uns von den Spuren los, die an den Felsen zusammenlaufen, bändigen die Hunde, vermeiden die großen Blöcke, die über uns aufragen, damit sie nicht mit uns den Berg hinunterstürzen.

Nach vielen Mühsalen dieser Art kommen wir am 9. April morgens gegen neun Uhr in Etah an: erfroren, lachend, begeistert von dem Abenteuer. Pissortut Inuit!

17

Mit dem Motorrad im Winter durch Alaska? Ist das machbar? Wie kalt wird es? Werden die Straßen geräumt? Was sagen die Sheriffs zu solch einem Wahnsinnsunternehmen? Fragen über Fragen. Zum Glück kannte ich **DORIS WIEDEMANN**, Motorradabenteurerin und Reisejournalistin. Bevor ich sie anrief, besorgte ich mir ihr 2010 erschienenes Buch »Winterreise nach Alaska« und las es. Danach war mir klar, dass diese zierliche Frau aus ganz besonderem Holz geschnitzt sein muss. Sie schreibt von minus 40 °C, von Spikes für die Stollenreifen des Motorrads, von speziellem Öl, das in der arktischen Kälte schmierfähig bleibt. Wir trafen uns dann an einem heißen Sommertag auf meiner Terrasse bei Kaffee und Kuchen. Sie klärte mich weiter auf, dass ich außerdem eine Visierheizung, beheizbare Unterwäsche, Handschuhe und Schuhsohlen und eine spezielle Batterie brauchen würde. Irgendwann unterbrach ich sie und fragte ungläubig: »Macht das noch Spaß?« Sie lachte nur.

Ein halbes Jahr später schraubte ich dann in Fairbanks, Alaska, die von Doris empfohlenen Spikes in die Stollenreifen meiner BMW-GS und zweifelte beim Blick aus der Werkstatt an meinen Plänen. Der Gedanke, angesichts der hohen Schneedecke und Temperaturen von minus 40 °C Motorrad zu fahren,

ließ mich frösteln. Und so ließ ich das Motorrad erst einmal in der Transportkiste, mit der die Maschine aus München eingeflogen worden war und die nun auf der Ladefläche eines Pick-ups vertäut war. Meine Begleiter und ich folgten im warmen Auto dem winterlichen Dalton Highway bis hinauf an den Arktischen Ozean und stießen immer wieder auf die Spuren von Doris. Entweder erzählten uns Trucker vom »Crazy German Girl«, hatten Trapper ihr Unterschlupf gewährt, oder Fotos von ihr zierten die Wände der Raststätten.

Eine Woche später gab es dann auch für mich kein Zurück mehr. Wir waren inzwischen in Dawson in den kanadischen Northern Territories angekommen und öffneten bei minus 48 °C die Transportkiste, holten das Motorrad heraus und machten es startklar. Als ich die ersten Kilometer des Dempster Highway hinter mir hatte, wusste ich, welche Leistung Doris vollbracht hat.

Michael Martin

Doris Wiedemann

DIE BROOKS RANGE

Das wird die längste, kälteste und anstrengendste Etappe unserer Tour im Norden. Die Straße wurde noch nicht geräumt. Zehn Zentimeter Neuschnee und die Spurrillen darunter sind nicht besser geworden. Ich beobachte, wie Sjaaks Hinterrad hin und her rutscht, und komme dabei selbst aus dem Rhythmus. Wenn ich jedoch genau vor meinem Vorderrad auf den Boden blicke, kann ich die Balance gar nicht halten. Eine Weile kämpfe ich mich erfolgreich vorwärts, dann rutscht das Motorrad unter mir weg und fällt um. Über die Helmsprechanlage rufe ich Sjaak zu Hilfe.

Er kommt zu Fuß zurück, und gemeinsam heben wir das Motorrad beinahe mühelos auf.

Nach diesem »Umfaller« fahre ich sehr langsam, bis Sjaak außer Sichtweite ist. Dann nehme ich wieder mein normales Tempo auf. Zwar kann ich Sjaak dann nicht mehr mit der Helmsprechanlage erreichen, aber ich komme viel besser zurecht, wenn ich nicht durch die Bewegungen seines Motorrades abgelenkt werde. Nach ein paar Kilometern treffen wir uns an der Hauptstraße wieder. Der Dalton Highway ist bereits geräumt, und wir kommen flott voran. Unsere Motorräder fahren auf einer Eisstraße durch ein breites Tal. Die Sonne überzieht die nackte Felswand des 1334 Meter hohen Sukakpak Mountain mit einem rötlich goldenen Schimmer. Wir haben schon lange nicht mehr so viele Felsen gesehen. Die Berge in Kanada waren allesamt tief verschneit, und im Süden des Dalton Highway ist die Landschaft komplett bewaldet. Inzwischen haben wir jedoch die Taiga mit ihren nordischen Wäldern verlassen und erreichen langsam die Tundra. In deren rauem Klima können sich nur noch bodennahe Gewächse halten, die fast alle mit Schnee bedeckt sind. Nur manchmal ragen ein paar Zweige empor, die der Wind freigelegt hat, ebenso wie die Felsen.

Von Wiseman aus sind es rund 90 Kilometer bis zum Atigun-Pass. Auf dem Weg müssen wir ein paar steile Anstiege bewältigen, und ich bin froh um jede einzelne Extrablechschraube in den Stollen meiner Reifen. Auch wenn ich mir nicht sicher bin, ob sie tatsächlich notwendig sind, schaden tun sie auf keinen Fall. Die Straße ist geräumt und der Himmel über uns strahlend blau, aber der Wind weht immer wieder frischen Schnee auf das blanke Eis. Als Sjaak einmal bergaufwärts hinter mir fährt, höre ich ihn nach einer Weile erstaunt sagen:

»Jetzt sehe ich es auch. Du hast mit deinen Reifen auf dem losen Schnee tatsächlich viel mehr Probleme als ich.«

Bei den Piloten der kleinen Charterflugzeuge ist der Atigun-Pass gefürchtet wegen seiner Wetterturbulenzen. Gleichzeitig bietet er der einzige Möglichkeit, die Brooks Range mit Kraftfahrzeugen zu überqueren. Auf der Strecke sind jedoch bereits zahlreiche Lastwagen von der Straße abgekommen, und im Winter gehen dort immer wieder Lawinen ab. Nach einigen scharfen Kehren bleiben wir auf 1422 Meter Höhe stehen. Der Pass liegt im Schatten, und ein eisiger Wind pfeift uns um die Ohren. »Schnell weiter«, ist mein einziger Gedanke, obwohl uns ein Schild verspricht, der Parkplatz sei eine lawinensichere Zone.

Nach ein paar Videoaufnahmen geht es wieder los. In Sichtweite funkeln Eiskristalle in der Sonne. Aber es geht steil bergab, und ich lasse es lieber langsam angehen. Die Kehren der Nordseite scheinen mir noch enger zu sein als die auf der Südseite.

Wir begegnen einem Schneeräumer, und ich nicke ihm zu. Die Straße ist zu steil und kurvig, um die Hand zum Gruß zu heben, was meine Dankbarkeit für seine Arbeit jedoch nur noch verstärkt.

Aber es gibt noch einen weiteren Grund, langsam zu fahren: Die Aussicht ist grandios. Die vegetationslosen Berge sind in strahlend weiße Schneedecken gehüllt. Ich sehe keinen Ruß und keine Schmutzränder. Alles ist sauber, sogar die Straße, die uns durch die abschüssige Landschaft der Northern Slopes bis zur Küstenebene am Polarmeer führt. Die Berge ziehen sich zurück, das Land öffnet sich und wird immer weiter – »weiter als weit«, denke ich bei mir und atme tief ein. Ich fürchte, es klingt ziemlich kitschig, wenn ich sage, ich hatte das Gefühl, als öffne sich mein Brustkorb, als öffne sich meine Seele, breite ihre Schwingen aus und flöge hinaus in die funkelnde Eiswelt der Tundra.

Glücklicherweise kommt sie rechtzeitig zurück, als der Wind immer stärker und die Sicht immer schlechter wird. Am Fuß einer Anhöhe treffen wir zwei Lastwagenfahrer, die Ketten an ihren Fahrzeugen montieren. Der eine von ihnen stoppt uns.

»Da vorne geht es steil bergauf, und es gibt ein paar Schneeverwehungen. Wenn ihr auf uns wartet, dann spuren wir euch eine Durchfahrt.«

Es ist ein Akt von simpler Höflichkeit, wenn wir einen Moment warten, damit wir die Lastwagenfahrer nicht kurze Zeit später auf der Straße behindern. Sie sind viel schneller als wir und müssen uns bereits vorher einmal überholt haben. Dass sie sich ihrerseits Gedanken darüber machen, wie wir die Steigung und die Schneeverwehungen meistern, freut mich sehr. Selbstverständlich warten wir auch auf der Anhöhe so lange, bis die Fahrer ihre Ketten wieder abmontiert haben. Dann folgen wir ihnen, verlieren sie aber bald aus den Augen. Dennoch helfen uns die Reifenspuren der Lastwagen. Zum einen ist der Schnee darin so festgefahren, dass unsere Reifen besseren Halt finden als auf dem losen Neuschnee. Zum anderen lassen sich an der Seitenwand der Spur die Höhe und die Länge der Schneeverwehung ablesen. Das gibt mir an den meisten Stellen die Sicherheit, mit flottem Tempo hindurchzufahren.

Der Wind trifft uns von der Seite und wird immer stärker, und je schneller wir fahren, desto besser gleicht der Fahrtwind die Kraft des Seitenwindes aus. Eine gewisse Geschwindigkeit ist also hilfreich. Andererseits wirbelt der zunehmende Wind immer mehr Schnee auf, und wir müssen langsamer fahren, weil die Sicht immer schlechter wird. Wir begegnen einem weiteren Schneeräumer, und er sagt uns, dass die Straße nach Deadhorse wegen einer Schneeverwehung gesperrt sei. Wir sind bereits in der Ebene der Küstenregion, und es gibt nichts, wirklich gar nichts, was uns als Wind- und Wetterschutz dienen könnte.

Umzudrehen macht jedoch keinen Sinn. Wir würden den Atigun-Pass erst in der Dunkelheit erreichen und wissen nicht, wie die Wetterbedingungen dort wären. Also fahren wir weiter. Viel schlimmer kann es nicht mehr werden, der Wind soll ja nachlassen, hoffe ich und überlege, wie wir das Zelt am besten aufbauen. Die Motorräder müssen auf der Straße stehen bleiben. Aber wir können sie am windabgewandten Straßenrand abstellen, das Zelt daran festbinden und neben der Straße aufbauen. Darüber hinaus könnten wir Sjaaks Top-Box als Windanker benutzen. Im Notfall müssen wir den Stoffiglu ohne Gestänge als Windabweiser verwenden, überlege ich mir. Denn der sogenannte Wind-Chill – also die kühlende Wirkung des Windes – ist bei der momentan herrschenden Temperatur von knappen minus 30 °C enorm. Eine Windgeschwindigkeit von 15 Stundenkilometern lässt die gefühlte Temperatur unter die Marke von minus 40 °C sinken.

Wir erreichen das Pumphaus Nummer zwei bei Kilometer 577. Zwei Sicherheitsbeauftragte der Pipeline stehen mit ihrem Pickup davor und winken uns anzuhalten. Der eine brüllt etwas, versucht, die Lautstärke des Windes zu übertönen. Dennoch verstehe ich über die Helmsprechanlage nur ein paar Wortfetzen. Aber ich sehe, wie Sjaak mit dem Kopf nickt und den ersten Gang einlegt. Beim Losfahren erzählt er mir, was er erfahren hat.

»Die Straße nach Deadhorse ist gesperrt, und der Mann sagte, sie dürfen uns nicht bei sich unterbringen. Aber elf Meilen weiter nördlich gibt es ein Arbeitercamp, das Franklins Bluff. Dort können wir übernachten.«

Das klingt gut, freue ich mich, werfe einen Blick auf den Kilometerzähler und rechne die Meilen um. Anschließend zähle ich die zurückgelegten Kilometer mit. Das hilft, den Ort zu finden und die Nerven zu beruhigen.

Nach der Hälfte der Strecke steht ein Lastwagen in unserer Fahrtrichtung am linken Straßenrand in einer Haltebucht. Der Fahrer steht auf der windzugewandten Seite neben seinem Fahrzeug, duckt sich und blickt uns entgegen. Aber ich sehe ihn zu spät, um neben ihm stehen zu bleiben. Über die Helmsprechanlage rufe ich Sjaak zu, dass er winkt, und halte dann selbst an. Ein Blick in den Rückspiegel zeigt mir, dass Sjaak neben dem Mann stoppt. Also bleibe ich erst einmal stehen und warte, was weiter passiert.

Durch die lauten Windgeräusche höre ich wieder nur einzelne Brocken der Unterhaltung, kann mir aber deren Sinn zusammenreimen. Der Mann will uns den Weg zeigen.

»Wie schnell fahrt ihr?«, fragt er, und Sjaak antwortet: »Fünfundvierzig.«

»Das ist zu schnell«, protestiere ich, und Sjaak reduziert auf 35 Meilen pro Stunde. Das sind 56 Stundenkilometer. Immer noch ziemlich flott. Aber ich sehe, dass sich der Mann bereits umdreht und zu seinem Fahrerhaus geht, also unterdrücke ich einen weiteren Protest. Das können wir schaffen, beruhige ich mich stattdessen selbst.

Der Lastwagen startet. Wir fahren los. 15, 16, 17, 18, zähle ich auf meinem Tacho die Kilometer mit und frage mich: »Wo ist das Camp?« Sjaak kann ich nicht mehr fragen. Die Akkus unserer Helmsprechanlage haben vor der langen Fahrzeit und der enormen Kälte kapituliert. Tatsächlich bin ich überrascht, dass die kleinen Energiespeicher so lange durchgehalten haben. Wir haben sie aufgrund der extremen Bedingungen an diesem Tag fast permanent auf Sendung gehalten und uns immer wieder gegenseitig abgestimmt und gefragt, ob alles in Ordnung sei. Aber nun haben wir keinen Empfang mehr.

19, 20, 21 ... vielleicht habe ich die Wortfetzen falsch interpretiert? Vielleicht bringt uns der Lastwagenfahrer doch nach Deadhorse? Das sind noch gute 60 Kilometer. Die werden hart. Ich merke, dass ich müde werde. Mein Visier ist seit dem letzten Stopp teilweise zugefroren, und mein linkes Ohr wird langsam kalt. Aber ich werde es schaffen, sporne ich mich selbst an. Gleichzeitig muss ich mir selbst eingestehen, dass ich das Arbeitercamp nicht gefunden hätte. Ich habe nichts davon gesehen und bin froh, dass wir den Lastwagenfahrer als Führer haben. Er kann uns in seinem Rückspiegel vermutlich nicht erkennen, aber er weiß, dass wir hinter ihm herfahren, und wird an seinem Zielort noch einmal nach uns sehen, freue ich mich und verdränge dabei den Gedanken daran, dass der Tod bei diesen Temperaturen innerhalb weniger Minuten kommen kann.

22, 23, 24 ... es wird zunehmend schwieriger, Sjaak in meinem

Rückspiegel zu sehen. Er fällt immer weiter zurück. Besorgt beobachte ich inzwischen permanent das kleine Licht und den orangefarbenen Farbfleck seines Overalls, den ich durch das Schneegestöber hindurch in meinem Rückspiegel erkennen kann. Hat Sjaak das Camp gesehen? Will er umdrehen? Oder hat er womöglich irgendwelche Probleme? Ich lasse mich ein bisschen zurückfallen, kann nun selbst nur noch die äußeren Konturen des Lastwagens vor mir erkennen und beobachte weiterhin Sjaak: Er bleibt dran, stelle ich erleichtert fest. Der Abstand ist lediglich größer geworden.

30, 31, 32 ..., zähle ich weiter mit und konzentriere mich darauf, das Motorrad sicher zu steuern. Der Lastwagen vor mir ist nur noch ein Schatten im Wirbelwind der Schneeflocken, aber ich kann Sjaak in meinem Rückspiegel gut erkennen. Er ist noch da, das ist wichtig. Wir müssen das Camp bereits passiert haben. Aber wo war es? Ohne den Lastwagenfahrer hätten wir längst wieder umgedreht und nach dem Camp gesucht. Ich motiviere mich mit dem Gedanken, dass jeder einzelne Kilometer uns selbstverständlich auch unserem Ziel näher bringt. Inzwischen bin ich mir fast sicher, dass wir doch nach Deadhorse fahren. Vielleicht hat der Fahrer über Funk gehört, dass die Schneeverwehungen weggeräumt wurden?

37, 38, 39 ..., der Lastwagen biegt rechts ab. Da muss eine Straße sein. Ich versuche ihm an derselben Stelle zu folgen, übersehe eine kleine Schneeverwehung und falle um. Sjaak hält neben mir, steigt ab und hilft mir beim Aufstellen des Motorrades. Inzwischen haben wir beide das Schild gesehen: Franklins Bluff – wir sind da.

FRANKLINS BLUFF

Der Wind ist so kalt, dass ich das Visier geschlossen halten muss. Meine Sicht ist stark eingeschränkt. Eine Stimme sagt mir, wir müssen uns anmelden. Ein dick vermummter Arm deutet auf einen Container. Nichts wie hin. Dort drinnen ist es bestimmt warm. Ich tausche einen Blick mit Sjaak, der nickt, und steige vorsichtig die Metallgittertreppen empor. An der Tür klopfe ich der Höflichkeit halber, trete dann aber ein, weil ich durch den Helm und den starken Wind sowieso nichts hören kann.

Warme Luft strömt mir entgegen und ich bin sofort vollständig blind, weil nun das Visier von außen beschlägt. Also aufmachen. Vor mir sehe ich eine Theke mit zwei jungen Männern dahinter. Sie haben Computer, Telefone und Funkgeräte sowie ein freundliches Lächeln auf dem Gesicht.

»Hallo, darf ich den Helm auflassen?«, erkundige ich mich zur Begrüßung.

»Ja, ja, kein Problem. Seid ihr okay?«, lautet die besorgte Antwort.

Ich blicke mich um. Sjaak ist nicht mit hereingekommen. Also antworte ich auch für ihn:

»Ja, wir sind so weit in Ordnung. Aber es wäre gut, wenn ihr uns für diese Nacht einen windgeschützten Platz geben könntet.«

»Selbstverständlich«, höre ich und bin erleichtert. Wir haben es tatsächlich geschafft.

Zunächst aber geht das Frage-und-Antwort-Spiel weiter:

»Ihr seid verrückt. Woher kommt ihr?«

»Mein Begleiter ist aus den Niederlanden, und ich bin aus Deutschland.«

»Aha – und wo seid ihr heute gestartet?«

»Ach so, in Wiseman. Auf dem Atigun-Pass war es noch herrlich sonnig ...«

»Ja«, lacht der eine. »Aber hier ist das Wetter ein bisschen anders. Der Sturm wird wohl noch die ganze Nacht über dauern.«

»Und die Straße nach Deadhorse ist gesperrt« füge ich hinzu.

»Das sind immerhin noch fünfzig Kilometer. Eine ziemliche Strecke bei dem Wetter. Halten die Motorräder denn durch?«, erkundigt sich der Jüngere interessiert.

»Bis jetzt hatten wir keine Probleme«, antworte ich stolz, obwohl ich nichts dafür kann.

Tatsächlich wusste niemand, bis zu welchen Temperaturen die Bikes funktionieren würden. BMW testet normalerweise bis minus zehn °C, manchmal bis minus 20 °C. Und das Thermometer der Yamaha zeigt sogar nur bis minus zehn °C an. Tatsächlich setzen die wenigsten Motorradfahrer ihre Maschinen solchen extremen Bedingungen aus. Aber bisher haben beide Motorräder die kalten Temperaturen und den Fahrtwind locker weggesteckt. Auf dieser Fahrt sank die Temperatur sogar bis auf minus 36 °C und der Chill – die Kältewirkung – des Seitenwindes trifft nicht nur die Motoren, sondern auch alle anderen Teile des Motorrades.

Eine dünne Metallplatte zerspringt bei minus 60 °C wie Glas, habe ich gehört. Unsere Reifen sind morgens immer gefroren und müssen erst warm gefahren werden, damit die abgeflachte Standfläche wieder rund wird und der Gummi Grip hat. Ich habe von Luftfilterkästen aus Kunststoff gehört, die in der Kälte zerbröselt sind, und die durchsichtige Plastikabdeckung von Sjaaks Tankrucksack ist in Watson Lake bei einer etwas stärkeren Belastung zersplittert. Da wir die Zusammensetzung der verschiedenen Materialien unserer Ausrüstung nicht kennen und weder Chemiker noch Physiker sind, konnten wir nicht voraussagen, welche Teile wie reagieren würden. Diese letzte Etappe war sicherlich noch einmal ein besonderer Härtetest, für uns und für unsere Ausrüstung – und ich finde, wir haben sie bis hierher wirklich gut bestanden. Genauere Details werden wir klären, wenn wir im Warmen sind.

Die Tür geht auf, und Sjaak kommt herein. Auch er öffnet sofort das Visier. Ich glaube fast, sie haben ihn draußen mit neugierigen Fragen aufgehalten. Es sieht nicht so aus, als hätte er gerne in der Kälte herumgestanden.

»Ihr müsst die Umwelt- und Sicherheitsauflagen durchlesen und euch dann in diese Liste eintragen«, erklärt der Ältere und drückt mir einen schmalen DIN-A 4-Ordner in die Hand.

Scheinbar haben sich meine Gehirnzellen inzwischen so weit aufgewärmt, dass sie wieder echtes Interesse signalisieren können. Ich lese die einzelnen Bestimmungen zum Umgang mit Fahrzeugen innerhalb und außerhalb des Camps. Die Auflagen für die Umwelt sind enorm. Zumindest auf dem Papier steht, dass kein Tropfen Öl auf den Boden gelangen darf, auch nicht innerhalb der Werkstätten.

»Ja, die Regeln sind sehr streng«, bestätigt der Jüngere. »Das Ökosystem der Tundra ist äußerst kostbar, und die Ölindustrie muss hohe Auflagen erfüllen, um in diesem sensiblen Naturschutzraum arbeiten zu dürfen.«

»Die Einhaltung der Vorschriften wird auch streng kontrolliert«, mischt sich der andere ein.

Ich blicke mit großen Augen von einem zum anderen. Entweder meinen sie das wirklich ernst, oder sie haben eine sehr gute Schulung bekommen.

Nach der Lektüre greife ich zum Kugelschreiber und trage Sjaaks und meinen Namen in die Besucherliste ein, die Uhrzeit unserer Ankunft und die Kennzeichen unserer Fahrzeuge.

»Darf ich Sjaaks Unterschrift fälschen?«, frage ich, weil dieser noch seine Handschuhe trägt und damit nicht schreiben kann.

»Ja, natürlich«, versichern die beiden Männer unisono. Abschließend macht der eine noch ein Foto von uns und erklärt dann: »Ihr werdet von einem Nissan Patrol abgeholt, der euch zur Werkstatt bringt. Dort parkt ihr die Motorräder und bekommt dann Warnwesten und einen Sicherheitshelm. Damit könnt ihr zu Fuß zum Wohncontainer gehen. Bitte beachtet, dass ihr euch auf dem Gelände nur mit dieser Sicherheitskleidung bewegen dürft.«

Die kleine Pause hat mir gutgetan und das Visier aufgetaut. Schwungvoll klettere ich auf die BMW. Sie springt ohne Probleme an, und Sjaak nickt zum Zeichen, dass bei ihm ebenfalls alles in Ordnung ist. Einen Augenblick später erreicht uns das angekündigte Begleitfahrzeug, wendet und fährt in der auf dem Gelände vorgeschriebenen Schrittgeschwindigkeit vor uns her. Damit bleibt mir Zeit, mich ein wenig umzublicken. Aufgrund des Schneesturms sehe ich jedoch nicht allzu viel: ein paar schwere Lastwagen und Räumgeräte, ein paar Container und eine tunnelförmige Halle, auf die wir zusteuern.

In der Halle ist es nicht ganz so warm wie in dem Container am Eingang, aber doch angenehm temperiert. Die Reinblei-Batterien brauchen wir auf alle Fälle nicht mitzunehmen und aufzuladen. Bei dieser Wärme springen die Motorräder auch ohne die zweite Batterie an. Erleichtert nehme ich den Helm ab und ziehe mir die Sturmhaube vom Kopf. Zwei Männer kommen auf uns zu und begrüßen uns. Der eine schüttelt mir die Hand:

»Hallo, ich bin Keith. Wie geht es? Habt ihr irgendwelche Erfrierungen?«

Ich bewege meine Zehen und Finger, die Muskeln von Armen und Beinen und ziehe eine Grimasse.

»Nein, ich glaube, mir fehlt nichts«, antworte ich vorsichtig.

Unter diesen Bedingungen kann es sehr schnell zu Erfrierungen kommen, die man unter Umständen selbst erst viel später bemerkt.

Sjaak ist in seinem Element. Er unterhält die Umstehenden mit der wiederholten Versicherung, dass es uns hervorragend geht und wir top ausgerüstet sind. Zwei Mechaniker kommen dazu, die am anderen Ende der Halle gearbeitet haben. Sie ziehen sich aber bald wieder zurück, und Sjaak und ich packen unsere Sachen. Der Tankrucksack mit der Kamera, das Notebook, die Kleidung – das genügt. Die Schlafsäcke, das Zelt und die Isomatten können auf meinem Motorrad bleiben. Wir werden sie nicht brauchen. Zum Glück.

Ich schlüpfe aus meiner Regenkombi und helfe Sjaak mit seinem gefütterten Overall. Dann setze ich die warme Mütze mit dem Ohrenschutz auf, die ich von Scooter bekommen habe. Darüber stülpe ich den weißen Bauhelm mit der Aufschrift »Cruz Construction« und ziehe die orangefarbene Warnweste an. Die umgekehrte Reihenfolge wäre besser gewesen, stelle ich fest, als mir der Helm beinahe vom Kopf rutscht. Vielleicht sind die Gehirnzellen doch noch nicht ganz aufgetaut? Keith bringt uns zum Wohncontainer.

Am Eingang ziehen wir die Schuhe aus und laufen auf Socken weiter zu einem Zimmer mit zwei Betten.

»Hier könnt ihr schlafen«, meint Keith und fügt nach einer kurzen Pause mit Blick auf uns beide vorsichtig hinzu: »Ist ein Raum für euch beide in Ordnung?«

»Ja«, lächle ich dankbar. »Das ist in Ordnung.«

»Dann beeilt euch, damit ihr noch etwas zu essen bekommt. Der Koch räumt schon auf.«

Wir lassen unser Hab und Gut fallen, bekommen gerade noch

Zeit, unsere Jacken auszuziehen, und werden dann in Richtung Kantine geschoben.

In der Küche dampft es zwar noch, aber der Herd ist aus, und die Platten sind schon stark geplündert worden. Trotzdem ist noch genug da, um mehrere Fußballmannschaften zu füttern. Allerdings stelle ich während des Essens auch fest, dass ich den Hunger von mindestens einer Mannschaft habe. Dazu kommt, dass alles sehr lecker schmeckt und ich erst aufhören kann, nachdem ich auch noch ein großes Stück Kuchen vertilgt habe. Der Koch freut sich über die große Wertschätzung seiner Bemühungen, und die anderen lächeln verständnisvoll, weil sie wissen, wie viel Kalorien der Körper bei dieser Kälte verbrennt.

Fünf Portionen später fällt mir ein:

»Wo ist eigentlich der Lastwagenfahrer, der uns gerettet hat?«

Alle werden still, und einer sagt ganz leise:

»Das war ich.«

Andy Weber heißt unser Führer durch den Schneesturm. Er ist ein kleiner, stiller Mann, der nicht viel Aufhebens um sich macht. Ich schüttle ihm die Hand und bedanke mich. Es kann gut sein, dass er mein Leben gerettet hat.

Franklins Bluff war nicht, wie die Sicherheitsleute gesagt hatten, 17 Kilometer von der Pumpstation entfernt, sondern ganze 39 Kilometer. Das ist mehr als doppelt so weit. Sjaak und ich hätten sicherlich noch einmal umgedreht in der Annahme, dass wir das Camp übersehen haben. Ich habe keine Ahnung, wie oft wir hin und her gefahren wären. Aber wir hätten auf alle Fälle wertvolle Kalorien verbrannt, die unsere Körper bei der Kälte dringend brauchen. Und mein Hunger beim Abendessen hat mir drastisch vor Augen geführt, dass meine Energiereserven bereits ziemlich leer waren.

Wenn der Körper erst einmal anfängt auszukühlen, dann wird

es schwer, sich selbst zu retten. Bereits bei einer leichten Unterkühlung mit 32 bis 35 °C Körpertemperatur verschlechtert sich das eigene Urteilsvermögen in zunehmendem Maße. Dazu kommt, dass der Betroffene apathisch wird. Das heißt, man unternimmt selbst nichts mehr zur eigenen Rettung und reagiert auch auf die Bemühungen anderer nur verzögert. Bei einer Körpertemperatur von 28 bis 32 °C kann es sogar zur sogenannten Kälteidiotie kommen. Der Betroffene fühlt sich plötzlich warm und beginnt sich zu entkleiden. Damit verschlimmert er seine eigene Auskühlung. Sinkt die Kerntemperatur des Körpers unter 28 °C, verliert man das Bewusstsein und erfriert.

»Wir nennen das Wetter dort draußen ein Face 3. Das heißt, dass alle Männer und Maschinen drinnen bleiben. Keiner geht bei diesem Wind hinaus, weil es zu gefährlich ist, draußen zu arbeiten. Für uns Menschen und auch für die Maschinen. Wenn wir bei dem Wetter versuchen, die Schneeverwehung zu beseitigen, und das Räumgerät friert uns ein, dann müssen wir ebenso auf gutes Wetter warten, wie wir das jetzt auch tun, und zusätzlich müssen wir noch auf einen anderen Schneeräumer warten, der hierhergebracht werden müsste, damit er den unseren wieder ausbuddelt. Das kostet mehr Zeit und Geld, als wenn wir erst einmal in Ruhe auf besseres Wetter warten und dann wieder hinausgehen«, erklärt uns Kenny, der Leiter des Cruz Construction Camps, und fügt hinzu: »Außerdem würde der Wind die Schneise sowieso innerhalb kurzer Zeit wieder zuwehen.«

Und sein Kollege erzählt uns:

»Bei diesen Temperaturen gehen wir auch nicht alleine zum Arbeiten hinaus. Denn ein Funkgerät hilft dir nichts, wenn du ausrutschst, mit dem Kopf aufschlägst und bewusstlos liegen bleibst. Innerhalb von Minuten kühlst du so stark aus, dass du stirbst.«

Die Männer sind harte Burschen und erzählen diese Geschichten mit einem freundlichen Lächeln, hinter dem sie den tödlichen Ernst der Sache verstecken. Andy verabschiedet sich. Sobald das Wetter besser ist, wird er wieder nach Fairbanks zurückfahren, um die nächste Ladung zu holen. Vermutlich arbeitet er als Selbstständiger, auf eigene Gefahr. Als Angestellter hätte er bei diesem Wetter bestimmt nicht mehr unterwegs sein dürfen. Da waren auch keine anderen Lastwagen und ich weiß nicht, welche Gründe er dafür hatte, diese Fahrt zu machen. Vielleicht wusste er es selbst nicht, bis er uns gesehen hat.

Nach dem Essen haben wir die Gelegenheit, heiß zu duschen. Ich lasse mir Zeit und bin erstaunt, wie frisch und erholt ich mich danach fühle. Im Nachhinein bin ich dankbar für die beiden Pausentage in Wiseman. Dort habe ich mich gründlich ausgeschlafen und packe nun frisch vergnügt unsere Klamotten in die Waschmaschine. Sie tragen noch das Aroma des Holzofens aus der ersten Hütte in sich und können eine Spazierfahrt in der Waschtrommel gut gebrauchen. Vorsorglich stelle ich mir den Wecker, um sie später in den Trockner umzufüllen, stecke sämtliche Akkus in die entsprechenden Ladegeräte und speichere die Bilder von der Kamera auf der Festplatte meines Computers. Dann falle ich nun doch müde ins Bett und schleiche in der Nacht nur noch einmal kurz über den Gang, um die Wäsche von der Waschmaschine in den Trockner zu füllen. Dazu muss ich die Wäsche eines anderen herausnehmen und lege sie als kleine Geste der Dankbarkeit zusammen.

Am nächsten Morgen scheint die Sonne vom strahlend blauen Himmel und tut so, als wäre der Sturm am Vortrag lediglich ein böser Albtraum gewesen. Meine Augen sind ein wenig verquollen, und ich habe schon wieder Hunger. Aber Letzteres ist kein Problem. In der Kantine wartet ein reichhaltiges Frühstücksbüfett auf uns. Und wir haben Zeit. Zum einen sind es nur noch 50 Kilometer bis Deadhorse, und zum anderen muss die Schneeverwehung erst noch weggeräumt werden.

Nach dem Frühstück zieht Sjaak mit der Videokamera umher und interviewt die Leute. Ich mache einige Fotos und unterhalte mich dann mit Elisabeth, der Reinigungsfrau. Sie ist eine Athabascan-Indianerin. Ihrem Volk gehört dieses Land, erzählt sie mir mit glücklichem Stolz in der Stimme. Sie selbst kommt aus der Grenzregion zu Kanada, und sie findet es schade, dass wir sie nicht mehr in ihrem Dorf besuchen können, weil wir nicht mehr dorthin zurückfahren werden. Aber sie freut sich, mich kennenzulernen, und schenkt mir einen gehäkelten Schal, wie ihn ihre Landsleute tragen.

»Er hat große Löcher, durch die du atmen kannst, und hält trotzdem den Wind ab«, erklärt sie mir.

Elisabeth ist eine kleine, runde, herzliche Frau, die ich voller Dankbarkeit in den Arm nehme, auch stellvertretend für alle anderen, die uns in Franklins Bluff so freundlich aufgenommen und unbürokratisch geholfen haben. Kurz vor Mittag ist die Straße frei, aber wir nehmen gerne die Einladung zum Essen an, bevor wir uns wieder auf den Weg machen. Ganz ohne Bürokratie geht es freilich nicht. Für den Weg zur Werkstatt brauchen wir Helm und Jacke, und der Nissan Patrol begleitet uns zum Ausgang. Am Tor trage ich uns wieder aus der Besucherliste aus, alle Anwesenden machen mit ihren jeweiligen Kameras ein paar Abschiedsfotos und sagen dann endgültig Adieu.

18

Es gibt derzeit keine Seite im Internet, die ich öfter besuche als SPIEGEL ONLINE. Ich mag die Mischung aus Tagespolitik, Hintergrund, Unterhaltung und Reportagen. Auch den Reiseteil fand ich immer spannend und abwechslungsreich. Meine eigene Zusammenarbeit mit SPIEGEL ONLINE habe ich dem Redakteur **STEPHAN ORTH** zu verdanken, der meine Vorträge in Hamburg seit vielen Jahren besucht und seine Ressortleiterin Antje Blinda auf mich aufmerksam machte. Im Januar 2010 rief sie mich an und fragte, ob ich online regelmäßig über mein neues Projekt »Planet Wüste« berichten möchte – Texte mit jeweils 12 bis 15 Bildern. Im Februar 2010 schrieb ich dann meine ersten vier Texte über Hunde- und Motorschlittentouren durchs eisige Spitzbergen. Inzwischen habe ich viele Dutzend Blogs veröffentlicht und bin nicht nur über die enorme Reichweite froh, sondern auch darüber, dass ich bereits auf Reisen meine Erinnerungen niederschreiben muss und sie damit in Zukunft immer präsent habe.

Persönlich begegnet sind Stephan Orth und ich uns dann zum ersten Mal in der legendären Kantine des alten SPIEGEL-Hochhauses in Hamburg, wo wir gemeinsam mit Antje Blinda zu Mittag aßen. Mit großer Begeisterung erzählte Stephan von seinen Berg-

touren und Reisen. Ihm ist die hervorragende Bericht-
erstattung über die Kletter- und Bergsteigerszene
bei SPIEGEL ONLINE zu verdanken. Im Sommer 2012
führte Stephan Orth dann mehrere Stränge seines
Lebens zu einem ungewöhnlichen Projekt zusammen. Er überquerte auf den Spuren seines Großvaters, der ihm in jungen Jahren sehr ähnlich sah,
das grönländische Inlandeis und berichtete darüber
fast täglich mit modernster Satellitentechnik.

Michael Martin

Stephan Orth

OPAS EISBERG

Mein Opa starb 24 Jahre vor meiner Geburt. Persönlich begegnet bin ich ihm nur ein Mal, kurz nach dem Tod meiner Oma. Sie sollte zu ihm in sein Grab auf dem Herrschinger Friedhof gelegt werden. Doch als das Grab geöffnet wurde, fand der Totengräber weder Sargspuren noch Knochenreste: Opas sterbliche Überreste hatten seit Jahrzehnten in einer Urne gelegen, die in dem kastanienbraunen Renaissanceschrank in seinem früheren Arbeitszimmer neben Tagebüchern und Fotoalben stand, im ersten Stock der Alten Mühle am See. Umgeben von riesigen Bücherregalen und einem Werkzeugtisch.

»Roderich Fick – 16. August 1886 – 13. Juli 1955«, stand auf dem schwarzen vasenartigen Gefäß, das meine Mutter 49 Jahre nach dem Tod ihres Vaters aus dem Schrank holte. Als sie die Urne bewegte, schien darin nicht nur sandweiche Asche zu sein, sondern auch etwas Festes, Größeres. Plock. Ein unangenehmes Scheppern war zu hören, wenn der Gegenstand gegen die Metallwand schlug, so wie der Klang einer großen Münze, die in eine Spendenbox aus Blech fällt.

Außen klebten noch Erdreste. Jemand musste die Urne ausgegraben haben, damit Opa seine letzte Ruhe in seinem Lieblingsschrank finden konnte. Legal war das nicht, in Deutschland herrscht Friedhofszwang. »Das kommt gar nicht so selten vor«, versicherte der freundliche Pfarrer, den meine Mutter später verlegen fragte, ob es möglich sei, eine fast 50 Jahre alte Urne ein zweites Mal zu begraben. (...)

Plock. Das einzige Geräusch, das ich je von meinem Opa gehört habe. Ich weiß nicht, wie seine Stimme geklungen hat. Wie er sich bewegte. Wie er gerochen hat.

Klar, ich kenne Fotos von Roderich. Spitze Nase, scharfer Greifvogelblick. Auffällig ist, dass er auf Bildern fast nie lächelte. War er ein sympathischer Mensch? Seine Totenmaske aus Gips lag immer im Studierzimmer neben einer roten Kerze, die Tag und Nacht brannte, die geschlossenen Lider zur bröckelnden Decke gerichtet. Vorstehende Wangenknochen, sauber über dem linken Ohr gescheitelte Haare, schmale Lippen. Neben der Maske Abdrücke seiner Hände mit sehr feinen, langen Fingern, die Mittelhandknochen zeichneten sich deutlich ab, die Daumen im gleichen Winkel nach hinten gebogen wie meine. Mehr Künstler- als Handwerkerhände.

Und natürlich kannte ich die »Grönlanddiele« im Untergeschoss. Vom Garten her roch es hier immer nach einer Mischung aus nassem Holz und frischem Laub, an der Wand standen riesige Planschränke mit handgeschriebenen Etiketten. »Ernst-Sachs-Bad Schweinfurt«, »Wettbewerb Deutsches Museum Bibliothek«, »Donaubrücke Regensburg«. Darüber hingen Kajakpaddel, Inuitwaffen und Speere mit Karabinerhaken aus Walrosselfenbein, Prachtstücke für jedes Völkerkundemuseum. Außerdem ein einzelner Kinderschuh aus Seehundleder, seltsam plattfüßig geformt. Wenn ich als Achtjähriger daran vorbeilief, auf dem Weg in den Garten zum Fußballspielen, fragte ich mich jedes Mal, was das für Füße sein müssen, die in solche Schuhe passen.

Ich habe mich nie sonderlich für den Mann interessiert, dem all diese Dinge einmal gehört haben. Ahnenforschung beschäftigt die Menschen normalerweise in einem Alter, in dem sie selbst schon kurz davor sind, nur noch als Name und Datum in irgendwelchen Stammbäumen zu existieren. Ahnenforschung hat nichts mit der Welt der Lebenden zu tun, dachte ich immer, sondern mit Archiven, Listen, unleserlichen Briefen und Staub.

Und mit Geschichtshalden wie dem alten Renaissanceschrank in der Mühle in Herrsching. Fein geschnitzte Holzvertäfelungen; ein massiver Eisenschlüssel, so schwer wie ein Briefbeschwerer; breite Türen, die beim Öffnen ächzen, als würden sie nur widerwillig die verborgenen Geheimnisse der Innenfächer preisgeben. In jeder Familie gibt es einen vergleichbaren Ort. Ein paar Regalfächer auf dem Speicher oder eine verstaubte Kommode, in der Erinnerungen aufbewahrt werden: Tagebücher, Ohrringe, Münzsammlungen, Kriegsabzeichen. Persönliche Kleinigkeiten der Vorfahren, zu schade zum Wegwerfen, aber zu alltäglich für eine genauere Betrachtung.

Wie das unscheinbare Büchlein im tarnfarbengrauen Leineneinband, das jahrzehntelang direkt neben der Urne gelegen hatte, direkt neben Opa. Keiner in meiner Familie hatte sich je dafür interessiert. Leicht schimmliger Papiergeruch, obendrauf ein unkenntliches rotes Siegel und ein dunkler Fett- oder Wasserfleck. »Grönland 1912/13«, steht, mit schwarzer Tusche geschrieben, über der ersten von 208 leicht vergilbten Seiten. 19,5 mal 13 Zentimeter groß, 2,2 Zentimeter dick, 390 Gramm schwer: Opas Expeditionstagebuch.

Natürlich hatte die Familie immer gewusst, dass es da liegt. Dass mein Großvater 1912 zu einer Forschungsreise nach Grönland aufgebrochen war. Ein lebensgefährliches Unterfangen, kaum weniger riskant als die Südpolfahrten von Robert Falcon Scott und Roald Amundsen kurz zuvor. Stoff für einen Abenteuerroman. Und gleichzeitig: der Opa halt. Wen interessiert schon das alte Zeug.

Als ich das Tagebuch das erste Mal aufschlug, fiel mir zunächst eine Illustration in der Innenseite des Umschlags auf. Opa hatte dort eine Zeichnung von Wilhelm Busch eingeklebt. Sie zeigt einen Raben, der auf einen Totenschädel kotet. Darunter steht: »Selbst mancher Weise besieht ein leeres Denkgehäuse mit Ernst und Bangen – Der Rabe ist ganz unbefangen.« Ob sich Opa bei seinem Aufbruch wünschte, ein bisschen wie dieser Vogel zu sein, dem der Tod keine Angst einjagt?

Ich blätterte weiter durch die alten Seiten. In einer Liste seiner Ausrüstung entdeckte ich die Bezeichnung »scheissende Rabenbüchli« und schlussfolgerte, dass er so seine Notizbücher genannt haben musste. Weiter hinten, auf Seite 137, fiel mein Blick auf eine Bleistiftzeichnung. Drei Männer, die einen vollbepackten Schlitten von einem etwa 40 Grad steilen Schneeabhang herablassen. Einer sitzt vorne und stemmt sich mit aller Kraft gegen den Schlitten. Ein anderer zerrt oben an dem Gefährt, der Dritte sichert es mit einem Seil, das er an einem Schneepickel fixiert hat. Die Männer haben keine Gesichter, ihre Köpfe sind konturlos wie Schatten.

Ein gesichtsloser Schatten. Das wäre Opa für mich wahrscheinlich trotz des Tagebuchfundes geblieben, hätte mein Vater nicht kurz darauf in einem Landkartengeschäft in München eine Entdeckung gemacht. Als Professor für Alte Geschichte interessiert ihn die Vergangenheit mehr als mich. In dem Geschäft hatte eine Karte von Ostgrönland sein Interesse geweckt. Er betrachtete den kilometerbreiten Sermilik-Fjord mit seinen verästelten Buchten, das Örtchen Tasiilaq, im Westen die riesige Eisfläche, weißes Papier. Und Ficks Bjerg. Einen Berg, der nach meinem

Opa benannt ist. Flankiert von Hoesslys Bjerg und Gaule Bjerg, den steinernen Denkmälern der beiden anderen Schattenmänner auf der Zeichnung im Tagebuch meines Opas.

Nachdem mir mein Vater von seinem Fund berichtet hatte, googelte ich den Namen des Berges, um ihn mir genauer anzuschauen. Doch die Bildersuche listete keine Fotos, nur ein paar Satellitenbilder, die kaum etwas erkennen ließen. Ein Berg, den nicht mal Google auf dem Schirm hat, dachte ich, muss verdammt abgelegen sein.

»Da müsste man eigentlich mal hin«, sagte mein Vater. Ich war mir nicht sicher, ob er das ernst meinte. Zum nächsten Weihnachten bekamen mein Bruder Patrick und ich ringgebundene Kopien von Opas Reisebericht geschenkt und das Buch »Quer durchs Grönlandeis«, das Alfred de Quervain, Opas Expeditionsleiter, 1914 veröffentlicht hatte. Es schien also an der Zeit zu sein, sich auf einen ungewöhnlichen Familienurlaub vorzubereiten. Ich schlug das fast 100 Jahre alte Tagebuch meines Großvaters auf und begann, in seinen Aufzeichnungen zu lesen.

GRÖNLAND, INLANDEIS, TAGEBUCH RODERICH FICK, JUNI 1912

Wir waren bis zum Hals im Wasser, hielten uns an den Schlitten und fühlten keinen Grund. Die Schlitten sanken langsam mehr und mehr. Hü und mir gelang es schnell, uns auf die Schollen zu ziehen. Ich wollte Q. die Hand reichen, um ihm auch auf eine Eisscholle herauszuhelfen. Er verweigerte die Hilfe und zog sich an einem Schlitten selbst auch raus. Unsere Kleider waren in dem kalten Wind fast momentan zu Eispanzern gefrohren. ...

Hü und ich beginnen, die Säcke von seinem Schlitten loszuschneiden. Hoessli nimmt die Sachen in Empfang und bringt sie auf festeres Eis in Sicherheit. Allmählig macht Q. auch mit. Doch oft brechen wir wieder durch und baden von neuem. Da sehe ich, dass mein Schlitten schon fast verschwunden ist. Er liegt auch am weitesten in der aufgebrochenen Gegend. Es schauen nur noch die grünen Schlittensäcke oben ein wenig raus. Da heisst es schnell machen, denn die Kochkiste ist auf meinem Schlitten. Ich nehme die Sondierstange aus Bambus mit und gelange auch mit einige Male durchbrechen an den Schlitten. Dort finde ich mit der Sondierstange in etwa 2 m Tiefe Grund. Ich knie, mich auf die Sondierstange stützend, auf Schneeschuhen, die über die Scholle und den Schlitten gelegt sind, im eisigen Wasser und schneide mit dem Messer unter Wasser die an den Schlitten gebundenen Säcke los. Auf einmal geht die Sondierstange ins Grundlose. Sie war bloss auf eine dünne Eisschicht gestützt, die durchbrach, und ich liege wieder ganz im Wasser. Es gelingt mir wieder, mit Hülfe der Schneeschuhe mich halb über Wasser zu halten. Der Schlitten ist jetzt zu tief drin zum losschneiden der Säcke. Da muss ich die letzten Pemikan 25-Pfund-Büchsen einzeln oben aus den Säcken holen und auf das festere Eis schmeissen, wo sie Hoessli in Empfang nimmt. Endlich soweit fertig, dass der Schlitten am Seil rauszuziehen ist nach 3 kalten Stunden. Ich bemerke erst jetzt, dass ich mir unter Wasser mehrmals beim Losschneiden der Säcke in die gefühllosen Finger geschnitten habe und stark blute; mein linker Daumen ist schon unbeweglich und weiss. Durch Massieren und Reiben auf dem blossen Bauch gelingt es noch mit der Zeit, das Blut wieder in Umlauf zu bringen. Das Gefühl kehrt in Form von heftigem Schmerz zurück.

Jetzt aber schnell das Zelt aufschlagen und in die Schlafsäcke.

Die andern ziehen sich ganz um und neue Unterkleider an. Ich will sie noch sparen und begnüge mich damit, die Eispanzer auszuziehen, um die Unterkleider im Schlafsack auf dem Leib zu trocknen. es ist nicht grad behaglich, aber schlafen kann ich doch. Das war ein Abenteuer, das die Reise ja nur verschönert, da es gut abgelaufen ist.

(...)

HUNDEFJORD, OSTGRÖNLAND 9. AUGUST 2011

Meine Mutter fühlt sich seit der langen Bootsfahrt gestern etwas schlapp, sie will lieber im Lager bleiben und die heutige Tour auslassen. Patrick hatte noch angeboten, eine Stunde früher zu starten, damit wir besonders langsam gehen können. Vergeblich. Ausgerechnet auf der heutigen Etappe legt sie eine Pause ein, mein Vater bleibt mit ihr im Lager am Fjord.

Ein junger Blaufuchs beobachtet uns aus der Ferne, als wir zu siebt den Hang hinaufsteigen, zunächst parallel zu einem Fluss, der nach oben hin immer reißender wird. Patrick geht voran, er trägt eine löchrige blaue Latzhose, nicht das einzige seiner Kleidungsstücke, das seine besten Jahre schon hinter sich hat. Aus seinem Rucksack ragt der Knauf eines Gewehrs, mit dem er im Notfall Eisbären den Garaus machen will. Über trittfesten Stein laufen wir an tosenden Wasserfällen entlang, die irgendwo da oben aus dem Gletscher kommen, aus der gigantischen Eisplatte, die 85 Prozent von Grönland bedeckt.

Von Weitem wirkt die Felslandschaft eintönig grau, doch sobald man näher herangeht, zeigen sich Formen und Farben im Fels, die wie von einem abstrakten Künstler aufgetragen wirken. Schwarz-weiß gestreifte Klötze, runde Markierungen, glitzernder Quarz und rostfarbene Granate. Wo der Fels geborsten ist und sich Dutzende Risse zeigen, wirkt er wie ein Puzzlespiel aus der Steinzeit. Während berühmte Alpenberge manchmal aus der Ferne spektakulärer wirken und sich aus der Nähe als dröges Geröllfeld entpuppen, verhält es sich mit Ostgrönland umgekehrt. Nicht im Weitwinkel, sondern erst im extremen Zoom zeigt sich die wahre Pracht.

Wir passieren Schneefelder und Moränengeröll, blicken dann noch einmal zurück ins Tal. Drei lang gestreckte Felszungen sind deutlich um unser Lager herum auszumachen: Hoesslys Bjerg, Ficks Bjerg und Gaule Bjerg. Wie graue Riesenschlangen strecken sie sich in Richtung Sermilik-Fjord, in Richtung Tasiilaq, in Richtung Zivilisation. Besonders schön sind sie nicht. Hätte de Quervain für seine Mitstreiter nicht drei so richtig hübsche Felszacken aussuchen können, wie sie hinter dem Fjord viel spektakulärer aus ihren Gletschermänteln herausragen?

Als die Expeditionsteilnehmer im Sommer 1912 hier standen und zum Wasser herabblickten, wird es ihnen egal gewesen sein. Endlich wieder fester Stein unter den Füßen!

Wir haben das umgekehrte Ziel. Nach vier Stunden sind wir auf 810 Höhenmetern am Rand einer zerfurchten weißen Wüste. Der erste Schritt aufs Inlandeis fühlt sich an, als würde man auf drei übereinandergelegte Knäckebrote treten. Ich habe noch nie Eis erlebt, das so wenig rutschig ist, man kann ohne Steigeisen problemlos laufen. Dieses vergängliche Gebilde aus gefrorenem Wasser wirkt verblüffend stabil. Und verblüffend dreckig: An vielen Stellen hat ein schwarzes Pulver runde und ovale Löcher in den Boden gebohrt. »Kryokonit«, erklärt Patrick, Asche von Waldbränden und Industrieabgasen aus Nordamerika, die der Wind bis hierher geweht hat. Durch Sonneneinstrahlung sinken die dunklen Partikel schnell ein und lassen das Eis schmelzen.

Ich ertappe mich bei dem Gedanken, dass es schön wäre, die Asche meines Opas hier zu verstreuen. Jeden Tag würde sie ein kleines bisschen tiefer einsinken, eine letzte Wanderung im Eis, jahrzehntelang, jahrhundertelang.

»Wollen wir da auch mal rüberlaufen?«, fragt mich Patrick und deutet nach Westen, wo nur noch Weiß zu sehen ist bis zur Horizontlinie, wo das Eis etwas dunkler zu werden scheint. »Klar. Jetzt gleich?«, antworte ich.

Für 700 Kilometer reicht die Zeit dann doch nicht, wir werden ja abends wieder im Camp erwartet. Aber zwei Kilometer gehen wir immerhin, zwischen unzähligen hellblauen Gletscherflüssen, die sich vom Landesinneren herabschlängeln. Ab und zu müssen wir über die Furchen springen. »Die Größe lässt sich erst begreifen, wenn man zumindest ein paar hundert Meter darauf gelaufen ist«, behauptet Patrick. Ich glaube ihm nicht. Die Dimensionen eines Eispanzers, der 1,8 Millionen Quadratkilometer groß ist, 2400 Kilometer von Süden nach Norden und bis zu 1100 Kilometer in ostwestlicher Richtung und in der Mitte über drei Kilometer dick, diese Dimensionen lassen sich überhaupt nicht begreifen. Das Eis ist so schwer, dass der Boden teilweise Hunderte Meter nach unten abgesackt ist unter dem Gewicht. Man stelle sich Deutschland vor, komplett bedeckt von einer eineinhalb Kilometer dicken Eisschicht. Ganz Berlin unter Eis, ganz Bayern, ganz Nordrhein-Westfalen. Dann stelle man sich sechs Deutschlands vor mit einer solchen Abdeckung, und es ergibt sich etwa das Volumen des grönländischen Eises. Wenn das alles schmilzt, würden die Meere um mehr als sieben Meter ansteigen und weltweit Küsten überschwemmen.

»Klar. Jetzt gleich?« Habe ich das wirklich eben gesagt? Tatsächlich, am liebsten würde ich sofort losgehen, um herauszufinden, was es bedeutet, das Inlandeis zu überqueren. Ob es zu schaffen wäre. Ich ahne, dass mich die Idee in den nächsten Monaten weiter beschäftigen wird.

Beim Abstieg lernen wir noch eine weitere ostgrönländische Besonderheit kennen: Die Felslandschaft verwirrt die Sinne, man verschätzt sich immer wieder bei den Distanzen. Vielleicht liegt es daran, dass hier nirgends ein Baum wächst, der als Maßstab für Entfernungen helfen würde. Vielleicht liegt es an der extrem klaren Luft, die eine ungewohnt weite Sicht ermöglicht. Irgendwie funktionieren hier die Instinkte nicht so wie in anderen Gebirgen, mal braucht man das Doppelte, mal die Hälfte der erwarteten Zeit, um einen anvisierten Punkt zu erreichen. Das geht nicht nur mir so, sondern auch Patrick und Uli, meinem Onkel, der von uns allen der erfahrenste Bergsteiger und seit Jahrzehnten ständig in den Alpen unterwegs ist.

Vier Stunden brauchen wir vom Eis bis zum Camp. »Ihr habt was verpasst«, sagen wir zur Begrüßung. »Ihr auch«, sagen meine Eltern. Sie haben eine Tour in der Talsenke hinter sich und sind nicht weniger begeistert als wir. »Ist gar nicht einzusehen, warum wir seit 35 Jahren nicht gezeltet haben«, sagt mein Vater.

Zum Abendessen brutzelt Patrick frischen Lachs aus dem Fjord. Das ganze Aufenthaltszelt riecht nach Fisch, als meine Mutter nach dem Essen Opas Tagebuch aus der Hülle zieht. Dabei fällt etwas heraus, hinten aus der Umschlagklappe. »Huch, ich habe zu Hause vergessen, das rauszunehmen«, sagt sie. Ein winziger Briefumschlag mit Poststempel aus Jevnaker in Norwegen, nicht weit von Oslo. Darin befindet sich nur eine leicht vergilbte Visitenkarte. »FRIDTJOF NANSEN«, steht vorne in Versalien, die beiden Anfangsbuchstaben mit feinen Schnörkeln verziert ...

19

Obwohl immer wieder neue Vortragsreferenten auf dem Markt der Reise- und Abenteuervorträge auftauchen, kommt es selten vor, dass sie auch Erfolg haben. Das liegt zumeist daran, dass sie als Persönlichkeit nicht überzeugen können. Noch seltener kommt es vor, dass sich eine Vortragsreferentin in der Szene einen Namen machen kann. So war ich gespannt, als sich **MARIA VON BLUMENCRON** für die Internationale Vortragsbörse anmeldete, um den Anwesenden einen Ausschnitt aus ihrem Vortrag »Good Bye Tibet – Kein Pfad führt zurück« zu zeigen. Die biografischen Angaben auf ihrer Website klangen spannend. Ich war gerade im Vortragssaal, als Maria von Blumencron ihren Vortrag begann. Mir fielen sofort ihre Bühnenpräsenz und ihre angenehme Stimme auf, der Tonfall, der ihre österreichische Herkunft verriet. Es gelang ihr, in den zur Verfügung stehenden zehn Minuten die anwesenden Vortragskollegen vollkommen von sich und ihrem Engagement zu überzeugen. Die Geschichte, wie sie zusammen mit ihrem kleinen Filmteam auf der nepalesischen Seite auf einen Fluchthelfer aus Tibet wartet, der sechs tibetische Kinder bei Eis und Schnee über das Himalajagebirge führt, ließ niemanden unberührt.

Maria von Blumencron und ich trafen uns in der Folgezeit einige Male zum Mittagessen, um zu klären, wie ihr Einstieg in die Vortragsszene funktionieren könnte. Als Filmemacherin, Schauspielerin und Autorin bringt sie ideale Voraussetzungen mit. Ich versuchte ihr zu verdeutlichen, dass im Vortragsgeschäft aber ganz spezielle Regeln gelten und es die Kombination aus einem guten Vortrag und einer perfekten Vermarktung ist, die Erfolg bringt. Marias größter Vorteil ist, dass ihr Engagement für Tibet und tibetische Flüchtlingskinder echt ist und sie als Persönlichkeit überzeugt.

Michael Martin

Maria von Blumencron

FLUCHT ÜBER DEN HIMALAJA

Mit jedem Schritt, den wir uns der tibetischen Grenze nähern, wächst Pemas Euphorie. Der coole Streetboy aus Dharamsala verwandelt sich Höhenmeter für Höhenmeter in den ungestümen Amdo-Boy zurück, der Tibet vor sieben Jahren verlassen hat. So wie das Fohlen zu seiner Mutter gehört, ist sein Platz in Tibet, denke ich still. Die Abgase und der Lärm Kathmandus, das subtropische Klima Südindiens, die Enge Dharamsalas – das alles ist nicht geschaffen für einen Menschen, der in die unendliche Weite des tibetischen Hochlandes hineingeboren wurde und seine Kindheit unter einem Himmel verbrachte, der zum Greifen nahe war.

Meine Oma hatte vor langer Zeit zu Ostern eine Rose von Jericho geschenkt bekommen. Sie sah aus wie ein kleiner, unansehnlicher Knäuel aus Flechten und Wurzelwerk. Doch als meine Oma sie in ein Wasserbad legte, wurde sie grün und verwandelte sich in eine wunderschöne Pflanze. Pema ist wie die Rose von Jericho. Er braucht die klare Höhenluft, die schneebedeckten Berge, das weite Grasland und einen Horizont, der am Ende der Welt zu liegen scheint. Er braucht ein freies Tibet, so wie die Rose das Wasser. Er ist viel zu wild, zu kraftvoll, zu archaisch für das Exil. Wie eine Gemse läuft er über die steinigen Wege hinweg, als ob er den Geruch seiner Heimat schon schnuppern könnte. Wenn man ein Yak in die Enge eines subtropischen Tales treiben würde, ginge es elend zugrunde.

Hundertdreißigtausend Tibeter leben mittlerweile im Exil. Viele von ihnen verdursten seelisch an der Sehnsucht nach ihrer Heimat und den Familien, die sie zurückgelassen haben. Was für ein Luxus, einen Ausweis zu haben, der einen berechtigt, in jedes Land dieser Erde zu reisen!

Wir pokern mit dem Glück und wandern bei Tageslicht. So weit hinter dem nepalesischen Militärcheckpoint ist es unwahrscheinlich, Soldaten zu begegnen. Der Weg ist nur leicht ansteigend, die Landschaft weitläufig, die Stimmung heiter. Mit uns hat sich auch Sotsi, Pemas Schwager, auf den Weg gemacht. Er kennt eine Sherpa-Familie, die fernab der Siedlungen auf viertausendfünfhundert Meter Höhe Chang und Schnaps an verfrorene Grenzgänger verkauft. Meist sind es Drogpa, die in der letzten menschlichen Behausung vor der Schneegrenze einkehren und oft den mageren Gewinn, den sie in Nepal mit ihrem Ramsch erzielten, wieder versaufen.

Ich freue mich jedenfalls auf eine heiße Nudelsuppe und frage Sotsi nun schon zum wiederholten Male: »Wie weit ist es noch bis zum Chang?«

»Hinter der nächsten Bergkuppe«, deutet er mir. Wir haben aber seit heute Morgen schon mindestens ein Dutzend Bergkuppen erledigt, und hinter jeder sollte uns die gemütliche Hütte des Sherpa erwarten.

Am Rande unseres Weges türmen sich plötzlich Mani-Steine zu einer lang gezogenen Mauer. Ein Mani-Stein ist ein Stein oder ein Felsbrocken, in den ein Mantra hineingemeißelt ist. Oft sind die Buchstaben mit bunter Farbe ausgemalt. Mendongs – ganze Mauern aus Mani-Steinen – kündigen meist heilige Stätten, Klöster oder Dörfer an. Yakfladen auf dem Pfad oder Mani-Steine am

Rande des Weges, und es dauert nicht mehr lange, bis der einsame Wanderer endlich wieder einer menschlichen Seele begegnet.

Die Hütte des Sherpa ist verriegelt. Auf der kleinen Grasfläche davor döst auch kein einziges Yak in der Abendsonne. Was für eine Enttäuschung!

»Sie sind wahrscheinlich weiter oben in ihrem Sommerrevier«, meint Sotsi. Genau weiß er allerdings nicht, wo es liegt.

»Weiter upstairs«, schlage ich vor.

Etwa eine halbe Stunde später begegnen wir einem Mädchen, das seine Yaks zusammentreibt. Es ist die kleine Tochter des Sherpa. Als Kelsang sie anspricht, versteckt sie ihr Gesicht verschämt hinter dem schmutzigen Kragen ihrer Jacke, deutet in die Richtung ihres Heimes und läuft schnell mit den Tieren davon. Schließlich finden wir das schmucke Steinhäuschen gerade noch rechtzeitig vor der Abenddämmerung. Gemütlich schmiegt es sich in eine sanfte Mulde. In unmittelbarer Nähe rauscht ein Fluss, der sich aus einem engen Tal herunterschlängelt. »Das ist ein perfekter Platz für unser Basislager – versteckt, windgeschützt und jede Menge Wasser«, sage ich.

Pema deutet auf ein weißes Zelt hinter dem Häuschen: »Und die Drogpa mit unserem Gepäck haben es offenbar auch gefunden.«

»Woran erkennst du, dass es unsere Leute sind?«

»Am Schmuck, den ihre Yaks an den Hörnern tragen.«

Während Sotsi den Drogpa Bescheid sagt, erklimmen Pema, Kelsang und ich über eine knarrende Holztreppe das obere Stockwerk der Hütte. Im Erdgeschoss befinden sich Speicher und Stall der Familie. Als wir eintreten, kann ich zunächst kaum etwas sehen. Es gibt nur eine Lichtquelle: In der Mitte des Raumes befindet sich ein offener, runder Ofen, vor dem eine übel gelaunte Sherpa-Frau hockt. Sie hebt kaum den Kopf, als wir eintreten, und schmeißt mürrisch zwei getrocknete Yakfladen ins Feuer. Doch ihr Mann holt sofort einen Krug mit Chang aus dem Regal – und eine große Flasche Schnaps.

»Meine Frau hat Zahnschmerzen«, sagt er und verweist uns auf den besten Platz am Ofen. Erst jetzt bemerke ich, dass die linke Wange der Frau dick angeschwollen ist. Das ist ein Fall für unseren Medizinbeutel, auch wenn der eitrige Zahn auf lange Sicht gezogen werden muss.

»Die musst du mit Wasser schlucken«, erkläre ich der Frau mit meinem knappen Tibetisch und jeder Menge Gebärden. Da die Sherpa mit den Tibetern ethnologisch verwandt sind, ist auch ihre Sprache sehr ähnlich. »Heute eine Tablette und morgen früh eine. Und dann musst du zum Amchi gehen – Zahn raus!«

Die Frau schluckt meine Schmerztablette. Und während sie in einem steinernen Mörser Chili stampft, glätten sich nach und nach die schmerzverzerrten Züge in ihrem wettergegerbten Gesicht.

»Ich möchte euch etwas erzählen«, sage ich zu Pema und Sotsi, nachdem wir es uns in unserem tarngrünen ›Iglu‹ gemütlich gemacht haben. Aus dem Zelt der Drogpa dringt das Gegröle der betrunkenen Männer bis zu uns herüber. Sie singen, lachen, amüsieren sich. Morgen geht es für sie weiter – in eine gnadenlose Welt aus Eis und Schnee. Morgen früh werde auch ich wieder aufbrechen, um Richy und Jörg entgegenzugehen. Ich bin froh, dass mein Filmtcam aus mir so nahestehenden Menschen bestehen wird. Pema und Sotsi bleiben hier oben, um unser Gepäck und das Equipment zu hüten. Sherpa Kelsang ist bereits nach unserem Abendessen in der Sherpa-Hütte wieder aufgebrochen. Er wohnt in der Nähe des Flugplatzes, auf dem ›meine‹ beiden Männer in zwei Tagen landen werden. Er soll sie abholen und seiner Familie Bescheid sagen, dass er für längere Zeit in den Bergen bleiben wird. Ich möchte diese eine Nacht noch hier verbringen, um meinen Körper an die Höhe zu gewöhnen. Und ich muss noch etwas loswerden – auch wenn Pema und Sotsi angeheitert sind.

»Ich hätte es euch eigentlich schon längst erzählen sollen«, sage ich zu Pema und bitte ihn, meine Worte für Sotsi zu übersetzen.

»Das hier ist nicht das erste Mal, dass ich versuche, diesen Film zu machen.«

»Ich habe mir schon so was gedacht, du kennst dich zu gut aus in dieser Gegend.«

»Ja, ich war schon mal hier. Genau auf diesem Pass. Aber erst nachdem in Tibet alles schiefgegangen war.«

»Du warst in Tibet?«

»Vor zwei Monaten. Anfang Februar. Ich wollte den ganzen Weg einer Flüchtlingsgruppe begleiten. Von Anfang an. Ich dachte, ohne den Aufstieg kann ich den Leuten in Deutschland nicht klarmachen, was sich da oben im Himalaja abspielt. Verstehst du?«

»Sure.«

»Aber dann bin ich verhaftet worden.«

»Du bist in Tibet verhaftet worden?!« Pema fährt aus seinem Schlafsack hoch. Mit einem Mal ist er wieder hellwach.

»Es war nicht schlimm, Pema. Wirklich nicht. Sie wussten nicht genau, was sie mit mir anfangen sollen. Sie hatten mich in einer Sperrzone erwischt, und da war das ganze Kameraequipment in meinem Gepäck ...«

»Und die Flüchtlinge? Wo waren die?«

»Die waren schon weiter – in den Bergen. Aber besser, ich erzähle alles von Anfang an …«

Die Geschichte, die ich Pema erzähle, beunruhigt mich immer noch. Auch weil sie Schritt für Schritt vorhergesehen worden war – von einem tibetischen Orakel. Bevor ein Tibeter eine gefährliche Reise antritt, holt er sich göttlichen Rat für den richtigen Zeitpunkt des Aufbruchs. Ist er arm, sucht er einen hellsichtigen Lama auf oder eine weltliche Person, der die Fähigkeit nachgesagt wird, in die Zukunft sehen zu können. Ist er etwas wohlhabender, konsultiert er ein Orakel. Ein Orakel ist ein menschliches Medium, durch das sich eine Gottheit mitteilen kann.

Als der Dalai-Lama 1959 von Tibet nach Indien floh, hatte auch er ein Orakel nach dem günstigsten Datum befragt. Das Orakel riet ihm zum siebzehnten März. Zu diesem Zeitpunkt befand sich der damals fünfundzwanzigjährige Gottkönig in seinem Sommerpalast. Und der war umstellt von chinesischen Soldaten. Also würde der Fluchtweg direkt durch das Armeecamp der Besatzer führen. Es schien schier unmöglich, da unentdeckt hindurchzuschlüpfen. Doch als der Dalai-Lama den Palast verließ, hob ein gewaltiger Sandsturm an, sodass man kaum noch seine Hand vor Augen sehen konnte. Es war der Sandsturm, der die Flucht des Dalai-Lama ermöglichte.

Das Orakel, das ich vor meiner Abreise nach Tibet in Dharamsala befragte, war eine ältere Frau, die sich mithilfe ritueller Praktiken in einen tranceartigen Zustand versetzte, um der Orakelgöttin Zugang zu ihrem Körper zu verschaffen.

»Große Projekte brauchen Geduld«, sagte die Alte und riet mir dringend, das Jahr 2000 abzuwarten, um meinen Film zu machen. Im Winter 1999 würden sich mir unüberwindbare Hindernisse in den Weg stellen. Sie prophezeite mir Probleme mit der Kamera und schließlich mit der chinesischen Polizei.

Ich befolgte den Rat des Orakels nicht. Ich fürchtete mich davor, einer Fernsehanstalt wie dem ZDF von dieser Prophezeiung zu erzählen. Ich hatte Angst, als Eso-Freak abgestempelt zu werden und mein Projekt zu verlieren. Ich war ein Anfänger, ein Nobody. Ich konnte nicht erwarten, dass wegen eines tibetischen Orakelspruchs die Budgets umgeschichtet und der Sendeplatz verschoben würde. Außerdem war mein Kameramann bereits auf dem Weg nach Indien. Zusammen reisten wir nach Lhasa, wo wir planmäßig Anfang Februar mit einer Flüchtlingsgruppe in Richtung Westen starten sollten. Zwei Tage vor dem geplanten Aufbruch ging plötzlich unsere Kamera kaputt. Erst dachten wir, es läge an der Kälte, doch mein Kameramann hatte sie mehrmals in deutschen Kühlhäusern getestet.

Vielleicht war es ja der Strom, der sich in weiten Teilen Tibets wie ein treuloser Liebhaber verhält: Er kommt und geht und kommt und geht, wann immer er will. Kann sein, dass unser empfindliches Gerät diese Wankelmütigkeit nicht überlebt hat, als es zum Laden am Stromnetz hing. Die Filmfirma schickte eine neue Kamera nach Peking, die mein Kameramann sofort abholen sollte. Ich wartete in Lhasa, während die Flüchtlingsgruppe in Richtung der Berge aufbrach – zu Fuß. Ich nutzte die Zeit, um meinen schlimmen Husten mit Atemübungen und heißem Wasser in den Griff zu bekommen. Ich hatte kein Geld mehr für Medikamente und Tees.

Als mein Kameramann mit der neuen Kamera nach Lhasa zurückkam, war er nicht nur aus der Akklimatisierung raus, sondern hatte auch noch einen chinesischen Aufpasser an seiner Seite. Sein ungewöhnlicher Abstecher nach Peking war den Behörden offenbar aufgefallen. In einer Nacht-und-Nebel-Aktion übernahm ich das ganze Filmequipment, um den Aufstieg alleine zu filmen. So schnell wie möglich verließ mein Kameramann

Tibet. Er wollte mir von der nepalesischen Seite des Himalaja her entgegenkommen.

Doch ich erreichte meine Flüchtlingsgruppe nie. Auf dem Weg in die Berge geriet ich in eine Polizeipatrouille. Als Touristin befand ich mich bereits auf verbotenem Boden. Man nahm mich mit auf die nächste Polizeistation, und mein Equipment warf viele Fragen auf.

»Wie lange haben sie dich festgehalten?«, fragt Pema.

»Zwei Tage.«

»Und was hast du denen erzählt?«

»Alles Mögliche. Ich bin gelernte Schauspielerin, und der Polizeiboss war zum Glück betrunken.«

»Und dann?«

»Haben sie mich zur Grenze gebracht – und tschüs. Zurück in Kathmandu, ruhte ich mich ein paar Tage aus. Meine Filmfirma wollte mich so schnell wie möglich wieder in Deutschland haben, doch ich konnte nicht. Ein Jahr lang hatte ich mich auf einen sechstausend Meter hohen Pass vorbereitet, bei jedem Waldlauf bin ich ihn geistig Schritt für Schritt hochgegangen. Mir war nach einem Berg zumute und nicht nach der Kölner Bucht. Außerdem trieb mich die Hoffnung, doch noch meiner Flüchtlingsgruppe zu begegnen, zurück in den Himalaja.

Von der nepalesischen Seite aus begann ich mit dem Aufstieg. Alleine.

Nach drei Tagen traf ich drei Drogpa-Männer, die auf dem Weg zurück nach Tibet waren, und schloss mich ihnen an. Gemeinsam stiegen wir genau auf diesen Pass. Die drei Drogpa waren Brüder. Sie wollten mich heiraten, alle drei, und es wäre absolut kein Problem für sie gewesen. Sie waren nett, und der Jüngste von ihnen sah richtig gut aus ...«

Stimmen. Von weiter oben. Wir drücken uns flach in den Schnee und lauschen. Der Nebel verdeckt die Sicht auf die Passhöhe. Träge wälzt er sich von den Bergen herab.

Die Stimmen rücken näher, und meine Angst rutscht tiefer, verkriecht sich in mein rechtes Knie, das zu zittern beginnt. Sind es Flüchtlinge? Ein chinesischer Suchtrupp? Oder nepalesisches Militär? Ich kann Tamdings Atem hören. Den ganzen Aufstieg über hielt sich der kleine Junge mit dem grünen Maomantel dicht bei mir. Seit er mit der Gruppe der Mönche über den Pass gelangt ist, weicht er nicht von meiner Seite. Fragend schaue ich zu Pema. Der macht uns Zeichen zu warten. Dann schleicht er weiter. Immer wieder sucht er Deckung hinter den Felsen, die aus dem Schnee ragen.

Ich halte mein Knie fest. Es fühlt sich an, als wolle es aus dem Gelenk springen. Jörg und Richy bleiben ruhig. Wahrscheinlich ist es die Erschöpfung. Seit dem frühen Morgen sind wir über riesige Eisfelder, Felsabbrüche und Moränen gewandert. Dass sie die Höhe ohne ausgiebige Akklimatisierungsphase so gut verkraften, hat sicher mit der Aufregung zu tun, die uns in permanenter Spannung hält.

Da sind sie wieder, die Stimmen. Nicht nur tiefe Männerstimmen, sondern auch die hellen Stimmen kleiner Kinder! Oder täusche ich mich? Ist mein ›Kinderwunsch‹ so groß und die Luft so dünn, dass ich zu phantasieren beginne?

»Pugu«, flüstert Tamding, »Kinder.«

Jetzt erhebt sich Pema aus dem Schnee und ruft etwas zu den Leuten hinauf.

Kurze Stille. Dann bricht oben Jubel aus. Höchste Zeit, unser Kameraequipment auszupacken.

Tamding schaut mich fragend an. Lauf!, deute ich ihm, lauf rauf zu den anderen Kindern!

Darauf hat Tamding nur gewartet. Er spurtet los in Richtung der Stimmen, bis auch ihn der Nebel verschluckt. Richy fragt nach der Uhrzeit.

»Bald fünf!«, ruft Jörg.

»Mist. Dann ist das Licht gleich weg.«

Mit schnellen, aber konzentrierten Bewegungen macht Richy seine Kamera startklar, während ich mit zittrigen Fingern mein Tonequipment zusammenschraube. Die Schutzhülle des Mikrofons überziehe ich mit einem wuscheligen Kunstfell, damit mir der starke Wind nicht die Atmo zerbläst. Die schweren Rucksäcke lassen wir mit unserem Sherpa Kelsang zurück und stapfen los. Mein Knie spinnt immer noch. Ich bin viel zu aufgeregt. Zum Glück bewahrt Richy die Nerven. Kein Wunder: Wer bereits Madonna und Tom Cruise vor der Linse gehabt hat, ist cool genug für jedes Abenteuer.

Zwischen den mannshohen Felsen im Schnee ist es schwierig, die grauen Gestalten der Flüchtlinge auszumachen. Hie und da bewegt sich ein ›Stein‹ in unsere Richtung. Dann wissen wir, dass es sich um einen Menschen handelt. Als Pema vor Freude plötzlich zu jauchzen beginnt und sich im Schnee fast überschlägt, ist klar, dass es Nimas Gruppe ist.

»Bleib stehen, Pema! Und sag denen da oben, dass sie auf uns warten sollen!«, brüllt Richy.

Die ganze Situation muss für die Flüchtlinge seltsam sein. Sie haben ja keine Ahnung, dass wir einen Film über sie machen wollen. Wie werden sie auf unsere Kamera reagieren?

Normalerweise erklärt man den Protagonisten einer Dokumentation vor jeder Aufnahme, dass sie nicht in die Kamera schauen sollen. »Verhalten Sie sich so natürlich wie möglich!«, würde man als Regisseurin sagen, oder: »Blenden Sie uns einfach aus, wir sind gar nicht da!« Doch wir haben keine Zeit für Erklärungen. Das Tageslicht beginnt allmählich trüb zu werden. Ich fahre meine Tonstange aus und stapfe hinter Richy her. Längst blinkt der rote Knopf an seiner Kamera. Er ist bereits auf Aufnahme.

Wie groß die Gruppe ist, lässt sich schwer abschätzen. Zunächst bewegen sich drei vermummte Gestalten auf Pema zu. Sie stecken bis zum Bauch im weichen Schnee und rudern mit den Armen, als suchten sie irgendwo Halt.

Jetzt entdecke ich auch Tamding wieder. Er ist auf einen großen Stein geklettert und winkt den Leuten zu. Wahrscheinlich erklärt er ihnen, was hier passiert. Unser kleiner Strahlemann macht seinen Job gut, denn als wir endlich bei den Flüchtlingen angelangt sind, scheint niemand irritiert über unsere Kameraausrüstung zu sein.

Die drei Männer strecken Pema zur Begrüßung ihre Arme entgegen. Als sie auseinanderdriften, entdecke ich noch einen weiteren Mann, der eine schwere Last auf dem Rücken trägt. Es ist kein Rucksack – das ist der leuchtend rote Anorak eines Kindes!

Es trägt eine riesige Damensonnenbrille mit hellblauem Gestell, doch sein Gesicht ist eindeutig das eines Jungen. Seine vollen Lippen sind verkrustet und an vielen Stellen aufgesprungen. Wahrscheinlich ist er dehydriert und bräuchte dringend etwas zu trinken! Er wirkt etwas apathisch, als hätte er lange nicht mehr geschlafen. Der Mann, der ihn trägt, hat ein buntes Stirnband auf dem Kopf, und als er uns mit einem Lachen begrüßt, blitzt uns ein goldener Zahn entgegen.

Von oben kommen noch mehr Leute nach. Ein großer, kräftiger Typ schleppt ein Kind in einem gelben Schneeanzug. Immer wieder bricht er bis zur Brust in die Schneedecke ein.

»Los, Pema – rauf zu dem gelben Kind!«, ruft Richy.

Nur mühsam kommen wir vorwärts. Ständig rutschen wir aus, fallen hin, stolpern über unsere Kabel. Wir haben keine Hand frei, um uns abzufangen, und für einen kurzen Moment weiß ich nicht mehr, wo oben und unten ist. Da spüre ich eine vertraute Hand in meinem Rücken. Es ist Jörg, der mich von hinten anschiebt.

An dem ausgestellten Röckchen seines gelben Schneeanzugs kann ich erkennen, dass das Kind ein Mädchen ist. Es hat seine Sturmmütze tief ins Gesicht gezogen. Der starke Mann beeindruckt mich: Als Einziger trägt er keine Kopfbedeckung. Seine Sonnenbrille hält das halblange Haar aus der Stirn, die von einer großen Narbe dominiert wird. Ist das Nima?

»Suja!«, ruft plötzlich Tamding, unser Strahlemann, von seinem sicheren Stein aus und winkt aufgeregt zu uns nach oben.

»Tamding!«, ruft der Hüne mit dem gelben Kind und lacht.

Die beiden scheinen einander zu kennen.

Wo ist Nima, der Guide?

Auf allen vieren klettert Pema weiter, auf der Suche nach dem Freund. Er ist viel zu schnell für uns. Gleich hat ihn der Nebel verschluckt.

Zwei Erwachsene rutschen uns entgegen, sehr zierlich der eine. Eine junge Frau?

Nein, ein Junge – halb Kind, halb Mann. Schwer zu sagen, wie alt er ist. Seine Stimme klingt hell, als er uns mit einem erleichterten ›Tashi Delek‹ begrüßt.

Da kommt noch ein Kind. Ein Mädchen! Es ist schon etwas älter und schlittert einfach auf seinem Hosenboden den Berghang hinunter. Seine Klamotten müssen pitschnass sein! Mit großen Augen schaut uns das Kind an, sagt kein Wort und rutscht vorsichtig weiter.

»Danke«, sage ich zum lieben Gott, »danke, dass du uns all diese Kinder heil über den Pass geschickt hast.«

»Go on«, sagt Richy.

Weiter oben liegen zwei Männer einander in den Armen und schluchzen vor Erleichterung. Der eine ist Pema. Neben ihnen steht ein kleines Kind im Schnee – in einer viel zu großen Jacke. Mit seinen großen, dunklen Augen blickt es uns verwundert an. Ich hocke mich zu ihm, nehme vorsichtig seine Hand.

»Bhu? Bhomo? – Bub? Mädchen?«, frage ich es mit meinen sparsamen Brocken Tibetisch.

»Bhomo«, antwortet Little Pema zaghaft.

»Wir müssen so schnell wie möglich aus dem Schnee raus«, sagt Pema, »Nima geht es nicht gut.«

Pemas Freund setzt seine Sturmkappe ab und schenkt uns ein schwaches Lächeln zur Begrüßung. Er hat ein freundliches, rundes Gesicht – fast knabenhaft mit schelmischen Augen.

Das ist er also – Nima, der Guide, von dem die Leute sagen, er sei so gut wie Gold.

Auf dem ersten Stückchen Gras, das die zerfließende Schneedecke freigegeben hat, wartet die Gruppe auf uns. Die Kinder und Männer haben sich einfach auf den feuchten Boden fallen lassen. Ihre Blicke wirken entrückt. Sie sind am Ende ihrer Kräfte.

Als der rote Aufnahmeknopf von Richys Kamera wieder zu blinken beginnt, senkt sich plötzlich eine mystische Stille auf die Szenerie.

Die offenen Gesichter der Kinder, in die vereinzelte Schneeflocken fallen, erzählen uns vom Schmerz, der Trauer und den Strapazen der letzten Tage. Auch Tamding hat die wehmütige Stimmung erfasst. An seinen Augen kann ich sehen, dass sich das

Drama seiner Flucht in der Erinnerung wiederholt. Er zittert vor Kälte und Erschöpfung.

Langsam hebt und senkt sich die Brust des starken Mannes, an der das kleine gelbe Mädchen lehnt. Sie sehen einander irgendwie ähnlich. Jetzt schließt das Kind seine Augen und ruht sich am Herzen dieses seltsamen Mannes aus.

Der Nebel reißt auf und legt am Himmel ein paar blaue Flecken frei. Schwach dringen die letzten Sonnenstrahlen dieses Tages durch die brüchige Wolkendecke. Der Wind hat sich gelegt. Nur das Plätschern des dahinschmelzenden Schnees, der sich im Gras zu kleinen Bächlein sammelt, ist zu hören.

Eineinhalb Jahre habe ich auf diesen Moment gewartet. Sachte nimmt Pema dem kleinen Jungen mit den verschorften Lippen die große blaue Sonnenbrille aus dem Gesicht. Er ist höchstens acht, doch sein Blick ist mehr als eine Million Jahre alt.

20

SEPP FRIEDHUBER und ich waren 2010 gemeinsam zehn Tage lang im Eis der russischen Arktis unterwegs. Mit einem Eisbrecher waren wir von Murmansk durch die Barentssee nach Franz-Josef-Land, das nördlichste Archipel der Erde, gekommen. Ich war als Bordfotograf tätig, Sepp war überraschend zum Expeditionsleiter befördert worden, nachdem der ursprüngliche, deutsche Expeditionsleiter nicht nach Russland einreisen durfte, weil er vergessen hatte, sich ein Visum zu besorgen. Ich lernte Sepp als umsichtigen, humorvollen Mann kennen, der vom ersten Weckruf am frühen Morgen bis zum letzten Wodka an der Schiffsbar seine neue Rolle souverän ausfüllte.

Für mich sollte es auch kein Nachteil sein, dass mein Freund Expeditionsleiter war, denn ich durfte so manchen Sonderwunsch realisieren. So konnte ich Sepp mehrfach auf Erkundungsflügen mit dem bordeigenen Helikopter begleiten, um geeignete Landestellen für die Zodiac-Boote auszukundschaften, mit denen die 80 Passagiere jeweils an Land gebracht wurden. Die gesamte Reise war geprägt von miserablem Wetter und harschen Bedingungen. Nach tagelanger niedriger Bewölkung brach für einen halben Nachmittag die Sonne durch die Wolken. Sepp stellte

auf meinen Wunsch den Kontakt zu den beiden russischen Hubschrauberpiloten her, und ich konnte sie überzeugen, mich über die Gletscher und natürlichen Kanäle im Süden des Archipels zu fliegen. In nur 60 Minuten Flugzeit entstanden mehr als 1000 Bilder, die besten der ganzen Schiffsreise. Besonders stolz war Sepp, dass wir während der zehn Tage nicht weniger als 14 Begegnungen mit Eisbären hatten. Er führte dies auf einen Spezialtrunk zurück, den er in großen Schlucken aus einer Schnapsflasche nahm und dann mit zugespitztem Mund in die Landschaft versprühte. Die Passagiere liebten Sepp für seinen Humor und bewunderten sein umfassendes Wissen über die Arktis, das er mit seiner didaktischen Erfahrung als Professor jedem vermitteln konnte.

Michael Martin

Sepp Friedhuber

URAMAZONAS - DER FLUSS AUS DER WÜSTE

Kaum zurück von einer abenteuerlichen Reise ins Tibesti, stieß ich im Dezember 1997 in einem wissenschaftlichen Beitrag des Geologen Dr. Hellmut Grabert auf den Hinweis, dass zwischen dem heutigen Amazonas und den Flusssystemen Afrikas im Erdmittelalter eine Verbindung bestanden habe – der Uramazonas. Ist also der heutige Amazonas lediglich ein Überbleibsel des vor Jahrmillionen größten zusammenhängenden Flusssystems, das jemals existiert hatte? War der wasserreichste Fluss der Erde damals genau in die entgegengesetzte Richtung geflossen? Diesen Fragen wollte ich unbedingt nachgehen, und so setzte ich alles in Bewegung, ein Wissenschaftsteam zusammenzustellen sowie Gelder für eine mehrmonatige Forschungsreise und einen Dokumentarfilm aufzutreiben. Im Januar 2000 war es geschafft, und ein österreichisch-deutsches Fernseh- und Forscherteam startete zu einer geologischen, paläontologischen und zoologischen Spurensuche zwischen den einstigen Quellen des Amazonas in der Sahara und den heutigen in den Anden. Es gelang mir, die Fernsehanstalten des ORF, ZDF und von Canal Plus für diese erst einmal verrückt klingende Theorie zu gewinnen. Die Dreharbeiten in Afrika und Südamerika sollten mehr als zwei Monate dauern und unter extrem schwierigen Bedingungen stattfinden. Unser Expeditionsteam bestand aus den Wissenschaftlern Gero Hillmer und mir, dem Regisseur Herbert Habersack, den Kameramännern Sepp Neuper und Heinz Brandner, den Kameraassistenten Klaus Achter und Martin Schmachtl, dem Tontechniker

Joe Knauer und dem Ultralight-Flugzeugpiloten Peter Schühle. Unsere Spurensuche sollte uns zum einen in die entlegensten Gebiete der Sahara, in den Norden des Tschads führen. Die politischen Verhältnisse waren dort nicht gerade erfreulich, denn das Land stand am Rande eines Bürgerkriegs. Sandstürme, Minenfelder, marodierende Soldaten sowie die fehlende Infrastruktur stellten uns logistisch und organisatorisch vor eine große Herausforderung. In Südamerika sollten zum anderen Dreharbeiten an fünf verschiedenen Orten in Brasilien, Ecuador und Peru stattfinden. Hier waren es die großen Entfernungen und die notwendige Fluglogistik, die es zu organisieren galt. Außerdem mussten wir vor Ort kompetente Informanten und Mitarbeiter finden.

KROKODILE IN DEN TIEFEN DER SAHARA

Durch das ausgetrocknete Wadi, zwischen senkrechten Sandsteinwänden hallt das archaische Urgeschrei ausgetrockneter Kehlen, die nach Wasser gieren. Hunderte Kamele sind zur Tränke gekommen. Ihr Brüllen und Stöhnen bricht sich vielfach an den schroffen Felsen der Schlucht. Wie ein Schutzwall umgeben sie das Guelta Archai, das das kostbarste Gut der Wüste birgt – Wasser. Bis zum Bauch stehen die Tiere im Nass. Unbesorgt laben sie sich, obwohl in dem tiefen Canyon gefährliche Räuber lauern. Vor zwei Jahren, als wir schon einmal hier waren, hielten wir es für ein Gerücht, dass es hier Krokodile geben soll, denn bei den einheimischen Hirten kursieren viele Geschichten über mythische Fabelwesen.

Ein halbwüchsiger Nomadenjunge führt uns an den Abgrund. Er kennt den schmalen Pfad hoch zum Felsplateau. Je näher wir kommen, umso vorsichtiger wird unser Führer. Auf einem Felsabsatz lassen wir die Rucksäcke zurück und spähen über die Kante. Weit unten glitzert das Wasser im Guelta. Am Ufer liegt ein zwei Meter langes Krokodil im Sand und lässt sich von der Sonne wärmen – eines der letzten Wüstenkrokodile der Sahara. Im Umkreis von tausend Kilometern gibt es kein größeres Wasserloch, nur trockene, lebensfeindliche Wüste. Das Guelta Archai liegt im Ennedi, einem paläozoischen Inselgebirge an der Grenze zwischen dem Tschad und dem Sudan. Es ist vermutlich eines der letzten Quellgebiete des Uramazonas und für die Hirten der Umgebung die einzige Viehtränke weit und breit. Hier regnet es nur alle paar Jahre. Fossiles Grundwasser lässt dennoch die Quelle sprudeln. Felszeichnungen erzählen, dass die Wüste vor einigen Tausend Jahren – lange nach der Weichselkaltzeit, als es in Europa schon wieder wärmer wurde – ein blühender Garten war. Wo sich heute endlose Dünenkämme erstrecken, lebten Elefanten, Büffel und Giraffen in einer Savannenlandschaft ähnlich der der ostafrikanischen Serengeti. Mit dem Rückzug der Gletscher aus Europa verlagerten sich auch die Regenzonen Afrikas weiter nach Norden. Das nördliche Afrika, einst die Kornkammer des Römischen Reichs, verdorrte. Die Wüste breitete sich nach Süden aus, und die Flüsse versiegten. So auch die Flusssysteme, die das Ennedi mit dem Tschadsee verbanden. Die Krokodile des Gueltas Archai blieben isoliert in den Tiefen der Schlucht zurück. Die heutige Restpopulation von vermutlich nur mehr sieben Exemplaren ernährt sich von den wenigen dort ebenfalls noch lebenden Fischen oder von verendeten Kamelen, Ziegen oder Schafen.

Im Verlauf der Erdgeschichte wechselten das Klima und die Lebensbedingungen auf dem afrikanischen Kontinent nicht nur einmal. Wo heute Wüste ist, erstreckte sich einst ein riesiges Binnenmeer, wo nun Urwälder wuchern, bedeckten in der Permzeit Gletscher die Landmasse. Vor 300 Millionen Jahren bildeten Afrika, Nord- und Südamerika, Eurasien, Australien, Indien und die Antarktis zusammen den Riesenkontinent Pangaea, mit dem Nordteil Laurasia und dem Südteil Gondwana: eine Landmasse von ungeheurer Ausdehnung. Der Süden war von einer dicken Eiskappe bedeckt. Am Ende des Perm (250 Millionen Jahre vor heute) wurde es wärmer, und der Eispanzer schmolz. Eine Flut von Schmelzwasser floss gen Norden ab und ergoss sich in Seen, Lagunen und Deltas, die durch ein Flusssystem verbunden waren und so das größte je existierende Binnengewässer, die afrobrasilianischen Seen, bildete. Hier lebte der etwa 60 Zentimeter lange Mesosaurus, der zur ersten Reptilgruppe gehörte, die wieder in den Lebensraum Wasser zurückkehrte. Knochenfunde in Afrika und Brasilien beweisen, dass der Mesosaurus einst ein zusammenhängendes Gewässer besiedelt haben muss. So gilt das Reptil in der Paläontologie als klassischer Beweis für die Kontinentaldrift. Die Entwässerung der afrobrasilianischen Seen übernahm ein Megafluss, vermutlich der größte, der je existierte. Zwischen uralten, kristallinen Gebirgskomplexen floss er vom Norden des Tschads über die Grabenbruchsysteme des Benue und des Niger weiter nach Westen in den Amazonasgraben. Das Mündungsgebiet lag in der Nähe von Guayaquil in Ecuador – 14 000 Kilometer vom Guelta Archaï entfernt. Sie markiert vermutlich eines der Quellgebiete des Riesenflusses.

Mehr als 100 Millionen Jahre floss der Uramazonas durch Afrika und Südamerika, bis Gondwana zu zerbrechen begann. Aufsteigende Magma und die Bewegung der zähflüssigen Gesteine unter den Lithosphärenplatten rissen den Kontinent auseinander, so wie es heute im ostafrikanischen Graben geschieht. Die Trennung von Afrika und Südamerika begann vor rund 145 Millionen Jahren mit der Öffnung des Südatlantiks. Vor 130 Millionen Jahren, in der Unterkreide, brach dann schließlich der letzte Brückenkopf zwischen der heutigen südamerikanischen Küstenregion Sergipe bei Salvador in Brasilien und der afrikanischen Küste von Kamerun, Äquatorialguinea und Gabun. Der Südatlantik vereinigte sich mit dem Nordatlantik zu einem neuen, großen Ozean. Durch das Auseinanderdriften der Kontinente zerriss das Band des Uramazonas. Auf die Hälfte gekürzt, floss der Amazonas noch mehr als 100 Millionen Jahre in den Pazifik. Sein Wasser erhielt er aus dem Bergland von Guyana und aus dem alten brasilianischen Schild. Südamerika driftete in dieser Zeit zwischen fünf und zehn Zentimeter pro Jahr nach Westen und schob sich auf die ozeanische Nazca-Platte. Durch diese Überschiebung begann vor etwa 30 Millionen Jahren, im Oligozän, die Gebirgsbildung der Anden. Die Heraushebung des Gebirgszugs einige Millionen Jahre später blockierte das Mündungsdelta zwischen Iquitos und Guayaquil. Rückstaubecken im Bereich des heutigen Quellgebiets entstanden, und der Strom wechselte seine Fließrichtung. Fortan nahm er seinen Weg nach Osten. In erdgeschichtlicher Neuzeit entwickelte sich dann allmählich der heutige Amazonas mit einem Gefälle von nur 60 Metern zwischen Iquitos und der 4000 Kilometer entfernten Mündung am Atlantik.

Am längsten dürfte sich die Verbindung zum Pazifik im Bereich des Amazonasgrabens zwischen Iquitos und Guayaquil gehalten haben. Durch diese Pforte wanderten vermutlich die Vorläufer der heutigen, sehr giftigen Pfauenaugen-Stachelrochen der Gattung Potamotrygon und die Amazonas-Orinoko-Delfine der Gattung Inia ein. Beiden gelang die Anpassung an das Leben im Süßwasser. Sie gelten als zoologisches Indiz für die Fließumkehr des Amazonas.

Amacunu – Wasserwolkenlärm – nennen die Indianer das Tosen, wenn Tausende Tonnen Wasser über die Osthänge der Anden stürzen. Von diesem Wort dürfte der Name Amazonas stammen. Jahrhundertelang haben Forscher in Peru und Ecuador nach den Quellen des Flusses gesucht. Dass der Uramazonas vor mehr als 150 Millionen Jahren auf der anderen Seite des Atlantiks im Herzen Afrikas entsprang, hätten sie nicht einmal im Traum vermutet. Dort ist von der einstigen Wasserfülle nichts mehr übrig geblieben. Mit der Entstehung der Sahara wurde scheinbar jeder Hinweis auf den Uramazonas verwischt. Doch fügt man die Umrisse der Kontinente aneinander, so passen die Kontinentalgrenzen wie ein Puzzlespiel zusammen. Auch die tektonischen Grabensysteme ergeben einen logischen Zusammenhang, von den einstigen Quellen bis zur ehemaligen Mündung. Noch heute folgen darin der Benue und der Niger dem Verlauf des Uramazonas, der sich zum Tschadsee nach Westen wandte, bis zu den Bruchzonen von Gondwana. Auf der anderen Seite des Atlantiks setzt der Amazonasgraben die Kette geologischer Strukturen nahtlos fort, nach denen der Fluss rekonstruiert werden kann. Seinem gesamten Verlauf nachzuspüren ist ein paläontologisches und geologisches Detektivspiel. Vor allem die fossilen Überreste von Lebewesen könnten genauere Hinweise geben. Sie sind jedoch heute auf zwei Kontinente verteilt, nicht an der Erdoberfläche aufgeschlossen und teilweise durch Erosion zerstört.

Wir folgen dem Amazonas von einem seiner unzähligen Quellgebiete in Ecuador zu den Katerakten, die durch die Vorberge der Anden brechen. Wir begleiten die Fischer von Iquitos, die hin und wieder Rochen aus dem träge mäandrierenden Fluss ziehen – mitten im Urwald, Tausende Kilometer entfernt von der

Mündung. Felipe, ein Indianer vom Stamm der Yagua aus der Umgebung von Iquitos in Peru, nimmt uns zum Fischen mit. Lautlos gleitet sein Einbaum durch das Wasser. Hin und wieder ertönen Vogelstimmen, und weit oben im Geäst eines Urwaldriesen bewegt sich ein undefinierbares Etwas. Es könnte ein Affe sein. Tiere im Amazonasdschungel zu sehen ist schwierig. Zu dicht ist der Vorhang aus Ästen und Blättern. Schließlich hat Felipe einen Platz gefunden, an dem er seine Angel auswirft. Kleine Welse, das ist alles, was ihm an den Köder geht. Unser aller Hoffnung ist, dass er einen Rochen fängt. Als wir schon nicht mehr an ein Wunder glauben, zieht Felipe einen farbenprächtigen Pfauenaugen-Stachelrochen aus dem Wasser! Unser Glück können wir erst richtig schätzen, als er uns gesteht, dass er den letzten vor mehr als einem halben Jahr gefangen hat!

Wir wechseln an die Atlantikküste Brasiliens und ins paläontologische Archiv von Araripe. Dort suchen wir nach fossilen Indizien für die einstige Verbindung zwischen Südamerika und Afrika.

Das Übersiedeln von einem Schauplatz zum anderen ist mühsam, denn 200 Kilogramm Filmausrüstung sind zu verpacken, und der Security-Check auf den Flughäfen ist äußerst mühsam. Direkte Flugverbindungen zwischen den Drehorten gibt es nicht, und so fliegen wir von Iquitos nach Lima, von Lima nach Rio und von dort weiter nach Salvador de Bahia.

Angekommen an den Atlantikküsten Brasiliens, wandern wir an den herrlichen Palmenstränden von Bahia entlang und stellen uns vor, dass die Kontinente in den letzten 130 Millionen Jahren 6000 Kilometer auseinandergedriftet sind. Gar zu phantastisch scheint die Theorie des Uramazonas. Welche greifbaren Hinweise gibt es auf das gewaltige Gewässerband? Als Klassiker gelten die Rissstelle der Kontinente in der nordbrasilianischen Bahia-Sergipe-Region mit der Allerheiligenbucht bei Salvador und das westafrikanische Gabun mit der Cocobeach-Serie. Dort gibt es übereinstimmende Gesteine mit weitgehend gleicher Sedimentabfolge. Sie weisen die gleichen kleinen Individuen fossiler Muschelkrebsarten (Ostrakoden) auf, die vor rund 130 Millionen Jahren in einem zusammenhängenden Süßwasserbecken abgelagert wurden.

Ein weiteres erdgeschichtliches Archiv mit eindeutigen Hinweisen ist das paläontologische Eldorado von Araripe in Brasilien. In dem Sedimentationsbecken, 600 Kilometer westlich von Recife, wurde während der Unterkreidezeit ein etwa 700 Meter mächtiges Sedimentpaket aus Sandsteinen, Tonsteinen, Gips und Plattenkalken abgelagert. In den besonders feinkörnigen Plattenkalken finden sich außerordentlich gut erhaltene Flugsaurier, Fische und Insekten. Bemerkenswert ist diese weltweit bekannte Fossilienfauna auch wegen des bis zu 20 Zentimeter langen, heringartigen Süßwasserfischs *Dastilbe crandalli*, der, sehr reich an Individuen, in den damaligen Lagunen lebte. Dieselbe Art taucht in sehr ähnlichen, unterkreidezeitlichen Lagunensedimenten im heutigen Äquatorialguinea und Gabun auf der anderen Seite des Atlantiks auf. Beide Gesteinsformationen wurden in Süßwasserseen abgelagert, die während der Initialphase der sich allmählich entwickelnden Grabenbruchzonen zwischen Afrika und Südamerika miteinander in Verbindung standen.

Unser Expeditionsteam landet in N'Djamena, der Hauptstadt des Tschad. Es gilt Genehmigungen bei den Behörden einzuholen, und wir müssen unsere europäischen Maßstäbe sofort über Bord werfen, denn der Faktor Zeit spielt hier eine andere Rolle als bei uns. Ein afrikanisches Sprichwort sagt: »Die Europäer haben die Uhr, und wir haben die Zeit.« Unser Ultralight-Flieger hat neue Tragflächen bekommen und muss am Flugplatz eingeflogen werden. Da es in der Wüste keine Supermärkte gibt, müssen wir die gesamten Nahrungsmittel für die Expedition in N'Djamena einkaufen. Für den Transport ist ein eigener Toyota Pick-up nötig. Nach einer Woche ist alles erledigt, und das Abenteuer Sahara kann beginnen.

Zu den Quellgebieten des einstigen Megaflusses ist es weit: In sechs Wochen legen wir 3500 Kilometer unter schwierigsten Bedingungen zurück. Zunächst bringen sechs Allradfahrzeuge unser Expeditionsteam – sieben Europäer und sieben Einheimische – von N'Djamena, der Hauptstadt des Tschad, zum 100 Kilometer entfernten Tschadsee. Hier kommt unser Ultralight-Flugzeug erstmals zum Einsatz. Uns gelingen beeindruckende Filmaufnahmen von diesem Binnenmeer in der Wüste, das wegen des Klimawandels allerdings ständig Wasser und Fläche verliert. Von dort aus zieht sich ein uraltes, wahrscheinlich aus der Gondwanazeit stammendes tektonisches Riftsystem nach Norden. Die Wadis des Bhar el Ghazal, – des Gazellenflusses, beginnen östlich des Tibesti-Gebirges in der großen Seenlandschaft der Sahara und im Ennedi-Gebirge an der Grenze zum Sudan. Wir folgen dem ehemaligen Flusslauf des Uramazonas bis weit hinein in die Zentralsahara und dringen immer weiter in die totale Trockenheit und Lebensfeindlichkeit vor. Noch im vorigen

Jahrhundert führte der Gazellenfluss oberirdisch Wasser. Inzwischen fließt er als Grundwasserstrom 50 Meter unter der Erde und kann nur mehr über Tiefbrunnen erschlossen werden. Für die Nomaden bieten sie die einzige Möglichkeit, ihre Kamele zu tränken. So kommen sie aus einem Umkreis von Hunderten von Kilometern zu den Brunnen, um das lebenswichtige Nass zu schöpfen.

Unser Camp haben wir unweit des Brunnens aufgeschlagen und warten seit mehr als einer Woche, dass der Sandsturm nachlässt. Wir sind verzweifelt, denn statt stimmungsvolle Filmaufnahmen machen zu können sehen wir die Landschaft nur im diffusen Ocker. Die Sonne ist kaum zu sehen. Joe, Tonmeister und Kameratechniker, weiß nicht mehr, wie er das Innenleben der Geräte vor dem Sand schützen soll. Trotz dieser widrigen Wetterlage kommen hier immer wieder Kamelkarawanen an. Um den Brunnen von Kouba Olanga drängen sich bereits Hunderte von Kamelen. Unermüdlich reitet ein Mädchen auf seinem Kamel 50 Meter vor und zurück, vor und zurück. Der Wassersack hängt an einem 50 Meter langen Seil, das am Kamelsattel festgebunden ist, und besteht aus einem alten Autoschlauch. Immer wieder befördert es so das kostbare Nass aus der Tiefe des Brunnens nach oben. Die Kamelhirten schütten es in den betonierten Trog, um den sich die durstig brüllenden Kamele drängen. Der Sturm zerrt an den Gewändern der Nomaden, ihre Gesichter sind mit Tüchern verhüllt. Es entstehen Filmszenen von archaischer Schönheit – trotz des Sturms oder gerade deshalb. Nördlich des Brunnens beginnt die Djourab-Senke. Mächtige Staubfahnen ziehen über die Seeböden des einstigen Paläo-Tschad, des Tschadmeeres, das noch vor 25 000 Jahren als Binnenmeer mit einer Fläche von 350 000 Quadratkilometern bis an die Südabhänge des Tibesti reichte. Weiße, von der steten Erosion des

Windes geformte Hügel erheben sich aus der sandigen Ebene. Sie bestehen aus winzig kleinen Kieselalgen (Diatomeen). Die Einzeller lebten einst im Paläo-Tschad und lagerten sich auf dem Seegrund ab. Jahrtausendelang hinterließ jede Planktonblüte eine Lage mit ihren Gehäusen. Nicht selten liegen eingebettet zwischen Diatomitschichten die Überreste von meterlangen Nilbarschen und Krokodilen.

Innerhalb einer Stunde baut sich erneut ein Sandsturm auf, der die Sicht auf 20 bis 50 Meter reduziert. Unsere Spurensuche wird zum Wettlauf mit der Zeit. So müssen wir uns mit der Probennahme für mikroskopische Untersuchungen begnügen. Die Piste zu verfehlen kann tödlich enden. Im Wüstensand lauern zahllose Minen als unsichtbare Gefahr, ein Erbe aus dem Krieg zwischen Libyen und dem Tschad Ende der 1980er-Jahre. Überall sind noch die Spuren der verlustreichen Kämpfe zu sehen. Abgeschossene Panzer, Lkws und sogar menschliche Skelette liegen als stumme Zeugen des sinnlosen Krieges im Sand. Die Wüste konserviert sie für Jahrzehnte. Nur mit moderner Satellitennavigation finden wir im Sandsturm den Rückweg zum Camp. Nachdem die Dreharbeiten im Bhar el Ghazal abgeschlossen sind, brechen wir unsere Zelte ab und reisen weiter in den äußersten Norden des Tschads, dorthin, wo wir die nördlichsten Quellgebiete des Uramazonas vermuten.

Ende Februar, nach einer strapaziösen Reise durch eine der lebensfeindlichsten Gegenden der Erde, erreichen wir die Seenlandschaft von Ounianga Kebir und Ounianga Serir. Verstaubt und ausgedörrt, gelangen wir an den nördlichsten Punkt unserer Expedition und damit auch ins nördlichste Quellgebiet des Uramazonas. Der erste Eindruck ist atemberaubend. Palmen und ockerfarbene Tafelberge spiegeln sich in den grünen, blauen und rötlich gefärbten Seen. Der größte bedeckt eine Fläche von 20 Quadratkilometern. Seit vielen Jahrtausenden werden diese Seen von einem unterirdischen Süßwasserreservoir gespeist. Es gehört zum über zwei Millionen Quadratkilometer großen nubischen Aquifer, das sich unter der östlichen Sahara erstreckt und mehrere grundwasserführende Schichten umfasst. Im Verlauf von einigen hundert Millionen Jahren haben tropische Regenzeiten und Meerestransgressionen die Grundwasserhorizonte aufgefüllt. So ist das fossile Wasser das letzte Erbe des Uramazonas – verborgen in der Tiefe. Je nach unterirdischem Zufluss sind die Seen von Ounianga mehr oder weniger salzhaltig. Im roten See von Kebir messen wir den unglaublich hohen Salzgehalt von 300 Gramm pro Liter, das entspricht der Konzentration im Toten Meer. Der benachbarte, durch eine dünne Sandzunge abgetrennte und durch Algen grün gefärbte See weist dagegen nur ein Zehntel des Salzgehaltes auf, weil sein unterirdischer Süßwasserzufluss wesentlich höher ist. Trotz der enormen Verdunstung durch die Wüstenhitze sinkt der Wasserspiegel der Seen nicht. Reste von Seekreideablagerungen mit einer reichen fossilen Kiemen- und Lungenschneckenfauna, die die Uferzonen des Paläo-Tschad markieren, finden sich 80 Meter über dem Wasserspiegel der Seen. Unsere Radiocarbondatierung der Fossilien ergab ein Alter von rund 9500 Jahren. Seit damals zog sich das Ufer des Tschadsees 1000 Kilometer weiter nach Süden zurück. Im mitgebrachten Ultralight-Flugzeug schweben wir 200 bis 300 Meter über den Wüstenseen. Aus der Luft sieht man besonders gut, wie der Passatwind die Landschaft formt. Bergrücken mit dazwischenliegenden Windgassen ziehen von Nordosten nach Südwesten. Um Bewegung in die Filmszenen zu bringen, fliegen wir mit dem Wind. Bereits nach einer Viertelstunde kehren wir um, doch gegen den Wind brauchen wir eineinhalb Stunden zurück.

Buchstäblich mit dem letzten Tropfen Benzin erreichen wir wieder unseren Start- und Landeplatz. Es ist gerade noch einmal gut gegangen.

So haben wir die nördlichsten Quellgebiete des Uramazonas erreicht und fossile Indizien gefunden, dass es hier einst Wasser in Hülle und Fülle gegeben hat und erst in der jüngsten Erdgeschichte der Wüste weichen musste. Der Wind war unser ständiger Begleiter auf der Suche nach den Quellen des Uramazonas, und der Wind ist es auch, der immer noch eine Brücke zwischen der lebensfeindlichen Sahara und der Überfülle an pflanzlichem Leben im Amazonasbecken schlägt, lange nachdem der verbindende Strom des Uramazonas zerriss. Zwanzig Millionen Tonnen Sand und Mineralien werden jährlich vom Passatwind erfasst und hoch in die Atmosphäre getragen. Einige Millionen Tonnen Sand schaffen den Weg über den Atlantik und gehen mit dem Regen über dem Amazonasbecken nieder. Diese mineralienreichen Nährstoffe aus den Quellgebieten des urzeitlichen Flusses sorgen für die üppige Fruchtbarkeit Amazoniens. Ohne den Sand aus der Wüste hätte der Regenwald Amazoniens nie seine Ausdehnung und Artenvielfalt erreicht. So spendet der Fluss vom anderen Ende der Welt immer noch neues Leben, Jahrmillionen nachdem er in der Wüste versiegte. Wenn der rote Staub der Sahara auf Amazonien niedersinkt, gibt der Uramazonas einen Teil seiner Fruchtbarkeit an jenes Land weiter, mit dem er einst so eng verbunden war.

EPILOG

Ted Simon

DIE LETZTE FAHRT?

Weil ich einen gewissen Ruf als Motorradfahrer genieße, fragte mich vor einigen Jahren ein Zeitschriftenredakteur, wohin mich meine letzte Fahrt führen sollte – ich war sprachlos. Gewöhnlich mache ich mir selten Gedanken über das Ende aller Dinge, denn anscheinend hat es das Alter bislang gut mit mir gemeint. Gleichwohl war die Frage durchaus berechtigt, denn ich hatte die siebzig schon weit überschritten.

Aber wie, so fragte ich mich unweigerlich, sollte ich wissen, dass es meine letzte Fahrt wäre? *Eine* Möglichkeit, ganz sicherzugehen, gäbe es. Ich könnte einen hübschen Haufen persönlicher Sachen, gekrönt von einem Helm, am Abgrund einer sehr steilen Felswand zurücklassen. Ich kenne mindestens einen Menschen, der diese Art Abgang gewählt hat. Sicherlich eine denkbare Möglichkeit, einem leidvollen Ende zuvorzukommen, doch ich hoffe, mir fällt etwas Besseres ein, meinen Helm an den Nagel zu hängen.

Da Selbstmord nicht infrage kommt, sagte ich, würde ich auf Nostalgie setzen. Es gibt noch viele Länder auf der Welt – China, Japan, Russland, um nur einige zu nennen –, durch die ich gerne mit dem Motorrad fahren würde. Doch auf meiner letzten Tour würde ich lieber dorthin zurückkehren, wo alles begonnen hat, und im Land meiner Kindheit und Jugend auf Spurensuche gehen. Je länger ich darüber nachdachte, desto unausweichlicher erschien es mir, diesen Plan in die Tat umzusetzen.

Seit meinem Weggang aus England 1968 hatte ich von den Bri-

tischen Inseln nicht gerade viel gesehen. Doch in meiner Schulzeit, ein paar Jahre nach dem Krieg (muss ich wirklich erwähnen, nach welchem?), bin ich oft durch die Gegend getrampt, manchmal alleine, manchmal mit einem oder zwei Schulfreunden. Eine andere Art zu reisen konnten wir uns nicht leisten.

Ich hatte mich in ein Mädchen aus Glasgow verguckt und prahlte gerne damit, es in nur achtzehn Stunden von der North Circular Road in London bis dort zu schaffen. Das war für die Vierzigerjahre eine recht beachtliche Geschwindigkeit. Es lief wie am Schnürchen, und meine Mitfahrgelegenheiten waren immer Lastwagen, denn Autos waren in jenen Tagen noch eine Seltenheit. Man nahm gegen Abend einen Bus, der die Finchley Road entlang bis zu einer Kreuzung an der North Circular fuhr. Dort hielt ich einen Lastwagen an, der über die A 6 auf dem Weg Richtung Norden war. Die Fahrer hatten gerne Gesellschaft, und es half ihnen, wach zu bleiben. So war es nie schwer, mitgenommen zu werden. Meist war ihr Ziel Liverpool oder St Helens – ich hatte nie das Glück, einen zu finden, der ganz nach Schottland fuhr –, in Warrington musste ich also umsteigen.

Nach heutigen Maßstäben waren das keine großen Lastwagen, aber mir kamen sie damals riesig vor. Scammell, Dennis, Foden, Bedford: Das sind Namen britischer Hersteller, die mittlerweile verschwunden sind, und ich weiß nicht mehr viel über sie. Ich hätte neugieriger sein sollen. Die Kabinen waren primitiv ausgestattet, kaum isoliert und für gewöhnlich nur vom Motorblock beheizt, der sich zwischen mir und dem Fahrer befand. Darüber hatte man eine speckige alte Pferdedecke geworfen. Die mit einer Plane abgedeckte Ladung mag so zwischen sechs und zehn Tonnen gewogen haben. Wenn ich Richtung Norden fuhr, wusste ich nie, was hinten geladen war. Doch auf den Fahrten gen Süden erinnere ich mich an den Geruch von Kohle; einmal, auf dem Weg die A1 hinunter, roch es nach Fisch.

Die Fahrer waren meist interessante Typen und ganz anders als die Leute, die ich sonst so kennenlernte. Einer von ihnen, das weiß ich noch wie heute, sprach auf dem Weg nach Glasgow gerade mal acht Wörter in ebenso vielen Stunden. Er legte seine Hand auf den Motor und sagte: »Das Ding is' heiß wie 'n verdammter Puff!«

In sternenklaren Nächten schalteten die Lkw-Fahrer manchmal alle Scheinwerfer aus. Nach kurzer Zeit hatte man sich an die veränderten Lichtverhältnisse gewöhnt, und die ganze Landschaft lag erstaunlich klar vor einem. Natürlich war das verboten. Aber sie waren immer auf der Hut vor den tiefergelegten schwarzen Vauxhall-Polizeiwagen. Man erzählte sich, dass die sich gerne heimlich an die Stoßstange klemmten, damit sie nicht zu sehen waren, und warteten, bis die Fahrer irgendetwas Unerlaubtes taten. Dann konnten sie ihre Alarmglocken läuten – damals hatten sie noch keine Sirenen. Ich erinnere mich an mindestens eine Geschichte, wie die Lastwagenfahrer Rache übten. Plötzliches scharfes Bremsen konnte die spitze Nase eines Vauxhall in entzückende Falten legen und für polizeiliche Schimpfkanonaden sorgen.

Zweifellos hatte die Polizei triftige Gründe, sich für das Treiben der Lastwagenfahrer zu interessieren. In jenen Tagen blühte der Schwarzmarkt, und es würde mich sehr wundern, wenn nicht einige von ihnen daran beteiligt waren. Doch ich war arglos und kam nie auf die Idee, nach solchen Dingen zu fragen. Das war wohl auch besser so.

Die Lastwagen mit denen ich unterwegs war, erreichten Warrington meist mitten in der Nacht und fuhren dann gen Westen nach St Helens weiter. In der Morgendämmerung sprang ich dann auf den nächsten Lastwagen auf, der mich über Shap und Carlisle nach Glasgow brachte. Wenn ich Glück hatte, hielt er am Jungle Café, einem soliden und sehr beliebten Laden, in dem man ein opulentes Frühstück bekommen konnte. Speck, Eier, Pilze, Tomaten, Bohnen, jede Menge Toast und gesüßter Tee ... In jenen Tagen der Rationierung kam das einem Festmahl gleich.

Ich erinnere mich, dass ich die A1 oft hochfuhr und mit großen Augen und ziemlich durchgefroren über die Fischmärkte von Edinburgh und Aberdeen strich. Aber ich trampte auch in den Westen des Landes, wo die Sonne anscheinend immer strahlte. In den alten Marktstädten Somerset, Dorset und Devon fühlte ich mich regelrecht zu Hause und genoss die Wärme des Lichts, das von den alten Steinmauern reflektiert wurde. Wenn mich in späteren Jahren jemand fragte, welcher Teil Englands mir der Liebste sei, kamen mir immer Dorset und die Orte westlich davon in den Sinn. Das lag jedoch in Wahrheit daran, dass ich den Rest des Landes gar nicht kannte.

Das, so dachte ich, könnte meine letzte Tour werden: eine Entdeckungsreise durch das Vereinigte Königreich auf den Spuren der Vergangenheit, in das Zeitalter vor den Autobahnen, gemäch-

lich unterwegs zwischen turmhohen Hecken, durch Moor-
landschaften, entlang von Laub beschatteter Wege, auf kleinen
Nebenstraßen, zu mir bereits bekannten und noch unbekannten
Orten. Es galt, noch ganz Irland zu erobern und weite Teile des
Nordens. Dort würde es Pubs, Inns und B&Bs in Hülle und Fülle
geben. Ich würde ein kleines Motorrad fahren, ganz unauffällig,
ohne schicke Ausrüstung und protektorenbewehrte Motorrad-
kleidung, stattdessen nur eine Zahnbürste und eine Kreditkarte;
und ein Tagespensum von nicht mehr als hundert Meilen.

Vielleicht fände ich Trench Hall, das staatliche Heim, in dem
ich seinerzeit, als wir evakuiert waren, zwei Jahre verbrachte, und
könnte in Erinnerungen an das Haus schwelgen, in dem meine
Liebste damals in der Dumbarton Road wohnte.

Je länger ich darüber nachdachte, desto mehr Episoden fielen
mir aus meinen jungen Jahren wieder ein, einige waren urko-
misch, andere düster. Etwa die grotesken zwölf Monate, die ich
bei einer Provinzzeitung in und um Barrow-in-Furness verbrachte, einer Stadt im Nordwesten Englands, während deren
ich darauf wartete, in den Dienst der Krone zu treten, und Ausflüge nach Blackpool und in den Lake District unternahm. Als
ich schließlich in die Reihen der Royal Air Force rekrutiert war,
wurde es noch bizarrer: Mithilfe von Stars wie Peter Sellers und
Spike Milligan gelang es mir, meinen Wehrdienst in eine Art
Arbeitsurlaub umzuwandeln.

Okay ... wenn ich also irgendwann Beachy Head erreichen
sollte, den berüchtigten Selbstmörderfelsen an der englischen
Südküste, könnte ich mein Motorrad über die Kante schubsen,
davongehen ... und ein Buch schreiben.

Natürlich gefiel mir die Idee. Ich plante, die Reise im Spätsom-
mer 2009 zu unternehmen, wenn das Wetter wahrscheinlich gut
sein würde, mir Zeit zu lassen und dann im Winter rechtzeitig

zu meinem neunundsiebzigsten Geburtstag im Mai 2010 das – nicht zu umfangreiche – Buch zu schreiben.

Die Idee stieß in meinem persönlichen und beruflichen Umfeld auf große Begeisterung, und ich plante meinen Aufenthalt in Europa. Ein recht ambitioniertes Vorhaben für einen Achtundsiebzigjährigen könnte man meinen, doch mir kam es damals nicht so vor. Die Anreise von San Francisco ist so weit und kostspielig, dass ich immer versuche, meine Besuche in Europa so intensiv wie möglich zu nutzen. Finanziell war der Mammutplan nur umsetzbar, wenn ich auf dem Motorrad reiste. Ein Freund in Deutschland hat meine kleine BMW für genau solche Zwecke in seiner Garage untergestellt. So flog ich also wie zumeist von San Francisco nach Frankfurt, um das Bike abzuholen, und begann wie ein Wandervogel die lange und wohltuende Rundreise mit Besuchen bei alten Freunden und Stopps an vertrauten Orten. Während der gesamten Zeit empfand ich es als außerordentliches Glück, die Freiheit zu besitzen, so reisen zu können, Beziehungen zu so vielen warmherzigen Menschen zu haben und immer noch fit genug zu sein, all das tun und genießen zu können.

Die Autoren

Andreas Altmann zählt zu den bekanntesten deutschen Reise-
autoren und wurde u. a. mit dem Egon-Erwin-Kisch-Preis und
dem Seume-Literaturpreis ausgezeichnet. Zuletzt erschienen
von ihm »Das Scheißleben meines Vaters, das Scheißleben meiner Mutter und meine eigene Scheißjugend«, »Gebrauchsanwei-
sung für die Welt« und »Dies beschissen schöne Leben«. Altmann lebt in Paris. www.andreas-altmann.com

Christoph Bangert, geb. 1978, studierte Fotografie an der Fach-
hochschule Dortmund und am International Center of Photogra-
phy in New York. Als freier Fotograf berichtete er unter anderem
aus dem Irak, Afghanistan, Pakistan, Darfur, Libanon und Fuku-
shima für den *Stern*, *Time*, F.A.Z., *Neue Zürcher Zeitung* und die *New
York Times*. Christoph Bangert lebt mit seiner Frau Chiho und seinen beiden Töchtern in der Schweiz. Zuletzt ist von ihm bei *National Geographic* der Bildband »Africa Overland. 60 000 Kilometer
Abenteuer« erschienen. www.christophbangert.com

Maria von Blumencron arbeitete zwölf Jahre als Schauspielerin,
bis sie 1997 im Fernsehen die Bilder erfrorener tibetischer Kinder sah. Sie beschloss, eine Dokumentation über die Flucht der
Tibeter zu drehen. Die sechs Kinder, deren Flucht sie darin be-
schreibt, wurden zu ihren Patenkindern. »Wie zwischen Himmel
und Erde« heißt ihr jüngster Kinospielfilm mit Hannah Herz-
sprung in der Hauptrolle. In ihrer aktuellen ZDF-Dokumenta-

tion beschäftigt sich Maria mit der Figur der Maria Magdalena und dem Erbe frühchristlicher Frauen. Die in Köln und München lebende Wienerin ist Mutter eines zehnjährigen Sohnes und Gründerin der Hilfsorganisation Shelter 108 e. V. www.maria-von-blumencron.com

Rainer Falk (alias Gerhard Göttler) – Basel – Niamey – Basel in zehn Tagen und mit 1000 DM mehr in der Tasche – das war damals das Reiseprogramm Rainer Falks auf seinen Autoverkaufsreisen durch die Sahara nach Niger und Mali. Doch nach etlichen Saharaabenteuern im Eiltempo nahm das Interesse an Land und Leuten zu, und die Reisegeschwindigkeit wurde langsamer. Am Ende der »Born-to-be-wild«-Lebensphase folgten weitere hundert »seriöse« Saharareisen. Das Resultat: Veröffentlichungen zum Thema Tuareg, Reiseführer zu den wichtigsten Saharaländern, Ausstellungen in Völkerkundemuseen und die entsprechenden begleitenden Katalogtexte. R. F. alias Gerhard Göttler (Jahrgang 1945) lebt in Süddeutschland, ist verheiratet, hat vier Kinder und sechs Enkelkinder.

Sepp Friedhuber wurde 1948 in Ansfelden, Oberösterreich, geboren. Nach dem Studium der Biologie und Geowissenschaften an der Universität Salzburg unterrichtete er an einem Linzer Gymnasium. 1973 gelangen ihm in den Königskordilleren Boliviens einige Erstbesteigungen. Anspruchsvolle Bergtouren in den Ost-und Westalpen, in den Anden, in Afrika und im Himalaja folgten. Seit 2002 zieht ihn sein Interesse zu Fragen der Ökologie und des Klimawandels verstärkt in den Norden, wo er als Lektor und Expeditionsleiter auf russischen Eisbrechern arbeitet. Die Erlebnisse fanden in zahlreiche Vorträge und Veröffentlichungen Eingang, darunter zwölf Fernsehdokumentationen.

Außerdem veröffentlichte er mehrere Bücher, zuletzt: »Uramazonas – Fluss aus der Sahara«. Sepp Friedhuber ist verheiratet
und Vater von zwei Söhnen. www.fotofriedhuber.at

Holger Fritzsche, geboren 1963, lebt in Radebeul. Nachdem ihm
in der DDR das Studium verweigert worden war, arbeitete er in
den unterschiedlichsten Berufen, bevor er sich 1998 als Kultur-
veranstalter selbstständig machte. Er ist Reisefotograf und hat
sich mit seinen Multivisionsvorträgen bundesweit einen Namen
gemacht. Schon zu Zeiten der Sowjetunion reiste er in den größten Flächenstaat der Welt. Illegal – unter dem Motto: »Unerkannt durch Freundesland«. Ihn reizen die Extreme: Sibirian Ice
Marathon, mit dem Fahrrad über den Baikalsee – bei minus 35 °C.
Von diesen Abenteuern und vielem mehr erzählt er in einem dem-
nächst erscheinenden Reisebericht. www.holger-fritzsche.de

Zwischen 1982 und 1990 reiste **Peter Hinze**, geboren 1958, sie-
benmal nach Tibet. Die Mönche des Klosters Jokhang in Lhasa
Jampa Tenzin (ermordet) und Kalsang Donyoe (verschwunden)
gehörten zu seinen Freunden. Hinze war in den 1980er-Jahren
Gründungsmitglied der Tibet-Initiative in Deutschland.

Ab 1992 arbeitete er 18 Jahre als Redakteur für das Nachrich-
tenmagazin FOCUS. Seit 2011 widmet sich der Ultramarathon-
Läufer eigenen Projekten: betreibt mit seiner thailändischen
Frau das SAI SPA in München; unterstützt den rein privaten,
burmesischen Autovermieter www.therealmyanmar.com – und
schreibt in seinem Blog www.receptioninsider.com über die
Themen Tourismus und Outdoor.

Karl Johaentges wurde 1948 in Daun geboren. 1981 brach er zu
einer dreijährigen Weltreise auf und publizierte 1985 im Selbst-

verlag seinen Klassiker »Bilder einer Weltreise« darüber. Zahlreiche Bände folgten, und so erreichte die Reisebildbandreihe im KaJo-Verlag eine Druckauflage von einer Viertelmillion Exemplaren. Der Quereinsteiger fotografierte bisher über 40 Bildbände. Zuletzt hat er mit seiner Frau Jackie Blackwood bei *National Geographic* den Bildband »Neuseeland« veröffentlicht. Karl ist Gründungsgesellschafter von LOOK und ehrenamtlich für FREELENS tätig. www.kajofoto.de

Jean Malaurie, 1922 in Mainz geboren, gehört zu den renommiertesten Polarforschern unserer Zeit. Er ist unter anderem Direktor für arktische Studien an der Ecole des Hautes Etudes en Sciences Sociales (Paris), emeritierter Forschungsdirektor des CNRS (Paris) und Honorarpräsident der Staatlichen Polar Akademie Sankt Petersburg. Zu seinen bekanntesten Werken gehören »Der Ruf des Nordens«, »Ultima Thulé« und »Mythos Nordpol, 200 Jahre Expeditionsgeschichte«. Im Jahr 2007 wurde er von der UNESCO zum »Botschafter des guten Willens« für die arktischen Regionen ernannt. www.jean-malaurie.fr

Achim Mende, Jahrgang 1963, ist als Fotograf weltweit unterwegs, um die faszinierendsten Orte aus der Vogelperspektive zu entdecken. Neben der Astronomie ist die Luftbildfotografie das zentrale Thema seines Schaffens. Viele Jahre seines Lebens verbrachte er mit abenteuerlichen Reisen rund um den Globus. Er hält Vorträge und hat seine Fotografien in zahlreichen Publikationen und Fernsehbeiträgen veröffentlicht. Seine Begabung und die Ausbildung zum Berufsfotografen legten die Basis für sein Können, danach betrat er immer wieder fotografisches Neuland. Achim Mende ist verheiratet, lebt in Überlingen am Bodensee und hat drei Kinder. www.achim-mende.de

Stephan Orth, Jahrgang 1979, studierte Anglistik, Wirtschaftswissenschaften, Psychologie und Journalismus. Seit 2008 arbeitet er als Redakteur im Reiseressort bei SPIEGEL ONLINE. »Sorry, wir haben die Landebahn verfehlt«, in Co-Herausgeberschaft mit Antje Blinda, schaffte es bis auf Platz 1 der Bestsellerliste und wurde inzwischen eine halbe Million Mal verkauft. Für seine Reportagen wurde Orth bereits zweimal mit dem Columbus-Preis ausgezeichnet. Zuletzt erschienen von ihm »Sorry, Ihr Hotel ist abgebrannt« und »Sorry, wir haben uns verfahren«. Im April 2013 ist mit »Opas Eisberg« sein erster großer Erzählband erschienen, aus dem der Auszug in diesem Buch stammt.

Louis Palmer, geboren 1971 in Budapest, reiste im Alter von 16 Monaten in die Schweiz – das war der Beginn seines Fernwehs. Von dort zog es ihn nach der Ausbildung zum Volksschullehrer mit dem Fahrrad, per Ultraleichtflugzeug und via Minibus durch die ganze Welt. Seine Reisen sind nicht nur Selbstzweck, sondern eng mit umwelttechnischem und menschlichem Engagement verknüpft. 2011 wurde er von den Vereinten Nationen mit dem Champion of the Earth Award in der Kategorie »Inspiration und Aktion, 2011« ausgezeichnet. Als Vortragsredner und Buchautor hat er sich international einen Namen gemacht. www.louispalmer.ch

Carsten Peter, Fotograf und Filmemacher, wurde 1958 in München geboren und leitet Expeditionen in die abenteuerlichsten Regionen der Erde. Der vielfach preisgekrönte Fotograf (World Press Award, EMMY, Annual National Geographic Photographer's Photographer Award) ist spezialisiert auf die Extremregionen der Erde. Dabei übersetzt er seine Faszination für die Natur in eine ungewöhnliche und emotionale Bildästhetik. Zuletzt ist von ihm bei *National Geographic* der Bildband »Alpendämonen. Geheimnisvolle Riten aus den Bergen« erschienen. www.carstenpeter.com

Jörg Reuther kam schon als Achtjähriger mit der Fotografie in Berührung und machte sie zu seinem Hobby. Stundenlange Arbeit in der Dunkelkammer schulte sein Verständnis für die technischen und gestalterischen Zusammenhänge. Sein Geologiestudium finanzierte er sich zu einem großen Teil durch Lkw-Überführungen, die ihn durch ganz Europa bis in den Nahen Osten führten. Fotografieren und reisen wurden später zum Beruf. Er veröffentlichte in vielen Reise- und Sportmagazinen wie *Traveller's World, Globo, Geo-Saison, Merian, abenteuer & reisen, ski* oder *bike*. Seit 2009 fotografiert er mit Michael Martin für dessen neues Projekt. Er lebt mit seiner Familie am Ammersee. www.reuther-fotografie.de

Bernd Römmelt wurde 1968 in München geboren. Nach dem Studium der Ethnologie arbeitet er seit 2001 als freiberuflicher Naturfotograf. Dabei gilt seine Leidenschaft vor allem den Alpen und dem hohen Norden, besonders der Arktis. Mehr als 200 Tage im Jahr verbringt er auf Reisen. Seine Bilder erscheinen regelmäßig in Magazinen, Zeitschriften und Kalendern. Bernd Römmelt hat bisher 21 Bildbände veröffentlicht und arbeitet an sechs weiteren Büchern, die bis 2015 erscheinen werden. Seit 2008 arbeitet er mit Greenpeace zusammen. www.berndroemmelt.de

Norbert Rosing durchlief drei berufliche Karrieren, bevor er sich 1992 entschloss, das Hobby zum Beruf zu machen. Seitdem ist er als professioneller Tier- und Naturfotograf weltweit unterwegs. Er startete als Kaufmann, dann Soldat, dann Krankenpfleger. Es war eine tief greifende Entscheidung, die das ganze Leben beeinflussen sollte. Ende der 1980er-Jahre startete er mit dem Thema: Im Reich der Eisbären. Dieses Thema wird bis heute weitergeführt. Es öffnete ihm die Türen zu den wichtigsten Magazinen und Buchverlagen der Welt. Über 20 Geschichten erschienen im *National Geographic* Magazin USA und Deutschland. Vorträge hält Norbert Rosing seit vielen Jahren, erhielt Preise bei renommierten Wettbewerben und ist als Juror gefragt. Als Schirmherr ist er maßgeblich am HORIZONTE Umweltfoto Festival im Ostseeheilbad Zingst beteiligt.

Ted Simon, geboren 1931 in Deutschland, lebt im Norden Kaliforniens. Als Journalist arbeitete er u. a. für *Daily Mail*, *Observer* und *The Times*. 1979 publizierte er seinen Weltbestseller »Jupiter's Travels«, der 1983 unter dem Titel »Jupiters Fahrt« in deutscher Übersetzung veröffentlicht wurde. Auf Deutsch erschienen zudem die Bände »Fahrt des Lebens« (1985) und »Jupiters Träume« (2007). Im Herbst 2013 erscheint »Jupiters Heimkehr« über seine letzte große Fahrt auf den Straßen Großbritanniens, auf denen die Reisen seines Lebens ihren Anfang nahmen. www.jupitalia.com.

Ilija Trojanow, 1965 in Bulgarien geboren, floh 1971 mit seiner Familie über Jugoslawien und Italien nach Deutschland und erhielt dort politisches Asyl. Er lebte zehn Jahre in Kenia, fünf Jahre in Bombay, zog 2003 nach Kapstadt und lebt heute in Wien. Von 1985 bis 1989 studierte Ilija Trojanow Rechtswissenschaften und Ethnologie an der Universität München. 1989 gründete er den Kyrill & Method Verlag und 1992 den Marino Verlag in München. Seine Romane, Reisereportagen und Streitschriften sind von der Kritik gefeierte Bestseller. Trojanow erhielt ver-

schiedene Auszeichnungen wie den Preis der Leipziger Buchmesse, den Berliner Literaturpreis, den Preis der Literaturhäuser, den Würth-Preis für Europäische Literatur und den Carl-Amery-Preis. Zuletzt erschien sein Roman »EisTau«.
www.ilija-trojanow.de

Thomas Ulrich, geboren 1967, lebt mit Frau und drei Töchtern im Berner Oberland. Nach der Ausbildung zum Zimmermann und Bergführer meisterte er bereits früh schwierigste Klettereien. 1988 unternahm er die erste von bisher sechs Expeditionen nach Patagonien. Dort gelang ihm mit Freunden 1999 eine Wintererstbegehung am Cerro Torre. Gemeinsam mit Børge Ousland unternahm er die erste erfolgreiche Durchquerung des Südlichen Patagonischen Inlandeises ohne Depots und Hilfe von außen im Herbst 2003. Heute zählt er weltweit zu den führenden Outdoor-Fotografen und Filmern. Zuletzt ist von ihm gemeinsam mit Christine Kopp der Bildband »Horizont Nord« erschienen. www.thomasulrich.com

Doris Wiedemann, geboren 1967 in München, reist seit 1990 immer wieder mit dem Motorrad alleine um die Welt. Sie war fünf Monate lang in den USA unterwegs, umrundete in sechs Monaten Australien und durchquerte sieben Monate lang den afrikanischen Kontinent, um dann von Russland bis nach Korea und Japan zu fahren. Auch China erreichte sie auf dem Landweg, bereiste es auf eigene Faust, obwohl dies für Individualtouristen mit eigenem Fahrzeug ohne Führer eigentlich tabu ist. Zuletzt ist sie in die eisige Weite Alaskas aufgebrochen. Von diesem Abenteuer erzählt ihr Buch »Winterreise nach Alaska«. www.doriswiedemann.de

Quellennachweis

Die Titel mit einem * stammen von den Herausgebern. Auslassungen im Text sind mit (...) kenntlich gemacht.

Andreas Altmann, »Bhagwan«. Originalbeitrag. © Andreas Altmann 2013.

Christoph Bangert, »Africa Overland«*. Aus: Christoph Bangert, »Africa Overland«, S. 28, 34 f., 37, 41, 44 f., 58 f., 61, 97, 100 f. © National Geographic Deutschland, Hamburg 2013.

Maria von Blumencron, »Flucht über den Himalaja«*. Aus: Maria von Blumencron, »Flucht über den Himalaja«, S. 177–184, 237–242. © Piper Verlag GmbH, München 2009.

Rainer Falk/Gerhard Göttler, »Abenteuer auf der Tanezrouft-Piste«. Aus: Rainer Falk, »Abenteuer Sahara«, S. 9–21. Paul Pietsch Verlag, Stuttgart 1981. © Gerhard Göttler 2013.

Sepp Friedhuber, »Uramazonas – Der Fluss aus der Wüste«. Originalbeitrag basierend auf dem Artikel »Der Uramazonas«, Terra Heft 4/2000, S. 86–97. © Sepp Friedhuber 2013.

Holger Fritzsche, »Warum ich das erste Mal nach Russland reiste«. Originalbeitrag. © Holger Fritzsche 2013.

Peter Hinze, »›Thron der Götter‹: Von Qinghai nach Tibet«. Aus: Peter Hinze, »Tibet«, S. 41–46, 47–50, 65–66. © by Edition Hinze, München 1988.

Karl Johaentges, »Wo Beton schneller wächst als Bambus«. Aus: Karl Johaentges, »Bilder einer Weltreise«, S. 70–77. Stürtz, Würzburg 1996. © Karl Johaentges 2013.

Jean Malaurie, »Einsamkeit in Kravdlunalik«. Aus: Jean Malaurie, »Les derniers rois des Thule« © Plon, Paris 1976/Jean Malaurie, »Die letzten Könige von Thule«. Deutsch von Dietrich Menne, S. 244–257. © Wolfgang Krüger Verlag GmbH, Frankfurt am Main 1977.

Achim Mende, »Die Welt mit anderen Augen sehen«. Originalbeitrag. © Achim Mende 2013.

Stephan Orth, »Opas Eisberg«*. Aus: Stephan Orth, »Opas Eisberg«. S. 9–15, 62–65. © Piper Verlag GmbH, München 2013.

Louis Palmer, »Terrorisiertes Afghanistan«. Aus: Louis Palmer, »Verrückt nach dieser Welt«, S. 219–229. Delius Klasing & Co. KG, Bielefeld 2005. © Louis Palmer 2013.

Carsten Peter, »Natur extrem«*. Aus: Bernd Ritschel, Gabriela Staebler, Norbert Rosing u. a., »On Location«, S. 151–154, 163, 183. © National Geographic Deutschland, Hamburg 2011.

Jörg Reuther, »Das perfekte Bild«. Originalbeitrag. © Jörg Reuther 2013.

Bernd Römmelt, »Abenteuer Dalton Highway«. Originalbeitrag. © Bernd Römmelt 2013.

Norbert Rosing, »Tiere in Eis und Schnee«*. Aus: Bernd Ritschel, Gabriela Staebler, Norbert Rosing u. a., »On Location«, S. 107–111, 119. © National Geographic Deutschland, Hamburg 2011.

Ted Simon, »Jupiter«. Aus: Ted Simon, »Jupiters Fahrt«, übersetzt von Teja Schwaner, S. 6–13. © 1979 Ted Simon, 1983 Rowohlt Taschenbuch Verlag GmbH, Reinbek bei Hamburg.

Ted Simon, »Die letzte Fahrt?«. Aus: Ted Simon, »Jupiters Heimkehr«. übersetzt von Teja Schwaner und Iris Hansen, S. 1–6. © Piper Verlag GmbH, München 2013.

Ilija Trojanow, »Das Bett auf dem Dach«. Aus: Ilija Trojanow, »In Afrika«, S. 110–118. © Piper Verlag GmbH, München 2000.

Thomas Ulrich, »Arctic Solo«. Aus: Thomas Ulrich/Christine Kopp, »Horizont Nord«, S. 28 f., 32–37, 42, 45, 47, 50 f., 54 f., 57. © Thomas Ulrich Visual Impact GmbH, Unterseen 2008.

Doris Wiedemann, »Die Brooks Range«. Aus: Doris Wiedemann, »Winterreise nach Alaska«, S. 167–184. © Delius Klasing Verlag, Bielefeld 2010.